BASTEI LÜBBE
TASCHENBUCH

Weitere Titel der Autorin:

Avanti Amore. Mein Sommer unter Italienern

Titel auch als E-Book erhältlich

Über die Autorin:

Dana Phillips ist das Pseudonym der Journalistin Jule Gölsdorf und einer Freundin. Die beiden schreiben gemeinsam, haben bereits zusammen im Hörfunk und beim Fernsehen gearbeitet und sind seit vielen Jahren befreundet. Aufgewachsen sind sie im niedersächsischen Hannover.

Mehr über Dana Phillips finden Sie unter www.dana-phillips.com

Jule Gölsdorf ist Journalistin und Moderatorin, präsentiert die Nachrichten bei n-tv und moderiert die tägliche Nachmittagssendung *Hallo Hessen* im Hessischen Rundfunk. Von 2003–2012 war Jule das Gesicht der Kindernachrichtensendung *logo!*, die 2010 mit dem Deutschen Fernsehpreis ausgezeichnet wurde.

Dana Phillips

ABER BITTE MIT SAKE!

Auf Kreuzfahrt mit 1000 Japanern

BASTEI LÜBBE
TASCHENBUCH

BASTEI LÜBBE TASCHENBUCH
Band 60734

1. Auflage: Dezember 2012

MIX
Papier aus verantwortungsvollen Quellen
FSC® C006701
FSC
www.fsc.org

Dieser Titel ist auch als E-Book erschienen

Originalausgabe

Textredaktion: Ulrike Strerath-Bolz
Titelillustration: Collage aus Bildern von © shutterstock/jiris; shutterstock/Minipop; shutterstock/ori-artiste; shutterstock/Belinka; shutterstock/Jacky Brown
Umschlaggestaltung: © Christina Seitz, Berkheim
Satz: hanseatenSatz-bremen, Bremen
Gesetzt aus der Perpetua Regular
Druck und Verarbeitung: CPI – Ebner & Spiegel, Ulm
Printed in Germany
ISBN 978-3-404-60734-1

Für alle Weltenbummler

»Manchmal muss man um die halbe Welt reisen, um ein Ganzes zu werden.«

Lost in Translation

1

Gericht: *Onigiri*
Japaner des Tages: *Kyohei – der besonnene Pilot*
Place to be: *Über den Wolken*
Erkenntnis: *Alles bleibt anders*

Ich blicke in die Tiefe. Tausende von Metern unter mir in der Finsternis liegt Russland. Ab und zu fliegen wir über eine größere Stadt, deren Lichter durch die kalte Januarnacht zu uns heraufschimmern. Es ist ruhig im Cockpit des Airbus 380. Ich höre mein Herz klopfen. *Tief einatmen, Dana!*, denke ich und versuche krampfhaft, aufrecht zu stehen, obwohl ich sicher bin, dass meine Beine in Kürze versagen.

»Bei Tageslicht sieht man von hier aus die Erdkrümmung.« Kyohei, der holländisch-japanische Pilot, deutet mit der Hand aus dem Cockpit hinaus auf einen unbestimmten Punkt in der Dunkelheit. Ich versuche das Bild zu verscheuchen, das vor mir auftaucht: Ein einsames Flugzeug, das in schwindelerregender Höhe den Erdball umfliegt. Vor lauter Flugangst fällt mir das Atmen schwer. Rationale Erklärungs- und Beruhigungsversuche sind nutzlos. Das Ausgeliefertsein, der Kontrollverlust, das Wissen, dass ich keinen Einfluss darauf habe, was geschieht, all das beunruhigt mich. Kyohei wirft mir einen kurzen Seitenblick zu.

»Du kannst dich ruhig hinsetzen und einen Moment bleiben.« Das lasse ich mir nicht zweimal sagen und gleite auf den freien Platz hinter ihm. Kyohei beginnt in aller Seelenruhe, mir die technischen Geräte zu erklären.

Ich hasse Langstreckenflüge. Aber gegen meine Chefin Carla, die in der Frühlingsausgabe unseres Frauenmagazins *Komplizin* einen Japan-Schwerpunkt bringen will, bin ich machtlos. Eigentlich sollte unsere chinesische Redakteurin Mei-Ling – normalerweise für den Beauty-Bereich zuständig – nach Japan reisen, da sie von uns allen den größten Asienbezug hat. Eine Woche vor Abflug stolperte Mei-Ling allerdings unglücklich über Karl, ihren Riesenpudel, und brach sich ein Bein. Es folgte eine außerplanmäßige Redaktionskonferenz, bei der wir uns mit ratlosen Gesichtern gegenübersaßen.

»Ihr Lieben«, eröffnete Carla die Sitzung. »Mei-Ling hat sich die Haxe gebrochen und ist ans Bett gefesselt. Das heißt, wir müssen uns etwas Neues für unsere Frühlingsausgabe einfallen lassen. Wer hat eine Idee?« Sie zückte ihren Kugelschreiber, ein Zeichen für uns, dass uns jetzt bitte etwas einfallen sollte.

»Also …«, brach ich zögernd das Schweigen, »wir könnten trotzdem Sushi-Rezepte und Deko-Tipps mit japanischem Touch bringen, frei nach dem Motto: Holt euch das Kirschblütenfest nach Hause.«

»Ohne eine Reportage ist das langweilig!« Ellen, Fotografin bei der *Komplizin* und meine beste Freundin, schüttelte den Kopf. »Sushi und Sashimi sind irgendwie passé. Inzwischen bekommt man die japanische Küche sogar schon in Itzehoe und Idar-Oberstein. Und einen Kirschblütenschwerpunkt ohne Japan im restlichen Heft zu thematisieren, macht auch wenig Sinn.«

»Also, ich finde, wir sollten das Japan-Special retten!« Annika aus der Moderedaktion schaute unzufrieden und zupfte an ihrem Alexander-Wang-Outfit. »Ich hatte schon so gute Ideen für die Fotostrecke.«

»Sehe ich genauso!« Der schwule Georg, der für die Horoskope zuständig ist, schlug sich natürlich auf ihre Seite. »Ich würde statt dem gängigen Horoskop auch lieber die Blutgruppen-Analyse machen, an die sie in Japan statt der Sternzeichen glauben. Das ist wirklich originell! Kann nicht einfach jemand anderes aus der Redaktion fahren?«

»Na gut.« Carla blickte in die Runde. »Wer fliegt am Samstag für eine Woche nach Tokio, um von dort nach Yokohama zu fahren und dann für sechs Wochen gemeinsam mit tausend Japanern auf einem Kreuzfahrtschiff den Pazifik zu überqueren?« Die Reportage über das Peaceboat, eine japanische Nicht-Regierungsorganisation, die im Namen des Weltfriedens dreimal pro Jahr den Erdball umrundet, war das Herzstück der Konzeption. Denn nirgendwo kann man der japanischen Volksseele so nahe kommen, wie in diesem schwimmenden Mikrokosmos. Dort mitfahren wollte aber außer Mei-Ling anscheinend niemand von uns. In der folgenden Viertelstunde brachten alle Anwesenden plausible Gründe vor, weshalb sie in Berlin für einen so langen Zeitraum unentbehrlich waren.

»Was ist denn mit Dana?« Es war natürlich Tessa, Sekretärin und Gemeindeposaune, die schließlich den unsäglichen Vorschlag machte, mich auf Reisen zu schicken. »Du hast keine Familie, dein Freund lebt in Italien, was hält dich schon hier?« Georg, einziger Mann unserer Redaktion, war sofort Feuer und Flamme. »Außerdem hast du doch im vergangenen Jahr diese hübsche Reportage ›Do Italians better?‹ über die italienischen Latin-Lover geschrieben. Was für eine Blutgruppe hast du?« Er zückte eifrig den Kugelschreiber.

Über Carlas Gesicht glitt ein Lächeln. »Gute Idee«, sagte sie, noch bevor ich Gelegenheit hatte zu antworten. »Du schreibst die Reportage über das japanische Kreuzfahrtschiff, berichtest über japanische Sitten, Riten und Traditionen. Und die Kochrezepte für dein Ressort kannst du vor Ort auch viel besser recherchieren als hier.«

»Ich spreche kein Wort Japanisch. Und ich habe Flugangst!«,

versuchte ich abzuwehren, obwohl ich schon ahnte, dass die Schlacht längst verloren war.

»Das macht nichts.« Carla, die unsere Sitzung als beendet ansah, war aufgestanden. »Für die Reportage ist es besser, wenn du so unvoreingenommen wie möglich an die Begegnung mit dem Fremden heran gehst. Überleg es dir bis morgen.«

Als ich an diesem Abend die Redaktion verließ, war ich fest entschlossen, den Auftrag abzulehnen. Dana allein in Japan. Was für eine irrwitzige Idee! Ich bin schließlich keine Reise- sondern Foodjournalistin und Ökotrophologin. Die Italienreportage, die ich vor einiger Zeit geschrieben habe, war eine Ausnahme. Zudem verspürte ich keinerlei Bedürfnis, mit tausend Japanern den Ozean zu überqueren. Aber nach einem quälenden Telefonat mit meinem italienischen Freund Raffaele, der in Mailand lebt und mit dem ich seit einem Dreivierteljahr eine Fernbeziehung führe, lag ich die halbe Nacht lang wach und weinte in mein Kopfkissen. Als der Morgen dämmerte und ich immer noch kein Auge zugetan hatte, beschloss ich, dass jetzt möglicherweise genau der richtige Moment für eine Auszeit gekommen war.

Und da sitze ich nun, über den Wolken, gespannt auf den Kulturschock, der mich außerhalb meiner Komfortzone erwartet. Immerhin geht mein Puls langsam wieder gleichmäßiger.

Kyohei greift neben sich und fischt etwas zwischen den Sitzen hervor. »Möchtest du?«

»Was ist das?« Neugierig beuge ich mich zu ihm hinüber.

»Ein *Onigiri*. Ein japanischer Reis-Snack, mit Algen umwickelt und zum Beispiel mit Lachs gefüllt.« Geschickt zieht Kyohei die Verpackung ab und verschlingt das dreieckige Reisteilchen mit zwei Bissen. Ich versuche es ihm nachzumachen, aber natürlich zerfällt mein *Onigiri* in zwei Teile, die ich nun mühselig von meinem blauen Rock klaube.

»Ich nehme an, du warst noch nie in Japan?«

»Weshalb? Weil ich nicht in der Lage bin, anständig japanische Reistaschen zu essen?«

Kyohei lacht. »War nur so eine Vermutung.«

»Ich war wirklich noch nie in Asien. Ich bin Journalistin und arbeite für eine Frauenzeitschrift, die *Komplizin*. Für die soll ich eine Reportage über Japaner schreiben. Oder besser: Über die Unterschiede zwischen der deutschen und der japanischen Kultur. Deswegen fahre ich für knapp zwei Monate auf einem japanischen Kreuzfahrtschiff mit. Wir legen in Yokohama ab und weil das in der Nähe von Tokio ist, recherchiere ich dort noch ein paar Tage für unser Heft.« Kyohei lacht wieder.

»In Tokio wirst du mit Sicherheit einiges über meine Landsleute herausfinden. Die sind manchmal ganz schön seltsam. Aber eine Kreuzfahrt? Meinst du nicht, das ist langweilig auf Dauer? Auf diesen Schiffen sind doch meistens nur alte Leute.«

»Auf diesem nicht. Das Peaceboat fährt dreimal im Jahr um die Welt, um Menschen aus verschiedenen Nationen miteinander zu verbinden und sich für Frieden einzusetzen. Wir fahren von Yokohama aus nach Tahiti, Peru, Panama, Jamaika und Kuba. Von dort aus fliege ich zurück, aber das Peaceboat fährt mit den restlichen Passagieren weiter um den Erdball, über Afrika und Europa zurück nach Japan.«

Ein Funkspruch unterbricht unser Gespräch. Kyohei richtet seinen Blick geradeaus, und auch ich schaue wieder hinaus ins Freie. Draußen bricht bereits die Morgendämmerung an. Schon bald ist der Himmel in glutrotes Licht getaucht. Unter uns wird erst schemenhaft, dann deutlicher, Land sichtbar.

»Die Inseln, die du dort unten siehst, das ist Japan. Jetzt dauert es nicht mehr lange, bis wir landen«, sagt Kyohei und komplimentiert mich sanft aber bestimmt aus dem Cockpit.

Lost in Translation, oder: Wieso zwischen Deutschland und Japan Welten liegen

Eine Kolumne von Dana Phillips

Liebe Komplizinnen! Zwischen alter Tradition und modernem High-Tech ist Japan ein gleichermaßen faszinierendes wie rätselhaftes Land. Kommen Sie mit und verlassen Sie gemeinsam mit mir die westliche Welt, um herauszufinden, wie das Leben im fernen Osten funktioniert. Ich frage Sie zu allererst einmal: Was fällt Ihnen ein, wenn Sie an Japan denken? Kimonos, Kabuki-Theater, Edo-Kultur, Zen, Schreine und buddhistische Tempel? Oder Neonleuchtreklamen, Karaoke-Boxen, Automaten mit gebrauchter Unterwäsche und Shinkansen-Schnellzüge? Höflichkeit und Zurückhaltung oder religiöse Freiheit? Ein unverkrampfter Umgang mit Nacktheit und Sexualität oder konventionelle und starre Riten?

Je nachdem, welcher Fraktion Sie angehören, zieht es Sie wahrscheinlich entweder zu den historischen Stätten und in die berühmten Teehäuser nach Kyoto, in ein *Onsen*, das traditionelle japanische Bad, oder aber nach Tokio, in die schicken Bars von Shinjuku oder die schrägen Dienstmädchen-Cafés in Akihabara.

So oder so, bei einem Besuch in Japan können Sie viel über die japanische Kultur, die Sitten und Gebräuche, die Ess- und Lebensgewohnheiten der Japaner lernen. Verstehen werden Sie dieses Volk dennoch keinesfalls auf Anhieb, denn der Japaner ist ein Meister der Gegensätze. Und so kommt es, dass uralte mythologische Traditionen, der

Glaube an Übersinnliches und Geister genauso tief in der Kultur verankert sind, wie eine Vorliebe für Automaten- und Computerspiele. Den traditionellen Geishas, dem Tragen von Kimonos und rituellen Waschungen in den öffentlichen Bädern stehen Manga-Comics und überdimensionale Leuchtreklametafeln gegenüber. Dennoch haben wir Europäer ein einseitiges Bild von den Bewohnern des früheren Nippon: Der Japaner ist klein, verbeugt sich permanent, liebt Karaoke und ernährt sich ausschließlich von rohem Fisch. Aber entsprechen unsere Vorurteile, die wir dank Filmen wie *Lost in Translation* und japanischer Touristengruppen, die Heidelberg und Rothenburg ob der Tauber bevölkern, haben, auch der Wahrheit? Fotografiert der Japaner wirklich ständig? Ist er tatsächlich nie alleine unterwegs? Und weshalb kennen wir eigentlich keine japanischen Prominenten, während man in Japan vom nördlichen Hokkaido bis zum südlichen Kagoshima sowohl Thomas Mann als auch Oliver Kahn verehrt? Sind wir gegenüber unseren asiatischen Mitmenschen vielleicht zu ignorant oder gar zu arrogant? Unterschätzen wir sie? Möglicherweise ist der Japaner ganz anders als wir denken und vielleicht haben wir mit ihm ja auch das eine oder andere gemeinsam.

Nun, in einigen Wochen wissen wir mehr. Eines kann ich Ihnen aber jetzt schon versprechen: Wir werden auf dieser Pazifiküberquerung nicht nur viel über die fremde Kultur, sondern vor allem über uns selbst lernen.

Sayonara! Ihre Dana

2

Gericht:	*Wasabi-Steak mit Miso*
Japaner des Tages:	*Der Schrein-Japaner*
Place to be:	*Shinjuku*
Erkenntnis:	*Die unerträgliche Langsamkeit des Seins*

Unsanft setzt das Flugzeug auf der Landebahn des Airports Tokio Narita auf und drosselt ruckartig das Tempo. Während die Maschine zum Stehen kommt, wachen um mich herum langsam die restlichen Passagiere auf. Es sind fast nur Japaner. Ich frage mich immer noch, wie es ihnen gelungen ist, den kompletten Flug vom Start bis zur Landung einfach zu verschlafen. Neidisch habe ich beobachtet, wie einer nach dem anderen in Tiefschlaf gefallen ist. Jetzt reiben sie sich verwundert die Augen und wirken im Gegensatz zu mir taufrisch und ausgeruht. Innerlich und äußerlich zerknittert reihe ich mich zwischen meine putzmunteren Mitreisenden ein. Gemeinsam verlassen wir das Flugzeug durch die Gangway, durchqueren den Siebziger-Jahre-Komplex, laufen über Flure mit dicken Teppichen und über elektrische Rollbänder in Richtung Gepäckausgabe.

In Narita herrscht eine gespenstische Ruhe. Mir fehlt das wilde, hektische Gewusel, das ich bisher an jedem Flughafen dieser Welt beobachten konnte. Sollte der Geräuschpegel am Airport der größten Stadt der Erde nicht eigentlich eine unerträgliche Lautstärke erreichen? Nur ab und zu unterbricht eine unverständliche Durchsage die Stille. Auf den Werbetafeln blinken fremde Schriftzeichen. Automatisch blicke ich mich um. Ob es noch mehr Menschen wie mich gibt, die verloren durch die Hallen irren? Fliegen denn überhaupt keine Europäer nach Japan? Ich hebe mein Gepäck vom Band, dann durchlaufe ich die Passkontrolle. In der Ferne entdecke ich Kyohei, der umringt von adretten Stewardessen das Terminal verlässt. Wir winken uns von Weitem noch einmal fröhlich zu, dann suche ich den Stand der Autovermietung, um den Wagen abzuholen, den ich von Deutschland aus bestellt habe und mit dem ich die 60 Kilometer vom Flughafen bis in die Innenstadt von Tokio zurücklegen will. Endlich am Counter der Mietwagenfirma angelangt, falle ich aus allen Wolken: Die Frau am Schalter spricht zwar englisch, das Navigationssystem in meinem Auto hingegen nicht. Verblüfft starre ich sie an.

»Wie soll ich denn dann mein Ziel eingeben und woher weiß ich, welcher Route ich folgen muss?«

»Ahhhh!«, entfährt es der Dame am Counter, und ihr verständnisvolles *Ahh* klingt sehr japanisch.

Sie scheint das Problem erkannt zu haben, bückt sich hinter ihrem Tresen, öffnet eine Schublade und taucht wenig später mit einem Ordner in der Hand wieder auf.

»Das ist die Bedienungsanleitung für Ihren Wagen. Sie ist zwar auch auf Japanisch, aber ich übersetze Ihnen einfach, was die Zeichen bedeuten.«

»Sehr gut!« Ich bin erleichtert. »Haben Sie einen Stift? Dann mache ich mir direkt ein paar Notizen.« Die Japanerin sieht mich erschrocken an und zieht den Ordner unter meinen Händen fort.

»Nein, das geht nicht, der muss hier bleiben! Den dürfen wir nicht weitergeben. Aber ich kann die japanischen Zeichen übersetzen, und Sie können sich einfach ihre Bedeutung merken.« Es dauert eine Weile, sie davon zu überzeugen, dass ich schon genug damit zu tun habe, mich daran zu erinnern, um was für ein Modell es sich bei meinem Mietwagen handelt, und dass ich mit hundertprozentiger Sicherheit kein einziges Zeichen mehr wiedererkenne, wenn ich mit meinem Gepäck auf dem Parkplatz angekommen bin. Schließlich gibt sie nach, steht auf und begleitet mich zu meinem Auto. Dort tippt sie den Zielort des Hotels in das Navigationssystem ein. Etwas verlegen murmelt sie, so würde ich Akasaka, das Viertel in dem ich wohne, wohl finden. Dann verbeugt sie sich dreimal und sucht das Weite. Ich verstaue mein Gepäck im Kofferraum und laufe zielstrebig auf die linke Seite des Wagens, nur um festzustellen, dass sich das Steuer auf der rechten Seite befindet. In Japan herrscht offensichtlich Linksverkehr. Mir ist nicht ganz klar, warum ich davon nicht vorher erfahren habe! Ebenso unklar ist mir, wie ich es auf diese Weise bis nach Tokio schaffen und gleichzeitig auch noch die japanischen Schriftzeichen entziffern soll. Aber da mir nichts anderes übrig bleibt, reihe ich mich auf der richtigen Seite in den Verkehr ein, in der Hoffnung, dass auch die Autos vor mir die Hauptstadt und nicht Hokkaido, die nördlichste Region Japans, zum Ziel haben.

Die Fahrt ist anstrengend, obwohl nicht sehr viel Verkehr herrscht. Da von Tokio auch nach zwanzig Minuten auf der Autobahn immer noch nichts zu sehen ist, steuere ich die nächste Raststätte an. Ich habe Durst, aber der Verkäufer spricht kein Englisch, und so stehe ich zum zweiten Mal an diesem Tag ratlos vor blinkenden Leuchttafeln, auf denen in japanischen Schriftzeichen unidentifizierbare Snacks angepriesen werden. Kurz überlege ich, mir etwas aus einem der Automaten neben der Tür zu ziehen. Als ich aber feststelle, dass die einzelnen Fächer nicht nur, wie bei uns üblich, kalte Getränke, sondern auch heißen Kaffee oder Tee in Dosen enthalten, die tagelang warm gehalten werden, nehme ich von dem Gedanken Abstand, meine Experimentierfreudigkeit hält sich momentan noch in überschaubaren Grenzen. *Das Hotel zu finden ist Herausforderung genug*, denke ich, während ich den Wagen starte und mich wieder in den Verkehr einfädele.

Zu meiner Erleichterung leiten mich die leuchtenden Pfeile des Navigationssystems, die alle japanischen Ansagen der elektronischen Stimme begleiten, tatsächlich nach Tokio-Akasaka.

Ich bin heilfroh, als ich endlich mein Hotel erreicht habe und den Wagen hinter dem Gebäude abstellen kann. Dann wuchte ich meine beiden Reisekoffer ins Freie. Mal zerrend, mal schiebend bugsiere ich sie in die Lobby. Es dauert eine halbe Ewigkeit, bis ich an der Rezeption einchecken kann. Nachdem ich kurz davor bin, die Geduld zu verlieren, weist die Dame hinter dem Tresen mir ein Zimmer zu. Nr. 71 ist so groß wie eine Streichholzschachtel. Es erfordert einiges Geschick, mein Gepäck und mich in dem Raum unterzubringen. Davon, dass Wohnungen in Tokio sehr klein und teuer sind, habe ich schon gehört, für Hotelzimmer scheint das Gleiche zu gelten. Auch das Bad ist winzig. Merkwürdigerweise hat es trotzdem eine Wanne. Ist den Japanern das Baden so wichtig, dass sie wertvolle Quadratmeter dafür opfern?

Während ich heißes Wasser einlaufen lasse, muss ich zu meiner Schande gestehen, dass dies nicht die einzige Frage ist, die sich in Bezug auf die japanische Kultur vor mir auftut. Kurz darauf sitze ich zwischen Schaumbergen und liste in Gedanken auf, was ich über Japan und die Japaner weiß. Aber die Liste ist kurz. Sie fotografieren gerne. Sie verbeugen sich. Sie tragen Kimonos und essen Sushi. Und: Sie fahren auf der linken Straßenseite. Das ist praktisch alles, was mir einfällt.

Eine Stunde später verlasse ich das Hotel. Die Gegend um die U-Bahnstation Akasaka wirkt extrem ruhig. Zumindest angesichts der Tatsache, dass Tokio eine Millionenmetropole ist. Es ist kalt und ich ziehe meinen Wintermantel fester um mich. Der Tag ist noch lang, aber mir fallen jetzt schon fast die Augen zu. Deshalb steuere ich direkt eine Filiale einer Kaffeehauskette an, die in der Nähe meines Hotels an einer Kreuzung liegt. Hätte ich doch bloß die Zeit gehabt, einen Basiswortschatz Japanisch aufzubauen! Dieser Auftrag aber kam so unerwartet, dass ich gerade noch Zeit hatte, meine Sachen zu packen. Das einzige Wort, das ich auf Japanisch sagen kann, ist daher »Prost«: *Kanpai*. Vielleicht sollte ich mir einen Sake, den man hier *Nihonshu*, also einfach japanischen Alkohol, nennt, bestellen. Aber für den ist es jetzt noch etwas früh. Ich reihe mich in die lange Warteschlange ein. Es fühlt sich seltsam an hier zu stehen, denn ich überrage alle Anwesenden mindestens um einen Kopf. Von allen Seiten wirft man mir interessierte Blicke zu. Ich fühle mich wie eine Giraffe im Zoo. Die Menschen vor mir bewegen sich, genau wie die Verkäuferin hinterm Tresen, nur in Zeitlupe. Ungeduldig wechsele ich von einem Bein auf das andere. Ob Langsamkeit wohl typisch japanisch ist?

»Einen kleinen Latte Macchiato bitte und ein Stück Käsekuchen mit Mohn«, sage ich auf Englisch, als ich endlich an der Reihe bin.

»Ahhhhhhh.« Die Bedienung schaut irritiert aus der adretten Schürze. Dann feuert sie eine Salve japanischer Sätze auf mich ab.

»Ich verstehe Sie nicht.« Hilflos zucke ich mit den Schultern. Dann entscheide ich mich dafür, meinen Wortschatz fragmentarisch zu gebrauchen.

»Kaffee?«

»Aooohhh, *kohi*, Kaffee!« Mein Gegenüber nickt eifrig. Na bitte.

»Käsekuchen mit Mohn?«, versuche ich es erneut.

»Ahhh, *hai, hai*«, haucht sie und verschwindet. Geht doch! Zufrieden lehne ich mich gegen den Tresen. Wir können uns eben auch dann verständigen, wenn wir nicht die gleiche Sprache sprechen. Wenig später kehrt die Verkäuferin mit einer Tasse Kaffee und einem Käseschinkentoast zurück. Verstört blicke ich sie an, dann nicke ich resigniert und transportiere mein Tablett zu einem Tisch. Aufgrund meiner fehlenden Japanischkenntnisse habe ich mindestens eine Viertelstunde lang den Betrieb aufgehalten. Dennoch harren die Menschen hinter mir seelenruhig aus. Kein Zeichen der Ungeduld, kein Fußescharren, kein Blick, der mich zur Eile treibt. Stattdessen unbewegte Gesichter, die nahelegen, dass alle Anwesenden so lange, bis sie an die Reihe kommen, einfach in die innere Emigration gegangen sind. In Deutschland hätte sich der kollektive Unmut längst über mir entladen.

Erschöpft von meinem ersten, nur halbwegs geglückten Kommunikationsversuch, wandere ich wenig später zu Fuß durch Akasaka, vorbei an Plattenbauten, internationalen Restaurants und japanischen Patisserien, in deren Schaufensterauslagen bunt verpackte Kuchen locken, bis zum Eingang eines Schreins. Ich blättere in meinem Stadtführer. *Fünf Minuten von Tokio Midtown entfernt befindet sich Nogi-Jinja, ein kleiner Schrein mit einem Terrassengarten, der den in der Meiji-Ära (1868–1912) lebenden General Nogi Maresuke ehrt. Er war ein Held im Sino-Japanischen und Russisch-Japanischen Krieg. Als Kaiser Meiji starb, folgten Nogi Maresuke und seine Frau einer alten Samurai Tradition und begingen Selbstmord in ihrem Haus auf dem Schrein-Areal.* Dem Herrscher freiwillig in den Tod folgen. Für meinen Geschmack ein bisschen zu viel Loyalität! Kopfschüttelnd betrete ich den Schrein durch ein Tor mit zwei Querbalken, das sogenannte *Torii.* Ein paar Schritte weiter stoße ich auf ein Waschbecken aus Holz, in dem ein paar Kellen schwimmen. Wozu das wohl gut ist? Das Areal überquerend, laufe ich an zwei Frauen vorbei, die auf einer Bank sitzen und Tee trinken. Nachdem sie mich aus den Augenwinkeln einen Moment beobachtet haben, stehen sie auf, um eine Holzplatte mit japanischen Zeichen zu beschreiben und sie an der Längsseite des Schreins zu befestigen, wo bereits unzählige weitere Holztafeln hängen. Was wohl auf ihnen geschrieben steht? Gebete? Wünsche? Die Frauen bewegen sich langsam zu einem Souvenir-Stand, wo sie eine längliche Holzbox schütteln, aus der zwei Stäbe fallen, die sie dann der Verkäuferin reichen. Im Gegenzug erhalten sie bedruckte Papierstreifen, die sie hurtig entfalten und aufmerksam studieren. Ich versuche mich nach ihrer Bedeutung zu erkundigen, aber natürlich spricht die Verkäuferin kein Englisch. Immerhin überreicht sie mir ein Papier, auf dem die Regeln für den Schreinbesuch auf Englisch erklärt werden. Ich habe mich natürlich bisher in keinem Punkt ordnungsgemäß benommen. Also noch mal von vorne. Zuerst zurück zu dem Waschbecken. Wasser in eine Kelle schöpfen und erst über die rechte, dann über die linke Hand gießen. Danach mit der rechten Hand Wasser in die Linke gießen und damit den Mund auswaschen. Und dann noch einmal mit der linken Hand eine Kelle Wasser über die rechte Hand geben. Anschließend das Areal überqueren, zum *Honden*, dem Bereich, der dem *Kami*, der verehrten Gottheit vorbehalten ist. Ihn darf man nicht betreten. Stattdessen soll ich in der dem *Honden* vorgelagerten Gebetshalle, der sogenannten *Haiden*, verweilen. Hier kann man einen Wunsch an den *Kami* richten, muss natürlich auch dafür besondere Verhaltensregeln beachten: Zuerst eine Münze in die dort aufgestellte Holzkiste, die *Saisen-Bako*, werfen. Dann die Glocke läuten und zweimal in die Hände klatschen. Angeblich macht man die Gottheit damit auf sich aufmerksam. Zum Abschluss muss man sich zweimal verbeugen. Was es mit den Holzplättchen und den Holzstäbchen auf sich hat, wird allerdings nicht erläutert.

»Sprechen Sie Englisch?«, versuche ich es bei einer der Schreinbesucherinnen, aber statt mir zu antworten kichert sie nur und verbeugt sich. Weshalb spricht eigentlich in einer modernen Metropole kein Mensch Englisch? Sind die Japaner immer noch so abgeschieden auf ihren Inseln im Pazifik, dass sie die Weltsprache ignorieren? Ich weise auf die Holzkiste mit den Stäben und male ein Fragezeichen in die Luft. Die Geste scheint der jungen Dame im Kimono etwas zu sagen.

»Ahhhhh. *Omikuji!* Fortune! Fortune!« Na bitte. Wenn ich sie richtig verstanden habe, handelt es sich um eine Zukunftsvorhersage, eine Art Lotterie-Orakel. Ich nehme die Holzbox und schüttele sie so lange, bis ein Stab herausfällt, auf dem eine blaue Nummer eingraviert ist. Messerscharf kombiniere ich, dass zu jedem der Stäbe eine bestimmte Botschaft gehört, und tatsächlich erhalte ich nun von der Verkäuferin einen Papierstreifen.

»*Omikuji*«, sagt sie und deutet auf die Schrift. Aber es fehlt eine Übersetzung. Da steht mein Schicksal schwarz auf weiß geschrieben und ich kann es nicht lesen!

»Was heißt das?«, versuche ich es noch einmal, obwohl ich genau weiß, dass die Chancen auf eine zufriedenstellende Antwort bei Null liegen. Immerhin nimmt sie mir den Zettel ab und studiert ihn gründlich.

»Ahhh«, raunt sie dann wie zu erwarten und zeigt auf die Schriftzeichen. »Good luck, good luck«.

Das ist alles? So viele Zeichen nur für ein bisschen Glück? Steht dort nichts über meine Weltreise mit tausend Japanern? Kein Wort über meinen Freund, Raffaele, und mich? Ein wenig enttäuscht falte ich den Zettel und stecke ihn in die Hosentasche. Dann verabschiede ich mich von der Verkäuferin, die mein Winken mit einer tiefen Verneigung erwidert. Am Ausgang des Schreins begegne ich einem alten Mann mit Hut, der mir den Weg versperrt.

»Wohel?«, fragt er mich und lächelt mich an. »Amelica?«

»Germany!«

»*Ahhhh, doitsu, doitsu! Ahhhh*«, macht er, dann zeigt er auf sich. »Osaka!« Es dauert ein Weilchen, bis ich begreife. »Stadt?«, fragt er und sieht mich abwartend an.

»Ah, ah«, mache nun auch ich und zeige auf meine Brust.

»Berlin.«

»*Ahhhhhh. Bellin. Sosososososo.*« Er nickt und reicht mir seine Visitenkarte mit japanischen Schriftzeichen, die ich dankend annehme und in meine Hosentasche stecke.

»Ahhhh«, entfährt es ihm von Neuem, aber dieses Mal klingt es verstört. Ich muss etwas falsch gemacht haben, denn er wirkt aufgeregt. Hurtig holt er eine weitere Visitenkarte hervor und bedeutet mir mit zahlreichen Gesten, dass ich nach dieser nicht mit einer Hand greifen, sondern sie mit beiden entgegennehmen muss und sie auf keinen Fall in die Hosentasche stecken darf. Ich bin wohl gerade in ein ziemliches Fettnäpfchen getreten. Um ihn abzulenken, reiche ich ihm das *Omikuji*, auf dem die Vorhersage für meine Zukunft geschrieben steht. Vielleicht kann er mir ja etwas dazu sagen. Aber so einfach scheint es dann doch nicht zu sein, denn er studiert bestimmt fünf Minuten lang mit zusammengekniffenen Augen das Papier.

»*Sue-kyō*, beinahe Fluch. *Sossso. Sooososooso*«, sagt er immer wieder. Dann guckt er mich besorgt an. »Nicht reisen!« Er klingt sehr bestimmt. »Hierbleiben. Besser, besser!« Na reizend. Offenbar wollte die Verkäuferin mich nicht beunruhigen, von Glück steht wohl doch nichts auf dem Zettel, sondern nur, dass ich eine geplante Reise lieber verschieben sollte. Dafür ist es allerdings etwas spät. Mein neuer Bekannter bedeutet mir daher, noch einmal umzukehren und mein *Omikuji* auf dem Schreinareal an einen Baum zu knoten, an dem bereits unzählige weitere der Papierstreifen hängen. Angeblich besagt dieser japanische Brauch, dass das Unglück dadurch an dem Baum, anstatt an der jeweiligen Person haften bleibt. Mäßig beruhigt und nicht ganz davon überzeugt, das drohende Unheil auf diese Art und Weise abwenden zu können, verabschiede ich mich von ihm und laufe zum Tokyo Art Center, das gemeinsam mit dem Suntory Museum of Art und dem Mori Art Museum eine Art künstlerisches Dreieck im Viertel Roppongi bildet. Schon von Weitem sehe ich die Fassade aus grünen Glasrippen. Mit einer Fläche von 48 000 Quadratmetern ist es Japans größtes Museum. Der Architekt Kurokawa Kisha hat die Eingangshalle so konstruiert, dass hier auch ungewöhnlich große Kunstwerke gezeigt werden können. Langsam schlendere ich an den Exponaten der aktuellen Ausstellung vorbei und erreiche gerade wieder den Ausgang, als um mich herum die Handys der Besucher alarmierend piepsen. Und zwar alle gleichzeitig. Erschrocken sehe ich mich um. Die Menschen im Raum sind stehen geblieben, starren wie gebannt auf ihre Telefone, dann wenden sie sich einander zu, tauschen ein paar aufgeregte Worte und bleiben abwartend stehen. Ich tippe einer älteren Frau auf die Schulter. Sie fährt erschrocken herum.

»Was ist passiert?«, frage ich sie und füge hilflos hinzu: »Ich verstehe kein Japanisch«. Mit starrer Miene zeigt sie auf ihr Handy.

»Ein Erdbeben.« Einige Minuten warten wir ab, bewegungslos und mit angehaltenem Atem, aber nichts passiert. Nach einer Weile entspannt sich die Frau. »Stark, aber nicht hier«, sagt sie zufrieden und deutet auf das Display. Dann verabschiedet sie sich mit einer angedeuteten Verbeugung. Erleichtert, dass ich vorerst von einem der berüchtigten *Jishin* verschont geblieben bin, verlasse ich das Museum. Da ich mich überhaupt nicht auskenne, keines der Schilder an der U-Bahn-Station lesen kann und nicht weiß, wie der Fahrkartenautomat funktioniert, beschließe ich, schwarz zu fahren. Mein Plan scheitert allerdings schon beim Betreten der Station an den automatischen Drehkreuzen, die man nur durchqueren kann, wenn man zuvor seine Fahrkarte entwertet. Hilflos blicke ich mich um. Neben dem Eingang sitzt eine Aufsichtsperson, die mich aufmerksam beobachtet und mich dann zu sich winkt.

»Blauchen Hilfe?«, radebrecht er in Englisch. Eifrig weise ich auf die Karte in meiner Hand. Es wäre zu kompliziert, ihm jetzt zu erklären, dass ich eigentlich überhaupt kein bestimmtes Ziel habe.

»Shinjuku!«, sage ich daher und tippe wahllos auf eine Station auf dem Plan. Der Japaner nickt, dann begleitet er mich zum Fahrkartenautomaten.

»Englisch!« Er tippt auf einen Button auf dem Display, und schon verwandeln sich die japanischen Schriftzeichen in für mich lesbare Worte. Mein Helfer hält mir stumm die offene Hand entgegen. Ich reiche ihm einen 1000-Yen-Schein und beobachte, wie er das Billet für mich zieht. 250 Yen kostet eine Fahrt, das Restgeld spuckt der Automat wieder aus. Dann weist mir der Mann die Richtung, verbeugt sich zwei Mal und verschwindet, während ich die Treppe hinabsteige. In der U-Bahn ruhen alle Blicke auf mir. Ich bin die einzige Europäerin, die einzige blonde Person im ganzen Zug und gefühlt größer als alle anderen Anwesenden zusammen. Da ich auch noch Highheels trage, überrage ich selbst die Männer um mindestens einen Kopf. Direkt in der Mitte des Wagens sitzend, spüre ich, wie die Japaner mich beobachten. Aber wenn ich aufblicke und sie dabei erwischen will, wie sie mich anstarren, stellen sie sich schlafend. Der Mann neben mir liest. Nach einigen Stationen fange ich an, mich zu langweilen, und schiele hinüber in sein Comicheft. Ich lehne mich ein wenig nach links, um besser sehen zu können. Mein Blick fällt auf gezeichnete, nackte, kopulierende Figuren. Mein Sitznachbar liest tatsächlich einen Porno. Mitten in der U-Bahn, unter den Blicken aller. Dabei, so dachte ich zumindest, hat der Japaner doch eigentlich vor nichts so viel Angst wie vor dem Gesichtsverlust.

An der nächsten Station steige ich aus. Auf gut Glück. Ich habe keine Ahnung, wo ich bin, aber irgendwas wird es hier schon zu sehen geben. Shibuya steht auf dem Schild an der Station. Also nicht Shinjuku, aber was soll's. Der Masse folgend, stolpere ich hinaus auf die Straße. Dort trete ich zur Seite und lasse den Menschenstrom an mir vorbei über den Platz in Richtung Kreuzung ziehen. Es hat zu schneien begonnen. An der Bordsteinkante bleiben die Menschen stehen, eine große Traube uniformer Japaner mit durchsichtigen Regenschirmen in der Hand. Auf der gegenüberliegenden Straßenseite das gleiche Bild. Als würden sie sich spiegeln. Sobald die Ampel auf Grün schaltet, setzen sie sich in Gang, alle gleichzeitig, an allen vier Ecken, geschäftig eilen sie von Osten nach Westen, von Westen nach Osten, von Nord nach Süd und Süd nach Nord, bewegen sich über die Alle-Gehen-Kreuzung, mit gesenkten Blicken, ohne sich anzusehen. Ein Sinnbild für die Geschäftigkeit und Umtriebigkeit der Großstadt, die man mit Tokio verbindet. Von der Ruhe und Beschaulichkeit, die ich im Umfeld meines Hotels wahrgenommen habe, ist hier nichts zu spüren. Schließlich bleibe ich vor einer Hundestatue stehen. Ein Denkmal für ein Tier? Bronzen von Staatsoberhäuptern und von mir aus auch die eine oder andere Skulptur eines gefallenen Samurai, das mag ja alles verständlich sein. Aber weshalb setzen die Japaner einem Hund ein Denkmal? Nach einem Blick auf die Uhr schicke ich Ellen eine SMS. *Ellen, was hat es mit der Hundestatue an der Bahnstation Shibuya auf sich?*, tippe ich in das Telefon. In Deutschland ist es jetzt schon spät am Abend, und ich bin nicht sicher, ob sie und ihr Mann Christopher noch wach sind. Aber gerade als mein Handy in das Innenfach stecke, klingelt es. Ellen.

»Hallo?«

»Dana, ich bin's! Ich war noch wach und habe gleich nachgeguckt! Wie ist es denn?«

»Ach, Ellen, wie schön, deine Stimme zu hören! Tokio ist spannend, aber auch fremd.«

»Passt du auch gut auf dich auf?« Ellen klingt besorgt.

»Na, klar! Gefährlich ist es hier überhaupt nicht. Man kann sich auch als Frau alleine bedenkenlos in der Stadt bewegen. Nur anders ist es eben. Ich fühle mich ein wenig einsam, vor allem weil die Japaner so kontrolliert sind; ich kann sie weder verstehen, noch an ihrer Mimik ablesen, was in ihnen vorgeht. Aber das wird schon! Also, schieß los. Was hat es mit dem Hund auf sich?«

»Also. Hachiko hat in den Zwanzigerjahren gelebt und war wahrscheinlich die treueste Seele, die es je gab. Er hat einem Professor gehört und sein Herrchen jeden Tag am Bahnhof Shibuya abgeholt. 1925 starb Hachikos Besitzer an einer Hirnblutung. Seine Frau hat dann Tokio verlassen und ist mit Hachiko fortgezogen, aber der Hund ist ausgerissen und weiterhin jeden Tag zum Bahnhof gekommen, in der Hoffnung, sein Herrchen abholen zu können.«

Während ich ihr zuhöre, laufe ich eine Kurve, zurück in den Bahnhof, wo ich eine Fahrkarte ziehe, um mich auf den Weg zu meinem eigentlichen Ziel, Shinjuku, zu machen.

»Wie traurig!«, seufze ich und werde ganz wehmütig. »Und wie ging es mit Hachiko weiter?«

»Ganz gut. Die Menschen, die am Bahnhof von Shibuya arbeiteten, haben sich um ihn gekümmert. Als man herausfand, dass er einer der letzten reinrassigen Akita-Hunde war, wurden zahlreiche Artikel über ihn geschrieben, und Hachiko gelangte zu einer gewissen Berühmtheit. Er wurde für die Menschen in Tokio geradezu zum Sinnbild des treuen Gefährten. Jahrelang kam er jeden Tag zurück, das muss man sich mal vorstellen! Mitte der Dreißigerjahre, da hat der Hund noch gelebt, hat man ihm dann ein Denkmal gesetzt. Und als er später tot aufgefunden wurde, schrieben die Zeitungen im ganzen Land darüber. Reicht dir das als Auskunft?«

»Ja, danke. Aber weshalb sich eine ganze Nation mit einem treuen Hund identifiziert, verstehe ich nicht ganz.«

»Weißt du, Christopher, ganz der Soziologen-Gatte, meinte gerade, es könnte etwas damit zu tun haben, dass die Japaner ausgesprochen loyal sind. Sie arbeiten meistens ihr Leben lang in einer Firma. Sie bleiben in ihren Geburtstädten, selbst wenn diese von Erdbeben und Tsunamis heimgesucht werden. Und früher gingen sie sogar für ihren Herrscher in den Tod.« Ich muss an

Nogi Maresuke und seine Frau denken. Was Ellen sagt, klingt plausibel.

Als meine Bahn Shinjuku erreicht, verabschiede ich mich schweren Herzens von meiner besten Freundin, um mich wieder auf meine Umgebung konzentrieren zu können. Hier hält sich der Lärmpegel in Grenzen, obwohl auf einer breiten Straße, die von Neonleuchtschildern gesäumt ist, zahlreiche Autos vorbeifahren. Es schneit immer noch leicht und mittlerweile fängt es an zu dämmern. Ziellos laufe ich durch die Gegend, durchstreife verschiedene Geschäfte, erstehe dank meiner heutigen Erdbebenerfahrung ein Survival-Kit mit einer Wärmefolie, einem Wasserfilter und einem Radio mit eingebauter Lampe, das sich per Handkurbel betreiben lässt. Man weiß ja nie, was kommt. Dann lasse ich mich einfach treiben, beobachte die Passanten um mich herum und lande schließlich in einem Restaurant in der achten Etage eines Einkaufscenters. Der Raum ist warm, schlicht und modern möbliert, wirkt aber trotzdem einladend. Doch auch hier spricht man natürlich kein Englisch. Per Handzeichen leitet mich die Kellnerin zu einem freien Platz am Fenster. Als ich auf das Podest steigen will, um mich vor dem niedrigen Tisch im Schneidersitz niederzulassen, entfährt ihr ein gequälter Laut. Verwirrt drehe ich mich um, dann fällt der Groschen. Ich hätte meine Schuhe ausziehen und sorgfältig nebeneinander vor dem Podest aufstellen müssen. Schuldbewusst blicke ich sie an und beeile mich den Fauxpas wieder auszubügeln. Das Gefühl der Hilflosigkeit hält auch beim Blick in die Speisekarte weiter an, denn natürlich kann ich keines der japanischen Schriftzeichen entziffern.

»Was ist das?«, frage ich die Kellnerin in der Hoffnung, sie könne mir helfen, aber sie wirft mir nur einen verständnislosen Blick zu.

»Ich verstehe sie nicht.« Verzweifelt sehe ich sie an. Dann tippe ich auf gut Glück einfach auf eines der Gerichte in der Karte. Japanisches Roulette nennt man das wohl. Ich hoffe, ich bekomme keinen giftigen Kugelfisch.

»Aber bitte mit Sake!«, sage ich, immerhin ist es das Einzige, was ich bestellen kann. Sie nickt erfreut. Wenig später wird mir gebratenes Rindfleisch in Miso-Sauce serviert. Glück gehabt. Fasziniert beobachte ich, wie die Kellnerin nun auch den Sake vor mir abstellt und mit heißem Wasser aufgießt, bevor sie sich unter tiefen Verbeugungen zurückzieht. Man trinkt Sake also mitunter auch warm. Wieder etwas dazu gelernt.

Die Glasfront des Restaurants gibt den Blick auf moderne Hochhauskomplexe frei. Tief unter mir durchkreuzen Züge eine beleuchtete Station. Mittlerweile ist es dunkel geworden. Es ist merkwürdig und aufregend zugleich, hier zu sitzen, und ich kann es immer noch nicht fassen, dass ich in Tokio bin. Ganz allein und 8925 Kilometer von Berlin entfernt. 9726 Kilometer von Mailand, wo mein Freund Raffaele lebt. Es ist 21 Uhr. In Italien ist es jetzt 15 Uhr. Wo er wohl gerade ist? Die Kellnerin bringt eine Schale mit Nudeln, die offenbar zu meinem Fleisch gehört, aber wohl als zweiter Gang serviert wird. Sie sind kalt, schmecken mir nicht und ich beschließe, sie stehen zu lassen. Kalte Pasta, wenn Raffaele das sehen könnte! Während ich einen Schluck von dem heißen Sake nehme, lasse ich den Blick erneut über Tokio gleiten. Wie konnten wir uns nur so weit voneinander entfernen? Und alles nur, weil Raffaele es sich nicht vorstellen kann, in Deutschland zu arbeiten, und ich als deutsche Journalistin in Italien kaum Chancen habe, einen Job zu bekommen. Da ich mir eine Fernbeziehung auf Dauer nicht vorstellen kann, bleibt uns, um eine endgültige Trennung zu vermeiden, nur eine Auszeit. Die möglicherweise doch zum Ende unserer Beziehung führt. Ich seufze. Die Erkenntnis, dass Liebe allein manchmal nicht reicht, tut weh. Traurig leere ich meinen Sake, zahle und verlasse das Restaurant.

Januarkälte schlägt mir entgegen, die Straße leert sich ein wenig, dafür pulsiert das Leben in den umliegenden Gassen, durch die ich nun irre. Viele Restaurants haben noch geöffnet, genau wie die japanischen Spielparadiese. Nach einigen Metern bleibe ich vor einer Karaoke-Bar stehen und beobachte, wie eine Gruppe junger Japaner fröhlich und aufgeregt an mir vorbeizieht. Nacheinander betreten fünf Pärchen den Tempel des schlechten Gesangs. Da es noch zu früh ist, um schlafen zu gehen, beschließe ich, es auch einmal mit Karaoke zu probieren. Immerhin handelt es sich neben Golfspielen sozusagen um *den* japanischen Volkssport, und wer eine anständige Reportage über Japan schreiben will, der sollte zumindest einmal Karaoke gesungen haben. Man weist mir den Weg zu einem Verschlag, in dem vor einer roten Plastikeckbank ein Tisch und ein Fernseher stehen. Die Luft ist schwül und riecht abgestanden. Habe ich nicht mal irgendwo gehört, dass japanische Jugendliche hierherkommen, um Sex zu haben, da ihre Eltern ihnen nicht erlauben, dass der oder die Liebste bei ihnen übernachtet? Schnell verscheuche ich den Gedanken, schließe die Tür und studiere die Knöpfe an der Karaokemaschine, die zumindest leichter zu bedienen sind, als die an meinem Navigationssystem. Zu meiner Freude sind eine ganze Reihe englischer Lieder vorhanden, ansonsten wäre es auch kompliziert geworden. Da ich keinerlei Präferenzen habe, fange ich bei A an und stoße auf Alphavilles *Big in Japan*. Na bitte, das passt doch. Und zwar nicht nur, weil ich tatsächlich größer bin als alle Japaner, die mir heute über den Weg gelaufen sind. Ich drücke auf *Play*, positioniere mich vor dem Bildschirm, über den nun die bunt gefärbten Textzeilen flimmern, und kurz darauf schallt der Song bereits aus den Boxen. »*Winter's cityside, cristal bits of snowflakes all around my head and in the wind, I had no illusions, that I ever find a glimpse of summer's heatwave in your eyes. You did what you did to me, know it's history I see, here is my comeback on the road again* …«, singe ich in die Nacht, mutterseelenallein, mitten in Tokio, der größten Stadt der Welt. *»And when you're big in Japan tonight, big in Japan be tight, big in Japan, and the eastern sea is so blue …«*, gröle ich voller Inbrunst die Textzeilen, die genau hier und jetzt exakt zu meinem Lebensgefühl passen.

Lost in Translation, oder: Weshalb der Japaner eine treue Seele ist

Eine Kolumne von Dana Phillips

Liebe Komplizinnen! Die Japaner sind es seit Jahrhunderten gewohnt, von Erdbeben heimgesucht zu werden, denn Japan liegt in einer tektonisch aktiven Zone. Vulkanausbrüche, Tsunamis und starke Erderschütterungen sind hier keine Seltenheit, denn hier treffen verschiedene Erdplatten aufeinander. Wenn die eurasische Platte, auf der Japan liegt, sich verschiebt, kollidiert sie mit der pazifischen und der philippinischen und erzeugt dadurch weit über tausend Beben im Jahr. Erstaunlich ist, wie ruhig und gelassen die Japaner in solchen Situationen bleiben. Sicher, das ausgeklügelte Warnsystem in Form einer Handy-Erdbeben-App, die umgehend die Lage des Epizentrums und Stärke des Bebens durchgibt, trägt einiges dazu bei, dass es den Japanern gelingt, Haltung zu wahren. Aber das starke Erdbeben von 2011, das den verheerenden Tsunami auslöste, ist nicht spurlos an den Menschen vorübergegangen. Immer noch setzt, sobald die Handys piepsen, ein kurzer Moment der Erstarrung ein. In den Läden sind Erdbeben-Survival-Kits erhältlich, sie gehören zur Grundausstattung japanischer Haushalte. Dennoch denkt trotz der Gefahr kaum ein Japaner daran, sein Land zu verlassen. Da kann die Erde wackeln, wie sie will! Denn der Japaner ist selbst dann, wenn die Natur wütet, treu wie Hachiko, der Hund.

Sayonara! Ihre Dana

3

Gericht: *Winterorangen und Bentoboxen*
Japaner des Tages: *Die nackten Badenixen*
Place to be: *Im Onsen*
Erkenntnis: *Es macht mehr Spaß, in heißen Quellen zu baden, als im Selbstmitleid*

*I*ch erwache davon, dass mein Handy piepst. Um mich herum ist es dunkel. Einen kurzen Moment lang kann ich mich nicht erinnern, wo ich bin, dann fällt es mir wieder ein. Ich liege in meinem Hotelzimmer in Tokio Akasaka. Schnell knipse ich das Licht an und werfe einen Blick auf die Uhr. 6.00. In Deutschland ist es jetzt zehn. Da hat wohl jemand nicht an die Zeitverschiebung gedacht. Die SMS kommt von meiner Chefin, Carla.

»Extraauftrag: Beauty-Redaktion braucht Artikel über Onsen, jap. Bäder. Alles organisiert, check deine Mails. Bis bald, Carla«

Zwei Stunden später irre ich mit einem ausgedruckten Reiseplan durch Tokio-Station, einem der Verkehrsknotenpunkte der Stadt. Menschenmassen bewegen sich durch den Bahnhof. Ich durchquere das Erdgeschoss, in der Hand eine Plastiktüte mit einer Bento-Box. Die Japaner nehmen ihr Bento gern mit auf Zugfahrten, auch ich habe mir daher eine der typischen Lunch-Schachteln gekauft, die mit Reis, Fleischstücken oder Fisch, eingelegtem oder gekochtem Gemüse und Salat gefüllt ist. Im Zug werfe ich einen Blick in meinen Reiseführer:

Südlich vom Fuji, dem höchsten Berg Japans, und 90 km westlich von Tokio befinden sich in der Gegend um Hakone Seen, Berge und Onsen, heiße Bäder. Ein ruhiger Ort, zumindest von Montag bis Freitag, wenn der Strom von Wochenendbesuchern abgereist ist. Die meisten Gäste benutzen den Hakone-Tagespass, um mit der Seilbahn zu fahren oder auf einem historischen Schiff einen der Seen zu überqueren. Bei gutem Wetter hat man von hier aus einen fantastischen Blick auf den Mount Fuji.

Ich lege mein Buch zur Seite und schaue aus dem Fenster. Draußen fliegt die Landschaft vorbei. Ab und zu erkenne ich ein paar Häuser; sie sind klein und flach und architektonisch nicht sonderlich ansprechend. Im Gegensatz zu den Wolkenkratzern in Tokio sehen sie nicht so aus, als würden sie ein weiteres Erdbeben überstehen.

Dann muss ich umsteigen, vom Hochgeschwindigkeitszug Shinkansen in die Hakone Tozan Railway, einen Bummelzug. Die Schmalspurbahn bringt mich nach einiger Wartezeit auf dem reizlosen Bahnhof nach Hakone. Es ist windig. Langsam bahnt sich die zugkräftige Maschine ihren Weg durch die Berge. Ich bin die einzige Europäerin in meinem Waggon. Meine Mitreisenden haben ihre Köpfe an die Scheiben gelehnt und schlafen, teilweise mit offenen Mündern. Ein kleines Kind hat sich auf dem Schoß seiner Mutter zusammengerollt. Seine Schuhe stehen, die Spitzen sorgfältig ausgerichtet, vor der Sitzbank. Kurz bevor ich ebenfalls einnicke, erreichen wir den Bahnhof von Hakone.

Ich verlasse das Bahnhofsgebäude. Es ist kalt. Auf dem Vorplatz wachsen der Kälte trotzend Orangen an einem Strauch. Ihre kräftige Farbe leuchtet verlockend in der Januarkälte. Mich überfällt das dringende Bedürfnis, eine von ihnen zu pflücken. Nur wenige Schritte von den Früchten entfernt liegt mein Hotel. Nach dem Check-In, der dank der Buchung durch meine Redaktion auch ohne Japanischkenntnisse reibungslos verläuft, strande ich vor einer Regalwand, die mit Stapeln von Kimonos gefüllt ist. Auch die

Gäste, die den Eingangsbereich des *Onsen* durchqueren, tragen die traditionelle japanische Kleidung.

»Kimono, für mich?«, frage ich einen der Angestellten, der gerade vorbeieilt.

»No Kimono! Yukata!« Er bleibt stehen, mustert mich und scheint meine Größe abzuschätzen. Dann greift er einen geblümten Stapel vom obersten Brett und reicht mir zwei der Gewänder, gemeinsam mit einem gelben Band und einem Paar Holzschuhen. »Yukata. Sommerkimono.« Er verbeugt sich und eilt weiter, während ich nach meinem Raum suche.

Mein Hotelzimmer ist traditionell japanisch eingerichtet.

Es ist mit beigen Matten ausgelegt, vor dem Fenster steht ein niedriges Tischchen, an dem man im Schneidersitz auf flachen Kissen Platz nehmen kann. Auf der Tischplatte steht eine Kanne mit heißem Wasser und eine Teedose. Auf den Tatami-Matten, die den Boden des Raumes bedecken, liegt eine dünne Futonmatratze. Durch die Glastür trete ich auf den Balkon, auf dem eine hölzerne Wanne zum Baden im Freien einlädt. Neben den Gemeinschaftsbädern eine Möglichkeit, sich in aller Abgeschiedenheit zu entspannen. Schnell schlüpfe ich in den Yukata, schlinge ihn um meinen Oberkörper und zurre ihn mit dem gelben Band zusammen. Dann suche ich die Bäder. Während ich über schmale Holzwege durch den Garten irre, begegne ich ein paar Japanern, die mir verstohlene Blicke zuwerfen, bevor sie hinter vorgehaltener Hand etwas tuscheln. Am Eingang eines Bades fängt mich eine ältere Dame ab und versperrt mir den Weg. Aufgeregt redet sie in japanischer Sprache auf mich ein. Dann öffnet sie ihren Yukata. Ich bin irritiert. Gibt es in Japan weibliche Exhibitionisten?

»Tote Menschen!« Sie deutet auf meine Brust. Einen Moment bin ich verwirrt, dann begreife ich, dass ich meinen Yukata wohl falsch gebunden habe. Ich überlasse meinen Sommerkimono der alten Dame, die ihn hurtig öffnet und die linke Seite über die rechte legt. Dann nickt sie zufrieden und eilt davon. Ich nehme mir fest vor, an Bord des Peaceboats einen englisch sprechenden Menschen aufzutreiben, den ich fragen kann, was das zu bedeuten hat. Dann öffne ich die Tür zum Bad und stehe unvermittelt vor ein paar nackten Frauen. Aufgeregtes Stimmengewirr schlägt mir entgegen. Es dauert einen Moment, bis ich begreife, dass ich vergessen habe, ordnungsgemäß die Schuhe auszuziehen. Eine der Anwesenden greift nach meinen Holzpantoffeln und trägt sie vorsichtig in den Vorraum, um sie dort in einem der zahlreichen mit Nummern versehenen Bastkörben zu verstauen. Sie bedeutet mir, meine Kleidung auszuziehen und auf die Schuhe zu legen. Folgsam tue ich wie geheißen, wickele mich in ein Handtuch und nähere mich den Duschen.

»Ahhh«, tönt es hinter mir. Ich scheine immer noch etwas falsch zu machen und finde wenig später auch heraus, was: Es entspricht nicht den Regeln, sich mit einem der größeren Handtücher zu bedecken, wenn man in einem *Onsen* baden möchte. Man muss völlig nackt sein. Erlaubt ist nur, sich ein Händehandtuch vor den Körper zu halten, das mehr schlecht als recht das Notwendigste bedeckt. Schnell dusche ich, ignoriere das Höckerchen, das auf den Fliesen steht, obwohl um mich herum alle darauf Platz nehmen, dann halte ich mir das Handtuchfetzchen vor die Brust und steige in das Wasser, das mich warm und angenehm umschließt. Aber was mache ich jetzt mit meinem Handtuch? Ich schaue mich um. Die Frauen, die in meiner Nähe sitzen, haben es sorgfältig gefaltet und auf ihrem Kopf platziert. Um nicht noch mehr Aufsehen zu erregen, mache ich es ihnen nach.

Es ist schon merkwürdig, dass die Japaner, obwohl sie so zurückhaltend sind, kein Problem mit Nacktheit zu haben scheinen. Mittlerweile dämmert es, aber ich warte so lange, bis es dunkel ist und ich mich im Wasser fast völlig aufgelöst habe; dann hülle ich mich in meinen Yukata und kehre in mein Zimmer zurück. An einem Halter an der Wand im Flur hängen Schuhe, die ich geflissentlich ignoriere.

An diesem Abend bleibt mir angenehmerweise der Versuch erspart, auf Englisch mein Abendessen zu bestellen, denn ein mehrgängiges, festgelegtes Menü ist im Zimmerpreis inbegriffen. Schnell wechsele ich den Yukata und laufe durch ruhige Gänge hinunter in den Speisesaal, wo ich mich an einen Ecktisch setzte. Ich versuche, mich möglichst genauso zu verhalten wie die Gäste an den umliegenden Tischen, versuche die Art zu imitieren, in der sie mit Stäbchen essen und denke sogar daran, meine Hände vor dem Essen mit den feuchten Tüchern, den *Oshibori* zu reinigen. Angestarrt werde ich trotzdem. Die freundliche Kellnerin stellt eine Schale mit heißem Fett und einen Teller rohes Fleisch vor mir ab. Wieder einmal weiß ich weder, was für ein Gericht mir da serviert wird, noch, wie ich es essen soll, und es dauert eine halbe Stunde, bis ich verstanden habe, dass man das rohe Fleisch mit Stäbchen kurz durch die zwei verschiedenen siedenden Brühen zieht. Es handelt sich um Shabu shabu, ein japanisches Feuertopf-Gericht, das vor allem im Winter serviert wird, wie mir die Kellnerin in gebrochenem Englisch erklärt.

Mich überfällt endgültig Heimweh. Wozu hat man die Bevormundung durch die Eltern ertragen, die Pickel der Pubertät und den ersten Liebeskummer, wenn man zu guter Letzt doch nicht selbstständig, sondern hilflos wie ein frisch entbundener Säugling auf das Wohlwollen von ein paar Japanern angewiesen ist? Fast verstehe ich, warum Raffaele nicht nach Deutschland ziehen will. Ihm ginge es dort ohne mich an seiner Seite wohl ähnlich.

Obwohl die dünne Futonmatratze sehr hart ist, schlafe ich in dieser Nacht tief und fest. Nach dem frühen Frühstück unternehme ich einen Ausflug in die Region. Die Landschaft mitten im Fuji-Hakone-Izu-Nationalpark ist beeindruckend. Der Ashi-See, an dessen Ufer ich einen zweistündigen Spaziergang unternehme, von Bergen und Vulkanen umringt. Es ist alte Tradition, im Schwefelwasser der heißen Quellen Eier zu kochen. Die sogenannten *Onsen-Tamago*, die hier durch die gelösten Sulfate und Eisenionen schwarz gefärbt werden, erhöhen angeblich die Chance auf cin langes Leben. Ich habe gelesen, dass Japan das Land mit der höchsten Lebenserwartung ist – habe ich hier ihr Geheimnis aufgedeckt? Schwarze Eier?

Nach ein paar anstrengenden Stunden Fußmarsch kehre ich müde in mein Hotel zurück und beschließe, mich noch eine Stunde hinzulegen, bevor ich zurück nach Tokio fahre. Doch als ich mein Zimmer betrete, muss ich feststellen, dass mein Bett verschwunden ist. Verwundert blicke ich mich um, dann melde ich mich an der Rezeption. Als es wenige Minuten später an der Tür klopft und ich öffne, steht eine junge Frau vor mir, die sich tief verbeugt. Ich bedeute ihr, mir zu folgen. Gerade, als ich einen großen Schritt in mein Schlafzimmer machen will, entfährt ihr ein ungewöhnlich lautes »ahhhhhh«. Sie weist auf die Hausschuhe, die an der Tür stehen.

»Ahhh«, echoe ich. »Muss ich die Schlappen hier anziehen?«

»Ich würde Sie darum bitten«, entgegnet sie höflich in überraschend gutem Englisch. »Die Tatami-Matten werden nur barfuß oder in den extra dafür bereitgestellten *Geta* betreten.« Schuldbewusst ziehe ich meine Straßenschuhe aus und schlüpfe in die Holzschuhe. Dann erkläre ich ihr, dass ich mein Bett suche. Irritiert schaut sie mich an.

»Das Futon wird nur abends ausgerollt und tagsüber wieder im Schrank verstaut«, erklärt sie mir.

»Ach, tatsächlich? Möchte sich denn niemand mittags noch mal hinlegen?«

»Das ist sehr selten«, entgegnet sie diplomatisch.

»Aber wäre es nicht praktischer, das Bett einfach stehen zu lassen?«

»Wissen Sie, früher gab es in Japan gar keine Schlafzimmer – auch nicht in Privathäusern. Ein Schlafzimmer galt als verschenkter Raum und war somit Luxus. Erst seit dem zweiten Weltkrieg, als der westliche Lebensstil immer mehr zu uns herüberschwappte, hat sich auch hier das Prinzip durchgesetzt.« Sie lächelt mich an. »Aber auch heute rollen noch viele Japaner ihr Futonbett abends aus und verstauen es morgens wieder im Schrank. Übrigens schlafen wir traditionell immer so, dass das Kopfkissen nicht nach Norden zeigt. Tote werden bei uns nämlich in Richtung Norden gebettet und der Aberglaube verbietet uns Lebenden, ebenfalls diese Position einzunehmen.« Sie weist mit der Hand auf den Schrank, in dem sich mein Bettzeug befindet.

»Möchten Sie, dass ich Ihnen Ihr Futon wieder ausrolle?«

»Nein, nein«, sage ich höflich, obwohl ich mit *Ja* antworten möchte. »Ich passe mich den traditionellen Gepflogenheiten an. Vielen Dank.« Die Dame verabschiedet sich und verlässt, nachdem sie sich mehrfach verbeugt hat, mein Zimmer. Sehnsüchtig werfe ich einen Blick Richtung Schrank. Ob Nord oder Süd, schicklich oder nicht, ich möchte einfach nur ein Nickerchen machen. Vielleicht schlafe ich ja doch noch ein wenig, gleich, wie die Japaner, in der U-Bahn.

Lost in Translation, oder: Weshalb dem Japaner sein Bad heilig ist

Eine Kolumne von Dana Phillips

Liebe Komplizinnen! Sie waschen sich regelmäßig, Sie halten sich für reinlich, sind der Meinung, mit gängigen Hygienestandards vertraut zu sein? Um dieses Selbstbild zu erschüttern, brauchen Sie nur nach Japan zu fahren. Denn im Land der aufgehenden Sonne hat man eine gänzlich andere Vorstellung davon, was geleistet werden muss, um das rechte Maß an Reinlichkeit aufrechtzuerhalten. Wehe dem, der die Sauberkeits- und Reinigungsriten nicht beherrscht und sich im Schrein mit der falschen Hand den Mund auswäscht! Dass Sie überall Ihre Schuhe aus- und Toilettenschuhe anziehen müssen, dass Handtaschen nicht auf dem Boden stehen dürfen, weil sie Straßendreck ins Haus transportieren könnten, das alles ist nur der Anfang! Die Mühe geht erst richtig los, sobald Sie Ihre eigenen vier Wände oder ein *Onsen*, ein öffentliches Bad betreten haben. Unverzichtbar ist für den Japaner vor allem eins: Die Badewanne. In einem täglichen Ritual löst sich hier der Alltagsstress in warmes Wohlgefallen auf. Und zwar in der Regel abends, denn das Bett ist schließlich ein reiner Ort, den man nur ungern mit Alltagsballast beschmutzen möchte. Wir Europäer, die bevorzugt morgens duschen, um uns den Schlaf aus den Augen zu waschen und uns für den neuen Tag frisch zu machen, sind dem Japaner suspekt. Dass wir aus Zeitersparnisgründen nur unter die Dusche hüpfen, ist dem Asiaten schleierhaft. Gut Bad will eben Weile haben.

In Japan sind die Dusche und das Bad übrigens nicht voneinander zu trennen. Da hier traditionell für alle Familienmitglieder das gleiche Badewasser verwendet wird, muss grundsätzlich vor dem Bad geduscht werden. Schließlich möchte man Bruder und Schwester nicht in den eigenen Schmutzpartikeln sitzen lassen. Und so wird sich, auf einem kleinen Schemel hockend, in der Dusche eingeseift, bevor man in die Wanne steigt. Ähnlich werden die Reinigungsrituale auch im *Onsen*, dem traditionellen japanischen Bad, vorgenommen. Wer sich hier nicht dem Regelwerk entsprechend verhält, wird umgehend mit sozialer Ächtung bestraft. Das klingt anstrengend – und ist es auch! Zumindest so lange, bis man das Geheimnis der Badezeremonie ergründet hat. Ab dann ist ein Aufenthalt im *Onsen* ein sauberes Vergnügen!

Sayonara! Ihre Dana

4

Gericht: *Edamame*
Japaner des Tages: *Die Dienstmädchen in den Cafés von Akihabara*
Place to be: *Die New York Bar im Park Hyatt Hotel*
Erkenntnis: *Lost in Translation*

*I*ch sitze im Zug Richtung Tokio. Erholt und tiefengereinigt kehre ich von meinem Aufenthalt in den heißen Quellen in die Großstadt zurück. Entspannt und zufrieden lehne ich den Kopf an die Fensterscheibe und schaue auf die vorbeigleitende Landschaft, als sich auf einmal in der Ferne der *Fuji* oder *Fujisan*, wie die Japaner sagen, vor mir erhebt. Erhaben sieht er aus, der höchste Berg Japans, wie er dort in der Sonne liegt. Und so friedlich. Wer würde unter seiner schneebedeckten Kuppe schon einen aktiven Vulkan vermuten oder darauf kommen, dass sich an seinen Hängen jedes Jahr zahlreiche Menschen das Leben nehmen? Das Wäldchen Aokigahara am Fuße des Berges ist in den letzten Jahrzehnten zum Zielort für Selbstmörder geworden. Inspiriert durch den Roman *Der Wellenturm*, den der japanische Autor Matsumoto Seicho in den Sechzigerjahren schrieb, scheiden sie in dem dichten Wald aus dem Leben, während Touristengruppen die Spitze des Dreitausenders erklimmen, um den Sonnenaufgang zu sehen. Schilder mit der Nummer einer Telefonseelsorge, die überall aufgestellt wurden, sollen den Lebensmüden einen letzten Ausweg bieten. Sehr umsichtig, könnte man meinen, aber nach ein paar Tagen in Japan weiß ich, dass eine solche Maßnahme vor allem dem Umstand zu verdanken ist, dass der Japaner alles aus- und beschildert, was nur geht.

Ich fixiere den Mount Fuji so lange, bis er samt seiner Rätselhaftigkeit aus meinem Blickfeld verschwunden ist, dankbar für all das Neue, Eigen- und Andersartige, das ich bisher hier erleben und entdecken durfte. Da ich nur eine kleine Tasche dabei habe, reicht es, erst heute Abend in mein Hotel zurückzukehren; und so fahre ich direkt nach Akihabara. Hier ist der sogenannte *Electronic district*, in dem sich die jungen Computerfreaks zwischen blinkenden Neonschildern mit allem eindecken, was an technischen Innovationen auf dem Markt erhältlich ist. Es ist voll in der U-Bahn, obwohl ich wieder einmal niemanden dabei erwischen kann, wie er mich anstarrt, bin ich sicher, beobachtet zu werden. Die eine Hälfte der Japaner schläft schon, seit ich den Waggon betreten habe, die andere senkt die Augenlider und lässt den Kopf auf die Brust fallen, sobald ich in ihre Richtung schaue. Während wir in Deutschland relativ ungeniert starren, löst ein direkter Augenkontakt in Japan kollektives Unbehagen aus. Nach drei Stationen habe ich nur durch direkte Blicke einen ganzen U-Bahn-Wagen in Tiefschlaf versetzt. Selbst die stehenden Fahrgäste scheinen ein immenses Schlafpensum nachholen zu müssen, während sie, an den Halteschlaufen hängend, selig schlummern, oder es zumindest vortäuschen.

In meiner Nähe steht eine junge Japanerin, ein Schulmädchen in einer gebügelten und gestärkten Uniform. Zu dem dunkelblauen Blazer trägt sie einen Rock, der so knapp ausfällt, dass er nicht der Rede wert ist. Neben ihr lehnen drei Männer mit Aktentaschen an der Wand. Während zwei der *Salarymen*, wie die Businessmänner hier heißen, dem Schulmädchen den Rücken zugekehrt haben, steht der Dritte ihr in merkwürdig verrenkter Pose halbseitig zugewandt. Zufällig bleibt mein Blick an seiner Aktentasche hängen, die er in der rechten Hand hält. Sie ist einen Spalt geöffnet und ich kann die Linse einer Kamera erkennen, die aus der Dunkelheit heraus direkt unter den Rock des Mädchens filmt. Das kann nicht sein! Ist das eine Sinnestäuschung? Ich blinzele, aber die Kamera ist immer noch da. Sieht das denn keiner? Ich schaue mich um. Die restlichen Insassen schlafen noch immer. Ich befinde mich in einem seelischen Zwiespalt. Einerseits kann man so etwas nicht durchgehen lassen. Andererseits will ich nicht unnötig auffallen, außerdem kann ich mich nicht auf Japanisch verständigen, und überhaupt fehlen mir angesichts der Situation im doppelten Sinn die Worte. Die Bahn hält und fährt wieder an. Der Aktentaschenperversling macht keinerlei Anstalten zu verschwinden, daher erhebe ich mich nun doch von meinem Sitz und baue mich in voller Größe vor ihm auf.

»Du Lustmolch! Einem kleinen Mädchen unter den Rock zu filmen. Schäm dich!«, sage ich auf Englisch und ernte, da er sich natürlich seiner Schuld bewusst ist, immerhin einen erschrockenen Blick. Langsam drehe ich mich um.

»Hat das denn keiner von Ihnen gesehen?« Nun schauen mich auch die anderen Fahrgäste an, die bei meinen Worten erschrocken die Augen geöffnet haben. Einen Moment denke ich, sie würden mir helfen, aber dann klappt ein Japaner nach dem anderen die Augen wieder zu und versinkt erneut in seinem Scheinschlaf. Aha. So funktioniert das hier also. Der Perversling scheint sich sicher. Mit einer unauffälligen Bewegung richtet er erneut seine Kamera aus. Ich knurre ihn an.

»Hau ab oder ich rufe die Polizei! Die Polizei, hast du gehört?« Das englische Wort Polizei scheint er zu verstehen, denn als sich das nächste Mal die Türen öffnen, verschwindet er so unauffällig, wie er gekommen ist. Das Schulmädchen schaut mich an, als ob ich verrückt sei. Eine Station später steigt auch sie aus, ohne sich von mir zu verabschieden. Es ist frustrierend, dass ich nicht in der Lage bin, sie zu warnen, ihr zu erzählen, dass sie gefilmt wurde, oder ihr nahezulegen, das nächste Mal vielleicht doch einen längeren Rock anzuziehen.

Ernüchtert laufe ich an den blinkenden Reklameschildern von Akihabara vorbei und schüttle den Kopf über die Maid-Cafés, in denen die Kellnerinnen im Dienstmädchenoutfit ihre männlichen Gäste behandeln wie Hauspatrone oder Gebieter. »Willkommen zu Hause, Meister«, rufen sie den Männern zu, um die geheimen Fantasien der *Otaku*, der Nerds, zu befriedigen. Wer statt mit Dienstmädchen lieber mit Haustieren kuschelt, geht einfach in ein Katzencafé, in dem man für etwa 6 Euro pro halbe Stunde Katzen streicheln und mit ihnen spielen darf – zur Beruhigung von Körper und Geist. Am späten Nachmittag wandere ich durch die luxuriösen Shoppingstraßen von Ginza, in denen hinter den Schaufenstern moderner Gebäudekomplexe die neuesten Trends feilgeboten werden, und lasse mich maßregeln, als ich zum wiederholten Mal eine Umkleide mit Straßenschuhen betrete. Anschließend besuche ich den Schrein von Asakusa, eine der Hauptsehenswürdigkeiten der Stadt. Hier weiß ich zumindest, wie ich mich zu verhalten habe, und das Lotterie-Orakel gibt es aufgrund des hohen Touristenaufkommens auch gleich zweisprachig. Dieses Mal meint das Schicksal es gut mit mir: *Dein Glück wird dir in Zukunft einige Chancen eröffnen. Der helle Mond wird durch die ziehenden Wolken scheinen. Du wirst eine angesehene Person von hohem gesellschaftlichen Rang treffen. Seine Unterstützung wird dir ein glückliches Leben bescheren. Dein Wunsch wird sich erfüllen. Die Person, auf die du wartest, wird kommen. Auf Reisen gehen ist eine gute Idee.*

Na bitte, denke ich beruhigt. Jetzt kann ich ohne Sorge mit dem Peaceboat in See stechen. Als ich das Gelände des Schreins verlasse, dämmert es bereits. Ich wünsche mir nichts sehnlicher, als mit irgendjemandem ein anständiges Gespräch zu führen, denn nach ein paar Tagen in Tokio fühle ich mich tatsächlich wie in dem Film *Lost in Translation*. Wie Scarlett Johansson, oder besser gesagt, wie eine Mischung aus Scarlett Johansson und Bill Murray. Vielleicht sollte ich in die Bar des Park Hyatt Hotels gehen, wo die Dreharbeiten stattgefunden haben. Beschwingt von dieser Idee suche ich auf dem Stadtplan die Adresse und die nächste U-Bahn-Station heraus, steige ein paar Mal um und schließlich in Tocho-Mae aus der Bahn. Nachdem ich die Station verlassen habe, laufe ich eine lange, dunkle Straße entlang. Zwei Unterführungen später begegne ich einem Penner, der in drei Müllsäcken sein Hab und Gut hinter sich herzieht. Der erste Obdachlose, den ich in Tokio sehe. Es muss doch noch mehr von ihnen geben; ich frage mich, wo sie sind. Meinen Schritt beschleunigend, erreiche ich wenig später das Park Hyatt Hotel. Es erhebt sich neben einigen Bürokomplexen in der Dunkelheit; die Gegend ist wenig einladend. Langsam laufe ich die Einfahrt zum Haupteingang des Hotels hoch, das hell erleuchtet vor mir liegt. Eine Empfangsdame begrüßt elegant gekleidete Gäste, die aus einem ankommenden Taxi steigen. Sie lächelt freundlich, dennoch merke ich ihr die Verwunderung über die Tatsache an, dass ich allein und zu Fuß gekommen bin.

»Kann ich Ihnen helfen?«, fragt sie auf Englisch und es ist ein wenig albern, wie sehr ich mich darüber freue, jemanden zu treffen, der in der Lage ist, mich in einer mir verständlichen Sprache anzusprechen, auch wenn unsere Kommunikation sich darauf beschränkt, dass sie mir den Weg zur New York Bar zeigt. Sie erklärt mir, dass ich, um dort hinzukommen, die große Eingangshalle durchqueren, in den 43. Stock fahren und in einen anderen Fahrstuhl umsteigen muss, der mich in den 56. Stock bringt. In den 56. Stock! Ich schlucke.

»Das ist aber sehr hoch«, sage ich zu ihr. »Was passiert denn bei einem Erdbeben? Entschuldigen Sie bitte, dass ich frage, das ist kein Misstrauen, ich habe nur in diesen Tagen zum ersten Mal in meinem Leben einen Alarm erlebt.«

Die Empfangsdame lächelt mich an. »Sie brauchen sich keine Sorgen zu machen, wir in Japan leben seit Jahrhunderten mit

Erdbeben und haben auch die Bauweise unserer Gebäude darauf ausgerichtet, dass sie große Erschütterungen möglichst gut überstehen. Die traditionellen japanischen Holzbauten sind flexibel und mit ihren Papierwänden eigentlich recht tauglich. Wolkenkratzer wie dieser hier sind wohldurchdachte Konstruktionen, die tief im Boden verankert werden, Stahlgebilde, die sich auf elastischen Fundamenten flexibel bewegen können, selbst wenn die Erde wackelt. So können Sie ganz ohne Bedenken und mit gutem Gefühl einen Drink in der Bar unseres Hauses nehmen. Ich wünsche Ihnen viel Vergnügen.«

Wahrscheinlich wird sie das oft gefragt, denke ich, während ich durch die Halle laufe und in den 43. Stock fahre. Dann öffnen sich die Türen und geben den Blick auf eine Lounge frei, in der einige Paare vor der erleuchteten Stadtkulisse ihren Drink nehmen. Die Empfangsdame hat mir gesagt, ich solle rechts abbiegen, also folge ich einem langen Flur, durchquere eine Art moderne, in den Gang integrierte Bibliothek, die ich wiedererkenne, weil sie auch im Film zu sehen ist und betrete den Fahrstuhl, der mich geräuschlos in den 56. Stock bringt. Als sich die Tür öffnet, ertönt bereits leise Jazz-Musik. Eine Angestellte des Hotels eilt mir entgegen.

»Herzlich willkommen«, sagt sie und deutet eine Verbeugung an. »Sind Sie Gast in unserem Hotel?«

»Leider nicht.« Ich zögere. »Aber ich habe gehört, dass man von hier aus einen einmaligen Blick auf Tokio hat. Ich würde daher gerne einen Drink nehmen.«

»Gerne! Sie müssen aber wissen, dass wir für externe Gäste 2000 Yen berechnen.« Eintritt in einer Hotelbar? Mir bleibt nichts anderes übrig, als zu zahlen, es sei denn, ich möchte unverrichteter Dinge wieder umkehren. Also zücke ich mein Portemonnaie und hole die umgerechnet knapp 20 Euro heraus, was mir einen pikierten Blick meines Gegenübers einbringt.

»Sie müssen natürlich nicht jetzt bezahlen, wir setzen den Betrag auf die Rechnung.« Dann bedeutet sie mir, ihr zu folgen. Etwas beschämt trotte ich hinter ihr her. Ich hätte mir natürlich denken können, dass man hier nicht wie in einer x-beliebigen Jazz-Kaschemme den Eintritt an der Tür bezahlt. Während wir das erste Drittel des Raumes durchqueren, sehe ich mich um. Gedämpftes Licht. Alle Tische sind besetzt, kleinere Grüppchen oder Paare, die sich angeregt unterhalten. Viele der Gäste sind Amerikaner und Europäer. Ein Jazzduo spielt in wohltemperierter Lautstärke ein paar Klassiker.

»Wäre es in Ordnung für Sie, hier Platz zu nehmen? Momentan sind alle Tische besetzt.« Sie zeigt auf den langen Tresen in der Mitte des Raumes, an dem man sich gegenübersitzen kann und an dem in *Lost in Translation* Bill Murray Scarlett Johansson kennenlernt.

Ich nicke. »Natürlich.«

Nachdem sie sich entfernt hat, lasse ich mich auf einen der Hocker gleiten. Von hier aus habe ich einen guten Blick auf die Musiker, hinter deren Rücken sich auf der anderen Seite der Fensterfront, glitzernd und verheißungsvoll das nächtliche Tokio erstreckt. Das Lichtermeer der Häuserfluten reicht bis zum Horizont. Selten habe ich einen so spektakulären Ausblick gehabt. Geräuschlos nähert sich einer der Kellner. »Haben Sie schon gewählt?«

Ich werfe einen Blick in die Karte. Der Weißwein der untersten Preiskategorie kostet dreizehn Euro. Ich bestelle den zweitgünstigsten, ein Glas St. Jaques, dazu eine Schale *Edamame*, junge Sojabohnen, die in Wasser gegart und mit Salz bestreut serviert und hier als Snack gegessen werden. Dann blicke ich wieder geradeaus. Tokio bei Nacht aus der Vogelperspektive ist umwerfend. Stundenlang könnte ich hier in dieser Bar sitzen und den Blick genießen. *Ich komme doch auch ohne Raffaele ganz gut zurecht. Ich schaffe das auch allein*, denke ich und nehme einen tiefen Zug aus meinem Glas.

Neben mir lässt sich ein Mann auf einem der Barhocker nieder. Dann bestellt er einen Whiskey, zwinkert mir zu und sagt: »It's Suntory-time«. Er scheint Engländer zu sein und hier im Hotel zu wohnen, denn er hat die Bar ohne Jacke betreten. Ich bestelle ein weiteres Glas Wein. Vielleicht ist es Zeit, neue Freundschaften zu schließen. Mutig wende ich mich ihm zu.

»Ich plane einen Gefängnisausbruch. Erst aus dieser Bar, dann aus dieser Stadt, dann aus diesem Land. Sind Sie dabei oder nicht?«, zitiere ich den berühmten Satz von Bill Murray aus *Lost in Translation* und setze mein schönstes Lächeln auf.

Mein Nachbar schaut mich irritiert an. Dann reißt er sich zusammen und reicht mir die Hand. »William, freut mich. Ich bin auf Hochzeitsreise«, sagt er dann und zeigt mir seinen beringten Finger. »Meine Frau ist schwanger und fühlt sich nicht wohl, deswegen schläft sie unten in unserem Zimmer. Mir sind also leider die Hände gebunden.« Er nimmt sein Glas, nickt mir zu, steht auf und lässt sich an einem Fenstertisch nieder, der gerade frei geworden ist. Offensichtlich hat er den Film nicht gesehen oder besitzt keinen Funken Humor. Es wäre auch zu schön gewesen, hier in Tokio so schnell einen Verbündeten zu finden. Ich leere mein Glas, bezahle und verlasse die New York Bar. Gerade als ich die Empfangshalle durchquere, erreicht mich eine SMS von meiner Chefin Carla. »Bitte heute Abend im Kapsel-Hotel übernachten! Zimmer schon reserviert. Frag an der Rezeption nach einer Zahnbürste. Sorry für den spontanen Überfall! Carla« In einer zweiten SMS folgt eine Adresse, mit der ich nicht sonderlich viel anfangen kann.

Seufzend ergebe ich mich in mein Schicksal, kehre dieser friedlichen Oase den Rücken und stürze mich in das pulsierende nächtliche Großstadtleben. Wenig später setzt mich das Taxi vor dem Kapselhotel ab. Erst nachdem ich meine Schuhe ausgezogen und in ein Schließfach eingesperrt habe, erhalte ich an der Rezeption den Schlüssel mit der für mich vorgesehenen Kapselnummer. Ich bin neugierig, wie mein Zimmer aussehen wird, denn alles, was ich über die Kapselhotels weiß, in denen Geschäftsleute sich kosten- und platzsparend betten können, ist, dass sie gerne auch mal als Waben-, Schließfach- oder auch Sarghotels bezeichnet werden. Und das klingt nicht gerade einladend.

Erst als ich den Gang erreiche, in dem sich mein »Zimmer« befindet, begreife ich, dass im Kapselhotel tatsächlich auch in Kapseln übernachtet wird. Statt normaler Räume liegen links und rechts des Flures etliche wabenartige Hohlräume nebeneinander, die nur mit Rollos verschlossen sind. Meine Kabine ist in der unteren Reihe. Gespannt öffne ich den Sichtschutz und spähe hinein. Meine neue Bleibe ist ein 2x1 Meter langer Plastikverschlag und nur etwa einen Meter zwanzig hoch. Bevor ich hineinkrieche, husche ich schnell in das Gemeinschaftsbad, wasche mich notdürftig und verstaue meine Kleidung in einem Spind. Zurück in meiner Wabe schalte ich das Licht an und lasse das Rollo herunter. Skeptisch starre ich an die Plastikdecke. Ich fühle mich eingeengt. Immerhin gibt es einen Alarmknopf. Ich hoffe nicht, dass ich ihn brauchen werde. Dann lösche ich das Licht und versuche zu schlafen, werde aber durch die ständig zu mir durchdringenden Geräusche aus den Nachbarkabinen davon abgehalten. Schnarchen, stöhnen, gähnen – alles kommt ungefiltert bei mir an. Wenig später, ich muss tatsächlich kurz eingeschlafen sein, erschrecke ich fast zu Tode, als jemand mit einem hektischen Griff mein Rollo nach oben reißt, nur um es kurz darauf wieder fallen zu lassen. Scheinbar hat er sich in der Kapsel geirrt.

Am nächsten Morgen wache ich wie gerädert auf, hole meine Siebensachen aus dem Spind und passiere auf dem Weg nach draußen einen Automaten, aus dem man sich frische Unterwäsche ziehen kann. In Japan gibt es also nicht nur Getränke, Essen, Spielzeug und Telefonkarten aus der Box – auch Socken, Hemden oder frische Höschen werden hier auf diese Art angeboten. Die sagenumwobenen Automaten mit gebrauchter(!) Unterwäsche existieren also vermutlich nicht wirklich, möglicherweise liegt hier aber der Ursprung dieser Legende.

Die Zeit in Tokio neigt sich dem Ende zu. Zurück in meinem Hotel in Akasaka, dessen Zimmer mir nach meinem Aufenthalt im Kapselhotel geradezu riesig erscheint, habe ich gerade noch genug Zeit, um auszuchecken. Schade, denn in Tokio gibt es sicher noch viele Merkwürdigkeiten zu entdecken. Eines haben mir die Erlebnisse der letzten Tage aber bereits deutlich gemacht: Zwischen der deutschen und der japanischen Kultur liegen Welten. Nun bin ich doppelt gespannt auf die kommenden sechs Wochen an Bord des Peaceboats, allein unter tausend Japanern.

Lost in Translation, oder: Warum der Japaner in der Öffentlichkeit schläft

Eine Kolumne von Dana Phillips

Liebe Komplizinnen! Der Japaner schläft, im Gegensatz zu mir, nicht nur im Kapselhotel, sondern immer und überall. Und weil das nicht wie bei uns die Ausnahme, sondern die Regel ist, gibt es für das »Schläfchen zwischendurch« auch einen eigenen Namen: *Inemuri*, was übersetzt so viel heißt wie Anwesenheitsschlaf. Wir Europäer tun uns damit schwer, in der Öffentlichkeit einzunicken, denn wir fürchten den Kontrollverlust. Die Japaner hingegen lieben den Sekunden- und Minutenschlaf. Ob in der S-Bahn, in der Schule, auf der Parkbank, im Parlament, sogar auf Partys und wichtigen Meetings – überall nickt der Japaner ein. Und im Gegensatz zu Deutschland, wo es als grob unhöflich gilt, bei einem Geschäftstermin einzuschlafen, ist das in Japan gang und gäbe – frei nach dem Motto: Dabei sein ist alles! Hier gilt es als erstrebenswert, den Nachtschlaf zu reduzieren und mit wenig Schlaf auszukommen. Denn Arbeit ist das allerwichtigste in Japan. Viele Japaner schuften nicht nur bis spät in die Nacht, sondern auch am Wochenende und nehmen die wenigen Urlaubstage, die ihnen zustehen, nicht einmal in Anspruch. Kein Wunder, dass es im Land der aufgehenden Sonne auch ein Wort für Tod durch Überarbeitung gibt: *Karoshi*. Den Japanern ist es einfach ungemein wichtig, ein Teil der Gesellschaft zu sein und ihr möglichst viel Zeit und Arbeitskraft zur Verfügung zu stellen. Dazu gehört es auch, früh aufzustehen. Langschläfer gelten in Japan als unzuverlässig. Da aber auch Japaner ganz normale Menschen sind, muss das nächtliche Schlafdefizit anderweitig ausgeglichen werden. Und so wird »gepowernappt«, wann immer es geht. Dabei bewahrt der Japaner im Idealfall selbst im Schlaf die Haltung: Denn wer mit offenem Mund, tropfendem Speichel und weitgespreizten Beinen vor sich hin schnorchelt oder gar den Kopf auf die Schulter des Nachbarn fallen lässt, dem droht Gesichtsverlust. Daher haben kreative Gesellen »Accessoires« erfunden, die genau davor schützen sollen: Ein Helm, bei dem sich das Visier selbständig schließt, sobald der Kopf nach vorne fällt, Gurte, die Beine zusammen halten oder Schilder, auf denen man seine Zielstation notieren kann, damit die Mitreisenden einen im Fall des Falles rechtzeitig wecken können. Ganz ernst zu nehmen sind die *Chindogu*, diese humoristischen Erfindungen, natürlich nicht. Beim Schlafen in der Öffentlichkeit geht es übrigens nicht nur darum, sich eine wohlverdiente Pause zu gönnen, sondern es ist auch ein beliebtes Mittel, um sich sozial abzuschotten. Denn wer schläft, kann nichts falsch machen und ist nicht verpflichtet einzugreifen, falls die Ereignisse Zivilcourage verlangen. Deshalb steht *Inemuri* nicht nur dafür, zu ruhen, sondern vor allem dafür, sich tot zu stellen.

Sayonara! Ihre Dana.

5

Gerícht: *Rinderzunge mit schaumigem Tofu*
Japaner des Tages: *Der Fischer, der freiwillig in den Tsunami fuhr*
Place to be: *Der Hafen von Yokohama*
Erkenntnis: *Manchmal hängt einem nicht nur die eigene Zunge zum Hals hinaus*

Tokio-Station. Ratlos blicke ich auf den riesigen Plan, der vor mir an der Wand hängt. Die öffentlichen Verkehrsmittel zu benutzen, ist immer noch eine Herausforderung. Mein Ziel: Yokohama. Dort liegt der Hafen, von dem aus das *Peaceboat* in See sticht. Ich laufe vorbei an Hunderten Japanern, von denen die meisten einen Mundschutz tragen, an diversen Snackbars, an denen sie im Stehen Nudeln schlürfen, und an Zeitungsgeschäften, die vor allem japanische Mangas, also Comics, in der Auslage liegen haben. Auf der Suche nach dem richtigen Gleis stoppe ich an einem der vielen Stände, um mir etwas zu essen zu besorgen. Nahrungsaufnahme hat mir in Krisenzeiten schon immer geholfen. Ich lasse meinen Blick über die Auslage schweifen, in der sich Fischköpfe, schwammige Fleischstücke und verschiedene Arten von Algen zu einem Stelldichein getroffen haben. Sicherheitshalber entscheide ich mich für *Tempura*, frittiertes Gemüse, das ich immerhin aus Deutschland kenne. Mit frischer Verpflegung eingedeckt folge ich den farbigen Schildern der verschiedenen S-Bahn-Linien und begebe mich auf einen der Bahnsteige. In der Mitte angekommen entdecke ich, dass die Route der S-Bahn tatsächlich meinen Zielort Yokohama ansteuert. Schwerfällig ziehe ich meine Koffer in den Waggon und drängle mich in die hinterste Ecke. Erleichtert lasse ich mich nieder und hole die Plastikschale mit *Tempura* aus der Tüte. Während ich esse, merke ich, dass die Japaner mich aus den Augenwinkeln irritiert anschauen. Ist es in Japan womöglich verboten, in der Bahn zu essen? Trotzig verzehre ich zwei weitere Stücke des frittierten Gemüses – irgendeinen Vorteil muss ich ja dadurch haben, dass ich kein Japanisch verstehe. Mir gegenüber sitzen drei Japaner in Reih und Glied, sie sind, wie es sich für Japaner in öffentlichen Verkehrsmitteln gehört, allesamt in Tiefschlaf gefallen. Das Mädchen hat sich seine langen, schwarzen Haare wie einen Vorhang ins Gesicht gestrichen. Der ältere Mann neben ihr schnarcht, sein Kinn ist auf seine Brust gesackt. Zu seiner Rechten hängt ein junger Mann schief in der Sitzbank, sein Kopf ist seitlich in den Nacken gefallen und ein Speichelrest zieht sich in langen Fäden von seinem Mundwinkel herab auf die Schulter. Verwundert betrachte ich diese drei merkwürdigen Gestalten noch einmal, bevor ich in Yokohama schmunzelnd die Bahn verlasse. An den Anblick von in der Öffentlichkeit schlafenden Menschen habe ich mich immer noch nicht gewöhnt.

Nachdem ich das Gepäck in meinem Hotel in Yokohama abgestellt habe, erklärt mir die Dame an der Rezeption in perfektem Englisch den Weg nach *Chinatown*, einem Viertel, das ganz in der Nähe liegt. Interessiert schlendere ich durch die Straßen. Es ist kalt und der Wind weht mir eisig um die Ohren. Ich betrete einen der Convenience-Stores, die es in Japan so häufig gibt und in denen es allerlei nützliches und unnützes Zeug zu kaufen gibt – von kleinen Snacks und Fertiggerichten über Computerspiele bis hin zu Zeitschriften, die die meisten Japaner direkt im Geschäft lesen, anstatt sie zu kaufen und mitzunehmen. Die Japaner, die gerne die englische Sprache verballhornen, nennen die Stores kurz Combini und nicht Convini – was naheliegend wäre. In der japanischen Sprache existiert kein V, so dass dieses oft durch ein B ersetzt wird. Ich bleibe vor einem Regal stehen, in dem es diverse

Artikel zu kaufen gibt, mit deren Hilfe man sich den Winter vom Leib halten kann. Die Japaner haben zum Beispiel ein anti-allergenes Sofortwärmepflaster erfunden, das mittlerweile zum Verkaufsschlager avanciert und in verschiedenen Varianten erhältlich ist. Wärmende Sohlen, heiße Rückenpflaster oder Taschenwärmer, die man in Fünfer-, Zehner- oder Zwanziger-Wegwerfpacks erstehen kann. Ich entscheide mich für die selbstheizenden Sohlen und klebe sie mir direkt in meine Schuhe. Wenig später kriecht die Wärme wohlig zwischen meinen Zehen hoch. So ausgerüstet beschließe ich, trotz der Kälte den Hafen ausfindig zu machen, um am nächsten Morgen vor dem Einchecken nicht unnötig Zeit damit zu verbringen, das Schiff zu suchen. Nach einem halbstündigen Fußmarsch erreiche ich den Hafen von Yokohama, der still und verlassen vor mir liegt. Mittlerweile ist es später Nachmittag und es wird langsam dunkel. Die Lichter der umliegenden Häuser spiegeln sich auf der Wasseroberfläche. Auf der anderen Seite des Hafenbeckens zeichnet sich eine beeindruckende Skyline aus ein paar futuristisch anmutenden Hochhäusern und einem Riesenrad ab. In der Ferne entdecke ich das Schiff und erreiche über einen breiten hölzernen Kai das Terminal. Langsam schlendere ich an dem Kreuzfahrtdampfer vorbei, der für die nächsten Wochen mein Zuhause sein wird. Dafür, dass er, wie ich im Vorfeld im Internet gelesen habe, schon in den frühen Sechzigerjahren gebaut wurde, sieht er eigentlich noch ganz passabel aus. Er könnte zwar an der einen oder anderen Ecke mal wieder gestrichen werden und auch die Ausstattung ist sicher nicht mehr die Neueste, aber zumindest kann ich den Glanz vergangener Zeiten noch erahnen. In den Tiefen meiner Handtasche klingelt das Handy.

»Hallo?«, rufe ich aufgeregt, nachdem ich den Anruf angenommen habe. Hoffentlich ist es Raffaele.

»Dana? Hier ist Kimiko! Ich wollte nur mal hören, ob du gut in Yokohama angekommen bist! Wir wollten uns doch vor der Abreise noch treffen.« Kimiko ist die Koordinatorin für die internationalen Gäste auf dem *Peaceboat* und lebt, wenn sie nicht gerade auf Reisen ist, in Yokohama. Als sie gehört hat, dass ich bereits einen Abend vor Abfahrt in der Stadt sein würde, hat sie sich sofort bereit erklärt, sich um mich zu kümmern.

»Kimiko, wie schön, dich zu hören! Du erratst nicht, wo ich gerade stehe! Direkt vor dem Schiff!«, antworte ich, nebenbei etwas enttäuscht darüber, dass am anderen Ende der Leitung nicht mein italienischer Freund ist.

»Dann hast du den Hafen gefunden? Prima! Was ich dir sagen wollte: Tee heute Nachmittag wird bei mir schwierig, ich habe noch so viel zu tun. Was hältst du davon, stattdessen am Abend zum Dinner zu kommen? Meine Eltern sind zu Besuch und kochen ein traditionelles japanisches Essen. Hast du Lust?«

»Das ist eine tolle Idee! Wenn ich euch wirklich nicht störe?«

»Überhaupt nicht, ich freue mich, dich zu sehen!« Kimiko gibt mir ihre Adresse durch.

Einige Stunden später stehe ich bei ihr im Hausflur. Die Gästekoordinatorin des Peaceboats begrüßt mich auf eine für Japaner ganz untypische überschwängliche Art und Weise. Kimiko ist klein und zierlich, trägt modische Kleidung und hat die dunkelbraunen Haare zu einem frechen Bob geschnitten. Hinter ihr im Flur stehen ihre Eltern. Ich strecke ihnen meine Hand entgegen, doch die beiden ignorieren die deutsche Begrüßung und verbeugen sich vor mir, während sie etwas sagen, was ich nicht verstehe.

»Meine Eltern sprechen leider kein Englisch, aber ich werde einfach alles übersetzen.«

»*Konbanwa!* Guten Abend«, begrüße ich die beiden und verbeuge mich unbeholfen. Kimikos Eltern drehen sich um und bedeuten mir, ihnen zu folgen. Mit einem großen Schritt steige ich die Stufe hinauf, die vom Eingangsbereich in den Flur der Wohnung führt, doch Kimiko hält mich fest.

»Entschuldige, könntest du bitte die Schuhe ausziehen?«, sagt sie freundlich und deutet auf meine Füße.

»Oh, tut mir leid, das weiß ich eigentlich, ich habe es nur vergessen.« Schnell schlüpfe ich aus meinen Schuhen, stelle sie ordentlich nebeneinander vor der Treppenstufe ab und ziehe die Hausschuhe an, die Kimiko mir hinstellt. Für einen europäischen Fuß sind sie ziemlich klein. Ich drehe mich noch einmal um und sehe, dass Kimiko sich bückt, meine Sneakers umdreht und mit den Schuhspitzen in Richtung Ausgang wieder auf den Boden stellt. Offenbar gelten hier für den Umgang mit Schuhen, den *Kutsu*, noch strengere Regeln, als ich gedacht habe. Als wir den Wohnraum betreten, sitzen Kimikos Eltern bereits im Schneidersitz vor einem Tisch auf dem Boden, der höchstens vierzig Zentimeter hoch ist. Auf der Tischplatte stehen diverse Schüsselchen mit Reis, Gemüse und Suppe. Daneben liegen Stäbchen, Besteck kann ich keines entdecken. Das kann ja heiter werden!

Ich setze mich und beobachte, wie meine Gastgeberin geschäftig hinter dem Tresen der offenen Küche herumläuft, während sie ab und zu etwas auf Englisch zu uns herüberruft und das Gesagte im Anschluss für ihre Eltern übersetzt.

»Du wunderst dich bestimmt über den niedrigen Tisch. Es ist typisch japanisch, auf dem Boden sitzend zu essen.«

»Ja, das habe ich schon in einem Restaurant in Tokio gesehen. Für eine Europäerin wie mich ist das auf die Dauer ziemlich unbequem.« Ich lache. »Wir sind diese Sitzposition einfach nicht gewohnt.«

»Ja, das kann ich mir vorstellen. Aber ich mag es irgendwie. Ich habe zwar in den USA studiert, zwischendurch ein Jahr in Frankreich verbracht und insofern viel von eurer Kultur mitbekommen, aber zu Hause ziehe ich es vor, die alten Traditionen zu bewahren.« Kimiko werkelt weiter in der Küche, während ich mich in ihrem Appartement umblicke. Für japanische

Verhältnisse ist die Wohnung relativ groß, in Tokio wäre sie vermutlich unbezahlbar. Vor einer Wand steht ein Flachbildschirm, auf einem pinkfarbenen Regal liegt eine schicke iPod-Sound-Station, aus der leise japanische Musik ertönt, an den Wänden hängt moderne Kunst, ein schöner Kontrast zu den japanischen Möbeln.

»Mir gefällt der Mix, er gibt der Wohnung Individualität.«

»Danke. Mir gefällt es auch.« Kimiko lacht und stellt einen Teller samt einer schwarzen Schale auf den Tisch. »Das hat meine Mutter vorhin zubereitet. Eine Spezialität aus ihrer Heimat«, fügt sie hinzu und zeigt auf die Kombination von Fleischlappen und giftgrünem Gemüse. »Das sind Rinderzungen, *Gyutan*. Sehr gut, eine echte Delikatesse.«

Ich glaube, ich habe mich verhört. »Sieht gut aus«, antworte ich höflich, obwohl mir das genaue Gegenteil durch den Kopf geht; dann hake ich noch mal nach. »Rinderzungen? Aber keine echten, oder?«

»Natürlich. Was denkst du denn?« Ich muss schlucken und werfe einen leicht verängstigten Blick auf den Teller. Das Fleisch ist dünn, dunkel und an den Rändern leicht gewellt, es hat von der Form her tatsächlich verdammt große Ähnlichkeit mit einer Zunge. Ich wende den Blick ab und inspiziere den Inhalt der großen Schale. In einer schaumigen Flüssigkeit schwimmen weiße viereckige Klumpen.

»Und was ist das?«, frage ich etwas verunsichert.

»Das ist Tofu.« Ich werfe erneut einen Blick auf die Speisen, die vor mir auf dem Tisch stehen, und sehe keine Möglichkeit, aus dieser Situation herauszukommen, ohne selbst nach deutschen Maßstäben das Gesicht zu verlieren. Ich kenne mich noch nicht genug mit den japanischen Gepflogenheiten aus; aber womöglich gilt es als grob unhöflich, bestimmte Speisen abzulehnen, daher werde ich also zumindest alles einmal probieren. Ich atme tief durch und will gerade nach meinen Stäbchen greifen, als Kimiko und ihre Eltern die Hände vor der Brust falten. Schnell mache ich es ihnen nach.

»*Itadakimas*«, sagen sie im Chor. Ich vermute, das heißt so viel wie *Guten Appetit*. Später erfahre ich, dass es in japanischer Höflichkeitssprache so viel heißt wie *Ich greife zu*. Kimikos Vater nimmt sich eine der großen Rinderzungen und reicht mir den Teller herüber. Unbeholfen versuche ich, mir mit den Stäbchen einen der tierischen Schlabberlappen zu angeln, aber es klappt nicht. Mit den *Hashi* zu essen, war noch nie meine Stärke.

»Du musst eines der Stäbchen zwischen Mittel- und Ringfinger platzieren, das andere kannst du mit Daumen und Zeigefinger festhalten«, erklärt mir Kimiko. Ein Königreich für eine Gabel! Kimiko greift über den Tisch und legt mir die Holzstäbe richtig in die Hand, dann macht sie mir die Bewegung vor, mit der man die *Hashi* öffnet und wieder schließt. Nachdem ich ein paar Minuten geübt habe, schaffe ich es zumindest, das Fleischstück vor mir hochzuheben. Beim Anblick der Zunge dreht sich mir fast der Magen um. Überraschenderweise schmeckt sie gar nicht so schlecht, das Fleisch ist zarter als gedacht und scharf gewürzt. Dennoch kann ich mich nicht von dem Gedanken frei machen, dass ich gerade auf einer Zunge herumkaue. Kimiko scheint bemerkt zu haben, wie sehr ich mich quäle, denn während ich das Fleisch herunterwürge, blickt sie mich mitleidig an.

»Keine Sorge. Du musst die Zunge nicht essen, wenn du sie nicht magst. Wir Japaner erwarten das nicht. Wir haben eben einen anderen Geschmack als ihr, aber sind stolz darauf! Schließlich verschafft uns unsere Esskultur eine Sonderstellung, die wir durchaus genießen!« Ich nicke dankbar und wende mich dem Tofu zu, der in der schaumigen Brühe vor sich hindümpelt. Ich versuche, ihn mit Stäbchen zu greifen, mehrfach fällt er mir in die süßliche Sauce, die Kimiko mir dazu gereicht hat. Schon nach kurzer Zeit zieren zahlreiche Spritzer mein weißes Hemd. Japanisches Essen ist eine echte Herausforderung!

Nach der Vorspeise entschuldige ich mich kurz und suche das Bad auf, vor dessen Tür ein paar Schuhe stehen. Etwas unschlüssig starre ich sie an. Offenbar muss man auch in andere Schlappen steigen, wenn man auf die Toilette geht, was ich, solange ich allein war, geflissentlich ignoriert habe. Aber als Gast muss ich mich wohl oder übel daran halten. Ich wechsle mein Schuhwerk, betrete den Raum und erschrecke, denn der Klodeckel öffnet sich automatisch. Und beheizt ist er auch noch. Das nenne ich Luxus! Auch sonst scheint das Modell ein echtes Hightech-WC zu sein. Ich vermute, dass sich hinter einem der zahlreichen Knöpfe eine Bidetfunktion verbirgt, zumindest lässt das darauf abgebildete Symbol darauf schließen. Daneben befindet sich eine Buchse, an der man offenbar Kopfhörer anschließen kann. Misstrauisch starre ich auf das Klo. Ich bin mir ziemlich sicher, dass man mit diesem Aggregat, wenn man es richtig bedient, auch zum Mond fliegen kann. Aber aus Angst, etwas falsch zu machen, verzichte ich darauf, die verschiedenen Funktionen auszuprobieren, und kehre, nachdem ich mir die Hände gewaschen habe, ins Wohnzimmer zurück. Ich hoffe, dass die Hauptspeise nicht genauso exotisch ausfällt wie der erste Gang, sonst muss ich noch mal umkehren und mich von der Schleudersitzfunktion, mit der die Toilette sicher auch ausgestattet ist, durch das Fenster hinauskatapultieren lassen. Kimikos Vater starrt mich an. Sein Blick ist auf meine Füße gerichtet, entgeistert verharrt er dort einen Moment, bevor er betreten zur Seite schaut und so tut, als hätte er mein Kommen nicht bemerkt. Kurz bin ich irritiert, dann fällt mir auf, dass ich vergessen habe, die Toilettenschuhe wieder auszuziehen. Und das ist, zumindest dem Gesichtsausdruck des Vaters nach zu urteilen, ein Grund, mich für die nächsten Monate zur Strafe des Landes zu verweisen. Kimiko betrachtet mich amüsiert. *Was habe ich mir da bloß eingebrockt mit dieser Europäerin*, scheint sie zu denken.

»Ups!«, rutscht es mir heraus. Ohne ein weiteres Wort drehe ich mich um, laufe zurück zum Bad, ziehe mir die Schlappen von den Füßen und platziere sie ordentlich vor der Tür, bevor ich zurück an den Tisch trete. Ich blicke Kimiko entschuldigend an. »Das tut mir wirklich leid, bei uns ist das mit den Schuhen nicht üblich.«

»Kein Problem«, antwortet sie und winkt ab. »Ich kenne das, ich habe viele Freunde aus anderen Ländern. Nur für meine Eltern ist das ungewohnt. Aber mach dir nichts draus, sie werden darüber hinwegkommen.« Sie zwinkert mir zu. Ich bin froh, dass sie offenbar ziemlich locker mit meinen Patzern umgeht. Kimiko steht auf, geht in die Küche und kommt mit einer großen Platte zurück.

»Mein Vater ist Fischer. Damit bin ich aufgewachsen. Das ist *Sashimi*, roher Fisch. Er muss ganz frisch sein und schmeckt köstlich zusammen mit der Sojasauce.« Sie zeigt auf die Scheiben von frischem Thunfisch, *Maguro*, und Lachs, *Sake*, die sie auf gehobeltem Rettich angerichtet hat.

»Probier ruhig alle Sorten. Zwischendurch kannst du den Reis, den *Gohan*, essen, er neutralisiert den Geschmack, wenn du von einer Fischart zur anderen wechselst. Dann ist das Geschmackserlebnis umso größer.«

Der Lachs ist so zart, dass er auf der Zunge zergeht und ich lobe den Fisch in den höchsten Tönen.

»Ich liebe rohen Lachs. Davon könnte ich mich jeden Tag ernähren. Ganz ehrlich …«, wende ich mich an Kimikos Mutter. »… dieser köstliche frische Fisch, einfach paradiesisch!« Ich erwarte, dass sich Kimikos Mutter über mein Lob freut, aber ihre Reaktion ist eher zurückhaltend. Sie nickt nur und wechselt etwas unvermittelt das Thema.

»Mögen Sie Bier? Alle Deutschen mögen Bier«, übersetzt mir Kimiko ihre Frage.

»Ehrlich gesagt, trinke ich das nicht so gerne, aber die deutschen Männer lieben es natürlich«, entgegne ich freundlich. Kimiko übersetzt meine Antwort, worauf ihre Mutter mich anstrahlt, aber ihre merkwürdige Reaktion auf mein Kompliment zum Fisch lässt mich nicht los. Ich erkundige mich, ob ich etwas Falsches gesagt habe.

»Ah so so so so«, kommentiert Kimiko die Antwort ihrer Mutter. »Jetzt habe ich auch noch was gelernt«, setzt Kimiko zu einer Erklärung an. »Meine Mutter war etwas irritiert, weil du im Zusammenhang mit dem Essen über das Paradies gesprochen hast. Für sie ist das Paradies das Reich der Toten.« Ich schlucke. Kein Wunder, dass sie von meinem Lob nicht sonderlich begeistert war. Ich habe ihr quasi mitgeteilt, dass ihr Essen so schmeckt, als käme es direkt vom Friedhof. Mehrmals entschuldige ich mich und wechsle das Thema.

»Wo leben sie denn genau in Japan?«, frage ich Kimikos Vater.

»Wir kommen aus der Präfektur Miyagi. Vielleicht haben Sie in den Nachrichten davon gehört. Sie wurde durch den Tsunami ziemlich mitgenommen«, übersetzt mir Kimiko seine Antwort. »Aber unser Haus steht Gott sei Dank weit genug oben am Hang, sodass es nicht zerstört wurde. Mein Vater ist übrigens ein echter Held. Er hat sein Fischerboot gerettet. Als der Tsunami kam, ist er mit ihm aufs Meer hinausgefahren.«

»Was?«, frage ich erstaunt. Ich kann nicht glauben, dass jemand sich freiwillig ins Wasser begibt, wenn eine Riesenwelle auf ihn zurollt. »Ist das nicht sehr gefährlich?«

»Der Tsunami entfaltet seine volle Kraft erst an der Küste; draußen auf dem Wasser ist die Welle noch flach. Ich wusste, wenn ich das Boot im Hafen lasse, wird der Tsunami es zerstören. Das wollte ich auf keinen Fall«, erklärt Kimikos Vater.

»Und was ist dann passiert?«.

»Nach dem starken Erdbeben war mir klar, dass ein Tsunami folgen würde. Ich bin so schnell es ging in die Bucht gelaufen, habe mein Schiff losgemacht und bin hinausgefahren. Dann war sie da: eine gigantische Welle. Wie ein Monster hat sie sich bedrohlich vor mir aufgetürmt.«

Ich höre auf zu essen, stecke meine Stäbchen in den Reis und folge gebannt dem Bericht von Kimikos Vater.

»Um nicht hinausgeschleudert zu werden, habe ich mich vorsichtshalber mit einem Seil am Boot festgebunden. Und dann ging alles ganz schnell. Ich bin durch die Welle gefahren, überall war Wasser, aber irgendwie habe ich es geschafft, den Tsunami mit meinem Schiff zu durchqueren.«

»Hatten Sie nicht wahnsinnig große Angst?«

»Doch. Aber sehen Sie mich an. Ich habe es überlebt und mein Boot gerettet.« Kimikos Vater lächelt.

»Ganz schön mutig«, sage ich beeindruckt. »Was für eine unglaubliche Geschichte!«

»Ja, mein Bruder und ich sind sehr stolz auf ihn«, antwortet Kimiko, dann zeigt sie auf meine Schüssel.

»Du solltest die Stäbchen aus dem Reis nehmen«, flüstert sie mir zu, obwohl sie weiß, dass ihre Eltern sowieso nicht verstehen, was sie sagt. »Ess- oder Räucherstäbchen steckt man nur bei einer Totenfeier in den Reis. Auf diese Art und Weise wird den Verstorbenen das Essen dargeboten.« Schnell ziehe ich die Stäbchen aus dem Reis und lege sie neben der Schüssel ab. Ich hoffe, Kimikos Eltern haben meinen Fehltritt nicht bemerkt. Als Deutsche unter Japanern kann man einfach viel zu viel falsch machen.

Lost in Translation, oder: Warum die Japaner überall ihre Schuhe wechseln

Eine Kolumne von Dana Phillips

Liebe Komplizinnen! Es gibt viele Gründe dafür, die Schuhe zu wechseln: Von der Tages- zur Abendgarderobe, vor dem Gang ins Sportstudio, bei einem Wetterumschwung, wegen wundgelaufener Hacken oder einfach nur aus Lust und Laune. Auch in Japan steigen die Menschen ständig von einem Paar ins nächste. Ebenfalls aus den oben genannten Gründen – aber eben nicht nur. Denn hier werden Schuhe vor allem *aus*gezogen. Und zwar fast immer und überall. Zu Hause schlüpft man von den Straßentretern in bequeme Pantoffeln, von denen gleich mehrere Paare für Gäste bereitstehen. Dass diese nicht immer passen – insbesondere wenn es sich um europäischen Besuch handelt, dessen Füße oftmals deutlich größer ausfallen, wird dabei völlig außer Acht gelassen. Spannend wird es, wenn sich in der Wohnung ein traditionell eingerichtetes *tatami*-Zimmer befindet. Hier liegen Matten aus Reisstroh, dem japanischen Teppichersatz, auf dem Boden. Den Tatami darf man nicht mit Schuhen betreten. Das hat zur Folge, dass man an der Haustür aus den Straßen- in die Hausschuhe schlüpft, nur um sie am Eingang zum Tatami-Zimmer wieder auszuziehen. Die Türschwelle markiert den Übergang von der unreinen in die reine Welt. Auch in Grundschulen werden die Schuhe gewechselt, jedes der Kinder besitzt ein paar Treter, in die es schlüpfen kann, wenn es die Straßenschuhe ausgezogen hat. Aufpassen muss man selbst in den Umkleidekabinen der großen Kaufhäuser. Manch unwissendem Kunden werden dort irritierte Blicke zugeworfen, wenn er vergisst, sich vor der Tür seiner Schuhe zu entledigen. Besonders aufpassen muss man beim Gang auf die Toilette, bei dem man natürlich die Schuhe zu tauschen hat, als Ausländer aber Gefahr läuft, zu vergessen, die WC-Schühchen hinterher wieder auszuziehen. Der Hygiene-Wahn geht sogar so weit, dass selbst Rettungssanitäter sich erst das Schuhwerk von den Füßen streifen, bevor sie sich bemühen, den Herzinfarkt-Patienten vor dem Ableben zu bewahren.

Hinter dem Wechsel-die-Schlappen-Spiel stecken die speziellen Sauberkeitsvorstellungen der Japaner. Bei den Schuhen für die Gäste handelt es sich übrigens nicht um hygienische Einmal-Schlappen, sondern um Plastikschühchen, die mehrfach verwendet werden. Was die Umweltfreundlichkeit betrifft, ist das Schuh-Sharing natürlich vorbildlich, hygienisch gesehen wohl aber doch eher fragwürdig. Bringen Sie sich also besser ein paar eigene Treter zum Wechseln mit. Sicher ist sicher.

Sayonara! Ihre Dana

6

Gericht: *Seasickness-Pills*
Japaner des Tages: *Die Asia Barbie*
Place to be: *Das Jacuzzi-Deck*
Erkenntnis: *Hören Sie nicht auf Gerüchte!*

*E*s ist früh am Morgen. Der Hafen von Yokohama liegt still im Sonnenlicht. Nur am Kai, an dem das *Peaceboat* ankert, ist die Hölle los. Schwer bepackt mit Rucksäcken, Taschen, Koffern und Kisten wuseln meine zukünftigen Mitreisenden durch das Terminal. Offensichtlich haben die anderen Passagiere, im Gegensatz zu mir, ihren gesamten Hausstand eingepackt. Langsam schiebe ich mich mit meinem Gepäck zwischen den Japanern Richtung Check-in. Europäer kann ich keine entdecken; es sieht so aus, als sei ich als Deutsche allein auf weiter Flur. Ein älterer Mann mit Glatze und Brille kommt auf mich zu und spricht mich an.

»Sie müssen die Journalistin sein!«, sagt er, während er mir ein Dokument reicht.

»Sieht man mir das an?«, frage ich verwundert.

»Na, sehen Sie sich mal um!« Er lacht. »Japanisch sehen Sie jedenfalls nicht aus.«

»Wohl wahr.«

»Das hier sind Ihre Reisedokumente. Bitte stellen Sie sich in der Reihe für die Nummern 100 bis 250 an.« Er weist mit der Hand auf den Schalter. Während ich in der Schlange darauf warte, endlich dranzukommen, studiere ich die Unterlagen: Kabine 29, Continental Deck. Ich bin gespannt, wie es dort aussieht. Da es sich beim Peaceboat um eine Nichtregierungsorganisation handelt, kann ich mir nicht vorstellen, dass es an Bord sonderlich luxuriös zugeht, schließlich stehen bei der gesamten Reise Völkerverständigung und Frieden im Vordergrund. Nichtregierungsorganisationen fehlt oft das Geld. Als ich mich umdrehe, entdecke ich eine japanische junge Frau. Sie ist ungefähr zwanzig, trägt eine Legging mit tintenblauen und knallroten Streifen, ihre Füße stecken in lilafarbenen Turnschuhen, die mit einem von Nieten überzogenen Klettverschluss zusammengehalten werden, ihre Augen hat sie mit großen, falschen Wimpern beklebt.

»Europe?«, fragt sie mich aufgeregt in bruchstückhaftem Englisch.

»I am from Germany«, antworte ich. »I am a Journalist.«

»Gelmany?!« Das Mädchen quietscht aufgeregt, klatscht mehrfach in die Hände und wippt von einem Fuß auf den anderen. Sie lacht mich an und macht mit den Fingern das Victory-Zeichen, dann wendet sie sich an die beiden Mädchen, die hinter ihr stehen. Eine von ihnen trägt ein T-Shirt mit der Aufschrift *Me feel good*.

»*Gelmany, Gelmany*!«, ruft die andere ihr zu und kichert. »*Picture?*« Miss-Me-feel-good holt ihren Fotoapparat hervor und drückt ihn einem jungen Mann in die Hand, der hinter ihr in der Schlange steht. Dann nehmen mich die Mädchen in die Mitte, machen erneut das Victoryzeichen und grinsen in die Kamera.

»*Three, two, one, cheese*!«, zählt er, ehe es blitzt.

»Gelmany!«, stellt das Mädchen mit den Riesenwimpern noch einmal fest und bedeutet mir mit erhobenem Daumen, wie großartig sie das findet. *Crazy girl*. Ich lache, drehe mich um und wende mich der Frau zu, die vor mir hinter einem Tisch sitzt, um meinen Reisepass in ihre Obhut zu nehmen.

Dann laufe ich zur Gangway, über die ich in dem großen Schiffsbauch des *Peaceboat* verschwinde. An Bord werde ich sofort von mehreren Crewmitgliedern umringt. Einer der Stewards nimmt mir meine Reiseunterlagen ab und verschwindet mit meinem Gepäck. Etwas ratlos bleibe ich zurück und betrachte mich in der Spiegelwand, die sich gegenüber der Rezeption befindet. Neben dem Spiegel entdecke ich ein Schild mit der Aufschrift: *Please refrain from practicing dance here – bitte nehmen Sie davon Abstand, hier zu tanzen*. Nichts leichter als das.

»Dana Phillips? Bitte folgen Sie mir.« Der Steward, der mir eben das Gepäck abgenommen hat, ist zurückgekehrt und führt mich nun durch die langen Gänge, an unzähligen Kabinentüren vorbei und ein paar Treppen hinauf, an deren Aufgängen weitere Schilder hängen. *Mind your step*, *watch your head*, *keep the door closed*, *please be considerate of passenger cabins nearby, refrain from making noise* – Achtung dieses, Vorsicht jenes, Tür zu, Tür auf, machen Sie keinen Krach – Verbote gibt es hier genug.

»Das ist Ihre Kabine.« Der Steward öffnet die Tür und ich folge ihm in einen Raum, in dem sich zu meiner Überraschung Stockbetten befinden. Es handelt es sich um eine Vier-Bett-Kabine. Auf einer der schmalen Pritschen hat sich bereits eine ältere Dame häuslich eingerichtet. Sie trägt ein asiatisches Gewand und wühlt gerade in ihrem Schminktäschchen, als wir den Raum betreten.

»*Konichiwa!* Guten Tag!«, sagt sie, als sie uns bemerkt, steht auf und verbeugt sich. Ich mache es ihr etwas unbeholfen nach und bleibe dann ratlos stehen. Darauf, eine Kabine mit mehreren Personen teilen zu müssen, war ich nicht vorbereitet. Ich verbringe die Nächte einfach lieber allein. Der Japanerin scheint meine Anwesenheit hingegen nichts auszumachen, aber in Japan schläft man ja auch in der U-Bahn. Das härtet ab.

»Sind Sie sicher, dass ich hier richtig bin? Ich dachte eigentlich, ich bekomme eine Einzelkabine«, wende ich mich an meine Begleitung.

»Das kann ich mir nicht vorstellen. Das hier ist Kabine 29. Ist das dort nicht Ihr Gepäck?« Er weist auf zwei Koffer, die unter dem Bullauge stehen.

»Tatsächlich. Das sind meine. Na, dann vielen Dank.« Nachdem sich der Steward höflich von mir verabschiedet hat, lasse ich mich auf einem der Stockbetten nieder. Ich kann mir nicht vorstellen, wie in diesem Raum vier Leute samt Gepäck Platz haben sollen. Die Kabine erinnert mich ein wenig an die Klassenfahrten meiner Schulzeit, sie hat echten Jugendherbergs-Charme. Das Bad ist nicht viel mehr als eine Nasszelle, mit einem Waschbecken, das aussieht, als hätte man es zu Ansichtszwecken in Miniaturform gegossen, die Toilette steht fast schon in der Dusche und ist von Kimikos Hightech-WC meilenweit entfernt.

»Nicht gerade luxuriös, aber zweckmäßig!« Immerhin, meine Zimmergenossin spricht Englisch; damit sind die größten Kommunikationsprobleme innerhalb der Kabine – zumindest was die Sprache angeht – gelöst.

»Nein, aber ich schätze, darum geht es hier auch nicht«, entgegne ich.

»Das ist richtig! Man muss sich einfach darauf einlassen. Diese Kreuzfahrt ist ein echtes Abenteuer, ganz besonders für uns Japaner. Viele der Passagiere haben Japan ihr ganzes Leben lang noch nicht verlassen. Glauben Sie mir, es ist faszinierend zu beobachten, wie sie sich im Laufe der Reise verändern.«

»Sie waren schon mal auf dem *Peaceboat*?«, frage ich, überrascht.

»Ja, das ist meine dritte Fahrt. Das erste Mal hatte ich eine der Suiten mit Balkon auf dem obersten Deck, aber dort war ich sehr einsam. Deswegen habe ich mich dieses Mal entschieden, eine Kabine mit anderen zu teilen. Es ist immer besser, unter Menschen zu sein. Und in den Viererkabinen werden die Generationen bunt durcheinandergemischt. Das gefällt mir. Es hält jung.« Sie lacht.

»Was sind denn hier für Leute an Bord?«

»Vor allem Rentner und junge Leute, die gerade ihr Studium abgeschlossen haben. Das liegt daran, dass es in Japan kaum möglich ist, zu verreisen, während man berufstätig ist. Wir Japaner arbeiten sehr hart und nehmen nur ungern Urlaub. Uns stehen zwar im Durchschnitt zehn Tage pro Jahr zu, aber niemand von uns würde das ausnutzen. Das wäre sehr illoyal den Kollegen gegenüber.« Sie steht auf, streicht ihren Kimono glatt und streckt mir die Hand entgegen. »So begrüßen Sie sich doch in Europa, oder? Entschuldigen Sie bitte meine Unhöflichkeit, ich hab mich noch gar nicht vorgestellt. *Watashi nonamae wa Kyoko Kikuchi desu.* Ich bin Kyoko Kikuchi.«

»Dana Phillips.«

»*Oai dekite ureshi desu.* Freut mich, Sie kennenzulernen.«

»Freut mich auch. Waren Sie denn auch berufstätig?«, nehme ich das Gespräch wieder auf.

»Ja, ich war Tänzerin für traditionellen japanischen Tanz. Und ich schneidere Kimonos.« Sie zeigt auf das Modell, das sie trägt. »Diesen hier habe ich zum Beispiel selbst genäht.« Neugierig sehe ich sie an.

»Und reisen Sie immer allein? Das ist doch sicher ungewöhnlich für Japaner?«

»Wir sind ja nicht allein. Wir sind hier in einer großen Gruppe. Aber falls Sie wissen wollen, ob ich häufiger ohne meinen Mann reise, lautet die Antwort: Ja. Erstens hält das die Ehe frisch, zweitens stammt mein Mann aus Russland und ist noch als Professor an der Universität tätig, obwohl er die siebzig weit überschritten hat. Die Forschung ist seine Leidenschaft, der er niemals drei Monate den Rücken kehren würde. Aber da er weiß, wie gerne ich auf Reisen bin, hat er es mir gestattet, allein zu fahren. Er ist ein sehr großzügiger Mann. Und sehr intelligent. Ich muss gestehen, im Gegensatz zu ihm passe ich auf, mein Gehirn nicht über Gebühr zu beanspruchen. Vom zu vielen Denken bekommt man Falten. Und ich möchte gerne, solange es möglich ist, jung und frisch aussehen.« Sie lächelt mich verlegen an. Verstohlen betrachte ich ihr Gesicht. Kyoko Rikuchi sieht deutlich jünger aus als siebzig. Vermutlich hat sie zusätzlich auch noch den einen oder anderen kosmetischen Eingriff machen lassen, denn ihre Haut ist unnatürlich glatt und spannt etwas zu sehr über den Wangenknochen.

»Das war natürlich nur ein Spaß. Um ehrlich zu sein, es ist das Tanzen, das mich in Form hält, auch wenn ich mittlerweile nicht mehr auf der Bühne stehe.« In diesem Moment fliegt die Tür auf und knallt gegen die Kabinenwand. »*Konichiwa*!« Mit einem Satz steht *Crazy Girl* vom Check-in in unserer Kabine. »*Gelmany*!«, ruft sie, als sie mich entdeckt und fängt an zu kichern. Kyoko schaut amüsiert, während ich etwas verschreckt zurückweiche.

»Ich schätze, wir haben eine neue Zimmergenossin«, murmelt sie, stellt sich dem Mädchen vor und verbeugt sich vor *Crazy Girl*, das immer noch aufgeregt auf und ab hüpft.

»Ich bin Kyoko. Sehr erfreut.«

»*Watashi wa Gaki desu*. Ich bin Gaki«, sagt sie begeistert und fasst sich an die Nase. »Gaki.«

»Dana *desu*«, antworte ich. Das ist eine der wenigen Floskeln, die meine Japanischkenntnisse hergeben. Gaki wirft ihre Gepäckstücke wahllos auf eines der Betten und verschwindet dann mit einem quietschenden *»Matane, matane«* wieder aus der Kabine.

»Was heißt das?«, frage ich Kyoko.

»Das heißt bis später!«

»Klingt wie eine Drohung.« Ich lache, dann verstaue ich meine Habseligkeiten in dem für mich vorgesehenen, viel zu kleinen Schrank und beschließe, einen Rundgang durch das Schiff zu unternehmen. Das *Peaceboat* hat sieben Decks, meine Kabine liegt auf dem Continental-Deck. Ich spaziere durch die langen Korridore und folge einem Treppenaufgang hinauf auf das Pooldeck. Außer einer Dame, die dick vermummt am Fenster steht und das Treiben im Hafen beobachtet, ist niemand zu sehen. Die zwei Schwimmbecken sind mit Netzen abgedeckt, denn auf dem ersten Teil unserer Reise wird es noch zu kalt sein, um hier zu baden. Sie taugen ob ihrer Größe sowieso eher zur Abkühlung als zum Schwimmen, es sei denn, man hat das Bedürfnis, sich permanent um die eigene Achse zu drehen. Das Pooldeck ist überdacht, der Boden mit grünem Kunstrasen ausgelegt, an den Wänden stapeln sich ein paar Liegestühle. Verlässt man das Deck Richtung Heck, erreicht man die *Actors Bar*, in der Bilder von zahlreichen Hollywoodgrößen hängen. Außer mir scheinen Marlene Dietrich, Greta Garbo und Terence Hill die einzigen Europäer an Bord zu sein.

Von der Bar aus gelange ich über einen schmalen Gang ins Freie zu einem weiteren Deck mit drei Whirlpools, in die ebenfalls noch kein Wasser eingelassen ist. Mein Blick fällt auf ein Schild, das an der Wand hängt. NO SMOKING, NO UNNECESSARY NOISE & BEHAVE. IN CASE OF FECAL INCIDENT CALL »1221« AND STOP OPERATION. Fäkaler Unfall? Die glauben doch nicht ernsthaft, dass hier jemand frei- oder unfreiwillig in den Pool macht und währenddessen auch noch sein Handy dabei hat, um auf offener See eine Notfallnummer anzurufen?! Mit einem Grinsen auf dem Gesicht steige ich hinauf auf das Joggingdeck, vorbei an weiteren Hinweisschildern, die in regelmäßigen Abständen die Wände zieren. *Beware of the door*, steht an der Tür, durch die ich ins Treppenhaus gelange. Die Japaner und ihre eigenwillige Interpretation der englischen Sprache! *Beware of the door* klingt wie *Beware-of-the-dog*, nur dass eine Tür nun wirklich nicht in der Lage ist, einen Menschen anzugreifen. Wieder im Freien angekommen, sehe ich Kimiko, den Blick in Richtung Hafengebäude gerichtet, an der Reling stehen.

»Kimiko!«, rufe ich zu ihr hinüber.

»Dana! Jetzt geht es wirklich los. Schau mal, da sind meine Eltern.« Sie zeigt nach unten zum Pier, auf dem sich eine Menschenmenge drängt.

»Wow! Sind die alle gekommen, um uns zu verabschieden?«, frage ich beeindruckt.

»Ja, wenn das Schiff den Hafen verlässt, ist das immer ein richtiges Happening.« Ich betrachte all die Menschen, die uns schon zuwinken, bevor wir überhaupt den Motor angeworfen haben. Entgegen der landläufigen Meinung, Japaner tränken keinen Alkohol, verteilen die Servicekräfte Plastikbecher mit echtem Sekt zum Anstoßen.

»Ich freue mich wirklich, dass es jetzt losgeht, und ich habe mich schon mal ein bisschen umgesehen. Das Schiff ist wirklich schön. Und dass man hier oben mit Blick auf die See joggen kann, ist fantastisch.«

»Theoretisch schon, praktisch ist es allerdings verboten.«

»Eine Joggingstrecke, auf der man nicht joggen darf, das macht Sinn«, antworte ich, aber Kimiko scheint meine Ironie nicht zu bemerken.

»Ja, hier darf nur gewalkt werden, es käme vermutlich zu Unfällen, wenn die Leute hier schneller laufen«, antwortet sie ernsthaft. Walken war noch nie mein Fall, ich finde, es sieht albern aus, mit Stöcken auf Strecken zu spazieren, die flacher sind als die Lüneburger Heide.

»Bestimmt«, entgegne ich also trocken, aber Kimiko lässt sich nicht irritieren.

»Hast du deine Mitbewohner schon kennengelernt? Ich wollte dir eigentlich eine Einzelkabine hier oben geben, aber dann habe ich gedacht, das ist dir bestimmt zu langweilig!«

»Och, das würde ich so nicht …«

»Als Journalistin!«, unterbricht sie mich. »Du willst doch bestimmt was erleben. Sonst weißt du ja gar nicht, wie das echte Schiffsleben so abläuft.«

»Ja, aber …« Ich würde sie zu gern davon überzeugen, dass ich durchaus genug Vorstellungskraft besitze, um über das Schiff zu schreiben, selbst dann, wenn ich nicht in einer Viererkabine wohne. Aber Kimiko winkt ab.

»Es wird dir gefallen, glaub mir. Du, ich muss weiter, die Abschiedszeremonie geht gleich los. Aber lass uns die Tage unbedingt zusammen essen! Dann stelle ich dir auch Henry vor.«

»Henry?«

»Henry ist einer der wenigen internationalen Gäste. Ein super Typ mit einer wirklich spannenden Geschichte. Du musst ihn kennenlernen. Ich habe ihm schon von dir erzählt. Er freut sich darauf, dich zu treffen. Also, demnächst mehr! *Jamata* – Tschüß!«, ruft sie mir noch zu, bevor sie verschwindet. Henry. Wahrscheinlich ein Engländer. Ich werde auf jeden Fall nach ihm Ausschau halten. Suchend blicke ich mich um, aber an Deck kann ich niemanden entdecken, der einem Henry auch nur ansatzweise ähnlich sieht. Die Schiffssirene reisst mich aus meinen Gedanken, endlich stechen wir in See. Der Motor springt an, brummt laut, und ganz langsam setzen wir uns in Bewegung. Aus den Boxen ertönt »Good Life« von One Republic.

Hopelessly, I feel like there might be something that I'll miss. Hopelessly, I feel like the window closes oh so quick. Hopelessly, I'm taking a mental picture of you now. 'Cuz hopelessly, the hope is we have so much to feel good about. Oh this has gotta be the good life, this has gotta be the good life, this could really be a good life, good life …

Ein Crewmitglied begrüßt die Gäste, die den Aufbruch zur 75. *Peaceboat*-Tour bejubeln. Während die Passagiere vom Schiff aus bunte Girlanden über die Reling werfen, verlassen wir den Hafen. Am Pier halten die Menschen Schilder mit Herzen und Grüßen in die Höhe, die Abschiedsrufe werden mit dem Ablegen immer leiser. Vor mir liegt die große weite Welt und ich werde sie erkunden, sechs Wochen auf einem Kreuzfahrtschiff, und zwar allein unter tausend Japanern. Ich habe keine Ahnung, was mich erwartet. Fest stehen nur mein Auftrag, mir die Kultur der Japaner näher anzuschauen, und der Wunsch, auf der anderen Seite der Erde den Kopf frei zu bekommen, um mir über meine Beziehung zu Raffaele klar zu werden. Was er wohl gerade macht? Ich starre eine Weile auf das Meer, ohne wirklich wahrzunehmen, dass der Hafen von Yokohama immer kleiner und kleiner wird, bis er kaum noch zu erkennen ist. Ob Raffaele genauso sang- und klanglos aus meinen Gedanken verschwinden wird, sobald wir die offene See erreichen? Ich schlucke. Dann werde ich unsanft aus meinen Gedanken gerissen.

»Hier stecken Sie!« Kyoko, meine neue Zimmergenossin, steht vor mir und lächelt mich an. »Ich habe Sie schon gesucht. Gleich beginnt die *Orientation*, die dürfen Sie nicht verpassen.«

»Die was?«

»*Orientation*. Die Einführungsveranstaltung. Dort erhalten Sie wichtige Informationen bezüglich des Aufenthalts an Bord.«

Langsam folge ich Kyoko im vorgegebenen Schritttempo über den Jogging-Track, vorbei am Fitnessraum, die Treppe hinunter, bis wir in der achten Etage auf dem Loungedeck landen.

»Das ist der *Freespace*, hier finden Veranstaltungen statt, die Vorbereitung für Events, es gibt eine Spielecke. Und hier spielt abends die Band zum Tanz auf.« Gemeinsam durchqueren wir den großen, offenen Raum, in dem etliche rote Ledersofas und Sessel stehen, auf denen ein paar Japaner in unnatürlichen Verrenkungen den Schlaf der Gerechten schlafen. Im hinteren Bereich liegen *Tatami*-Matten, auf denen schon ein paar Leute sitzen. Natürlich ohne Schuhe. Zielstrebig steuert Kyoko die Bar an, auf der ein Schild mit der Aufschrift *Bitte hier nicht schlafen!* steht. Auch die Japaner scheinen sich nicht immer an die Regeln zu halten.

»Taka!«, ruft Kyoko herzlich zum Kellner hinüber.

»Kyoko. Wie schön, Sie wiederzusehen.« Er verbeugt sich vor Kyoko. Die beiden scheinen sich bereits zu kennen

»Das ist Dana, meine Zimmergenossin. Sie kommt aus Deutschland«, stellt sie mich dem Kellner vor. »Taka ist ein guter Bekannter. Ohne ihn hätte ich hier an Bord schon viele Abende allein verbringen müssen.« Sie blickt mich mit ernster Miene an, dann zwinkert sie mit den Augen und ein Lächeln huscht über ihr Gesicht. Taka rückt einen weiteren Pappaufsteller gerade: *Please refrain from eating and drinking here after business hours*, steht darauf geschrieben. Das wird hier langsam zum Running Gag. Wahrscheinlich stolpere ich morgen über ein Schild mit der Aufschrift *Please refrain from existing*.

»Meine Güte, überall diese Ermahnungen. Ist das wirklich nötig?«

»Aber meine Liebe, das Leben in einer Gruppe kann nur dann gut funktionieren, wenn alle genau wissen, was sie zu tun und zu lassen haben. Wir Japaner lieben Regeln, auch wenn Ausländer immer wieder kritisieren, dass noch nicht einmal klar ist, wer sie aufgestellt hat. Aber wissen Sie, ich finde, das ist auch zweitrangig.« Kyoko treibt mich zur Eile. »Kommen Sie, gleich geht die Einführungsveranstaltung los. Wird auch wirklich Zeit! Völlig unverantwortlich, die Gäste so ganz ohne genaue Instruktionen auf dem Schiff herumlaufen zu lassen. Wie soll sich denn da einer zurechtfinden? Gut, dass Sie mich haben.« Ich folge ihr durch den Gang in einen weitläufigen Raum, über dessen Eingang BROADWAY geschrieben steht. Kurz bevor ich die Tür erreiche, gerate ich aufgrund des Seegangs ordentlich ins Schwanken.

»Ups!«, rufe ich aus und torkele den Gang entlang.

»Sehen Sie! Davor zum Beispiel hätte man Sie warnen können. Halten Sie sich bloß gut fest. Und passen Sie bei den Türen auf, sie klemmen sich sonst die Finger! Die meisten Passagiere haben vor ihrer ersten Schiffsreise ja Angst vor dem Ertrinken, aber ich sage Ihnen, hier warten ganz andere Gefahren.« Ich nicke ergeben und folge ihr in Schlangenlinien ins Innere des Saales, in dem sich tausend Japaner versammelt haben und gebannt auf die Bühne starren. Kyoko drückt mir ein schwarzes Gerät in die Hand, das sie aus einer Kiste am Eingang genommen hat.

»Wir sind zu spät. Ich bin nie zu spät. Jetzt müssen wir stehen.« Sie zieht mich hinter sich her in die letzte Reihe, wo noch ein freier Stehplatz an der Wand ist.

»Die gesamte Veranstaltung findet selbstverständlich auf Japanisch statt, aber sie wird in die englische Sprache übersetzt, Sie können mit Hilfe der Kopfhörer die Übersetzung hören. Schauen Sie nur, die beiden gut aussehenden jungen Herren da vorne …« Sie zeigt auf zwei Japaner, die neben der Bühne sitzen. »Das sind die Simultan-Übersetzer. Sie begleiten die Gäste auch auf die geführten Touren an Land, um ihnen zu helfen, sich in der fremden Umgebung zurechtzufinden. Es gibt englisch- und spanischsprachige Dolmetscher. Allerdings sind es in der Regel Studenten aus den ersten Semestern, die demzufolge noch sehr unerfahren sind. Einen der beiden kenne ich schon. Der Junge, der links sitzt, heißt Riku. Er macht seinen Job fantastisch. Das ist nicht bei allen so. Aber Riku arbeitet sehr hart. Er schläft kaum.«

Unser Gespräch wird durch tosenden Applaus unterbrochen, als eine aufgetakelte Dame die Bühne betritt und zum Mikrofon greift. Sie trägt, wie Kyoko auch, ein japanisches Gewand. Der Kimono ist schwarz und mit rosa und lila Blumen verziert. Er wird von einem breiten, pinkfarbenen Gürtel zusammengehalten, der am Rücken zu einer riesigen Schleife geknotet ist. Die Haare hat sie hochgesteckt, nur einige perfekt gelockte Strähnen hängen heraus. Sie erinnert mich an eine asiatische Barbie.

»Herzlich Willkommen zur 75. Reise mit dem *Peaceboat*«, haucht Püppi in das Mikrofon, während sie sich ein paar Locken aus dem Gesicht streicht. »Bevor ich auf die Einzelheiten der Reise zu sprechen komme, muss ich mit ein paar Gerüchten aufräumen. Auf unserer letzten Tour gab es einfach zu viele davon. Unwahrheiten verbreiten sich auf Schiffen dieser Art wie ein Lauffeuer.« Sie hält kurz inne und betrachtet die vielen Gesichter vor sich. »Auf unserer 74. Tour wurden leider auch über mich Geschichten erzählt, die nicht der Wahrheit entsprechen. Es ging das Gerücht um, ich sei verheiratet und hätte zwei Kinder, um die ich mich nicht kümmern würde, weil ich ständig auf Reisen bin. Aber ich möchte Ihnen versichern, das stimmt nicht. Ich bin weder verheiratet, noch Mutter. Wenn Sie also so etwas hören – glauben Sie nichts davon!« Sie hält inne und blickt, Zustimmung heischend, in den Saal. »Das ist aber noch nicht alles. Es gehen noch mehr Gerüchte um. So gibt es zum Beispiel Leute, die wollen gehört haben, dass die *Peaceboat*-Crew tief im Inneren des Schiffsbauchs eine Kuh hält, damit immer genug Milch für das Frühstück vorrätig ist.« Eindringlich starrt sie in unsere Richtung. Eine Kuh? Wer denkt sich denn so etwas aus? Ich blicke mich um, aber die anderen Gäste scheinen diesen Auftritt nicht halb so wunderlich zu finden wie ich. Überrascht sehe ich Kyoko an, sie nickt eifrig und scheint auch ansonsten mit dem Gesagten ganz d'accord zu sein.

»Ich sagte doch, dass Sie hier wertvolle Informationen bekommen«, flüstert sie mir zu.

»Also – schenken Sie den Gerüchten keinen Glauben!« Die Stimme von der Frau im Kimono wird immer eindringlicher. Es wirkt so, als würde sie diese Anweisung gerne auf ein Schild schreiben und überall aufhängen, um sicher zu sein, dass auch jeder Passagier sie verinnerlicht hat. Das Schiff hebt und senkt sich erneut in den Wellen, sodass ich ins Schwanken gerate. Um mich abzulenken, schaue ich mir den Saal genauer an. Haben sich die Farben verändert? Es kommt mir so vor, als seien sie unnatürlich kräftig. Mein Hals ist wie zugeschnürt, ich reibe mir mit der Hand über die Stirn und kneife die Augen für einen Moment zusammen. Mein Kopf tut weh, mir ist schwindelig und ich habe Schwierigkeiten, mich auf das zu konzentrieren, was die Asia-Barbie auf der Bühne von sich gibt.

»Bitte bringen Sie keine alkoholischen Getränke von den Landgängen mit in Ihre Kabine. Sie dort zu konsumieren ist verboten.« Darf man denn hier gar keinen Spaß haben?, frage ich mich. »Wenn Sie in den Häfen Alkoholika kaufen wollen …«, fährt Barbie ungerührt fort, »… können Sie diese an der Rezeption abgeben und am Ende der Reise wieder abholen.« So kann man den Leuten an der Bar das Geld noch besser aus der Tasche ziehen. Auch wenn mir gerade ganz und gar nicht nach Alkohol zumute ist, beschließe ich, im nächsten Hafen eine Flasche Wein zu kaufen und sie in mein Zimmer zu schmuggeln. So viel Vorschriften, das geht ja auf keine Kuhhaut! Nicht mit mir, Barbie! Wenn schon Landschulheim, dann richtig!

Das Schiff wird von den Wellen hin und her geworfen. Mittlerweile ist mir richtig übel. Eine neue Welle bringt das Schiff und mich aus dem Gleichgewicht. In meinem Magen veranstalten die Rinderzungen von gestern Abend eine Runde Sumo-Ringen.

»Kyoko, es tut mir leid, aber ich muss dringend mal nach draußen. Mir ist furchtbar schlecht.« Kyoko steht auf und geleitet mich ins Freie. Sie verbeugt sich mehrfach nach allen Seiten, während wir den Raum verlassen.

»Danasan, Sie haben die klassischen Anzeichen von Seekrankheit. Kopfschmerzen, Übelkeit, und vermutlich reagieren Sie auf Geräusche und Farben stärker als üblicherweise.« Ich nicke und folge ihr langsam nach draußen. Kyoko führt mich an Deck und deutet auf einen Liegestuhl.

»Am einfachsten gewöhnen Sie sich an das Schaukeln, wenn Sie sich an einen Ort begeben, von dem aus Sie das Meer sehen und die Bewegung des Schiffes mit den Augen verfolgen können. Außerdem tut die frische Luft sehr gut. Das Beste ist, Sie bleiben so lange hier sitzen, bis ich Ihnen ein paar Tabletten gebracht habe.« Sie verbeugt sich und verschwindet dann im Schiffsinnern. Ich lehne mich dankbar zurück und schließe die Augen, doch dadurch wird das Übelkeitsgefühl noch stärker. Schnell starre ich wieder auf die See hinaus, wo sich die Wellen dunkel und bedrohlich auftürmen. Worauf habe ich mich bloß eingelassen? Was, wenn der Seegang nicht nachlässt und es mir in den kommenden Wochen jeden Tag so schlecht geht? Ich wünschte, Raffaele wäre hier. Jetzt könnte ich eine starke Schulter zum Anlehnen brauchen. Erleichtert atme ich auf, als Kyoko wieder an Deck auftaucht, ein großes Glas Wasser in der Hand.

»Trinken Sie erst mal was. Und nehmen Sie die Tabletten gegen die Seekrankheit. Die können Sie sich übrigens kostenlos und jederzeit an der Rezeption abholen, ich habe Ihnen bereits zehn Stück mitgebracht. Und eine Tüte, falls Ihnen sehr übel wird.« Sie lächelt milde.

»Danke«, antworte ich ermattet und fasse mir an den Kopf.

»Machen Sie sich keine Sorgen. Wenn Sie die Tabletten eingenommen haben, wird es Ihnen wieder besser gehen. Und an die Wellen werden Sie sich gewöhnen. Die See ist nur vor Tahiti so rau. Vor Peru wird es dann ruhiger.«

»Erst nach Tahiti?« Entgeistert blicke ich sie an. Wir werden Tahiti erst in zwei Wochen erreichen. Bis dahin bin ich vermutlich längst über Bord gegangen.

Lost in Translation, oder: Warum die Japaner Regeln lieben

Eine Kolumne von Dana Phillips

Liebe Komplizinnen! Auf meiner letzten Reise, der Grand Tour durch *Bella Italia,* habe ich eins gelernt: Italiener nehmen es mit den Regeln nicht so genau. Wir Deutschen hingegen gelten als pünktlich, ordentlich und perfekt organisiert. In der Regel halten wir uns daher auch an die Regeln. Übertroffen werden wir nur noch von den Japanern.

Denn die befolgen nicht nur alle Anweisungen ohne jegliche Meuterei, sondern können sich auch noch regelrecht für die Obrigkeitshörigkeit begeistern. Und so gibt es für fast alles ein umfangreiches Regelwerk. Das zu missachten ist streng verpönt. Denn der Japaner tanzt zwar gerne, allerdings nicht aus der Reihe. Im Land der aufgehenden Sonne hat jeder die gleichen Rechte und – was noch viel wichtiger ist – die gleichen Pflichten. Bei einer einfachen Begrüßung zum Beispiel ist ganz genau festgelegt, wer sich – je nach Alter, Position oder Geschlecht – wie tief und in welcher Reihenfolge zu verbeugen hat. Sich die Hände zu schütteln ist in Japan die Ausnahme. Körperkontakt wird vermieden, erst recht, wenn es sich um eine fremde Person handelt. Auch beim Übergeben einer Visitenkarte, der *Meishi*, kann man als Ausländer einiges falsch machen. Während man die Karten in Deutschland nach dem Austausch achtlos einsteckt, ist es in Japan unerlässlich, sie anstatt mit einer, unbedingt mit zwei Händen zu überreichen und entgegenzunehmen. Und auf keinen Fall darf man die Karte wegstecken, ohne sie gebührend bewundert zu haben. Sie in der Hosentasche verschwinden zu lassen gilt als grob unhöflich, am besten legen Sie sich ein eigenes Etui nur für Visitenkarten zu, so machen es die Japaner. Gebote und Regeln bestimmen den japanischen Alltag – von der Farbe des Geschenkpapiers über die Auswahl der richtigen Blumensorte bis hin zu Witzen über den Tenno, den Kaiser – die grundsätzlich verboten sind. Fast nichts liebt der Japaner so wie Regeln. Nur Warnungen liebt er noch mehr.

Schließlich lauern mögliche Gefahren überall! Vorsicht, der Boden ist glitschig! Achtung, der Kaffee ist heiß! Passen Sie auf, die Tür ist schwer! Halten Sie sich fest, wenn Sie die Treppe hinabsteigen! Bitte bleiben Sie hinter der gelben Linie! Denken Sie daran, Ihren Regenschirm mitzunehmen! Eigenverantwortung, ein Fremdwort für den Japaner. Fast überall finden sich praktische Hinweise und Anregungen zum Umgang mit Herausforderungen des Alltags. Auch automatische Bandansagen erfreuen sich in Japan großer Beliebtheit: blökende Ansagen in der S-Bahn, sprechende Rolltreppen im Kaufhaus oder schnatternde Fahrstühle. Kein Wunder, dass das japanische Wort *urusai* nicht nur *laut*, sondern auch gleichzeitig *du nervst*! bedeutet.

Sayonara! Ihre Dana

7

Gericht: Natto *(schleimige Bohnen) zum Frühstück*
Japaner des Tages: *Die Service-Gurus im Speisesaal*
Place to be: *Auf dem Pazifik*
Erkenntnis: *This is a drill, this is a drill, this is a drill!*

Vier Uhr früh, mitten auf dem Pazifik, der Magen kribbelt. Wenn ich aus dem Bullauge schaue, sehe ich nichts als Wasser. Dunkles, aufgewühltes, von weißen Schaumkronen durchsetztes Wasser, das durch das Licht, das unser Schiff abgibt unheimlich leuchtet. Das Peaceboat schwankt gleichmässig auf und ab. Ein Gefühl, als ob ich auf einer großen Schaukel sitzen würde, die zwischen zwei alten, knorrigen Bäumen hängt und kräftig von einer Seite zur anderen schwingt. Es knarzt und knackt, ächzt und kracht. Dass das Schiff schon einige Jahre auf dem Buckel hat, kann man nicht nur sehen, sondern vor allem hören. Drinnen fallen Schranktüren zu und Scharniere quietschen, während draußen die Wellen rauschen und mit Kraft gegen den Bauch unseres Schiffes schlagen. Dank der Tabletten ist mir nicht mehr so übel, aber schlafen kann ich trotzdem nicht. Begleitet von einem Duett aus Rauschen und Rumpeln, steige ich leise die Leiter meines Stockbettes hinab, um Kyoko nicht zu wecken, die seelenruhig unter mir vor sich hin träumt. *Crazy girl* ist noch nicht wieder in unserer Kabine aufgetaucht, vermutlich macht sie – ganz wie es sich für ihr Alter gehört – mit einer Horde Jugendlicher das Schiff unsicher. Ich trete an das Bullauge, von dem aus ich auf die Wasseroberfläche schauen kann. Finster und leicht bedrohlich bäumen sich die Wellen vor dem Fenster auf. Langsam, aber gewaltig kämpft sich das Schiff durch den Ozean, während es sich in regelmäßigen Abständen hebt und senkt. Ich bin froh, keine Kabine erwischt zu haben, die unter der Wasseroberfläche liegt; so habe ich das Gefühl, ich könnte mich noch retten, wenn der Dampfer untergeht und die tief liegenden Decks bereits von Wasser geflutet werden. Leise verlasse ich die Kabine und schleiche durch die Gänge, Deck für Deck, einfach nur um etwas zu tun, um nicht weiter mit offenen Augen im Bett zu liegen und in die Dunkelheit zu starren. Es ist still, doch plötzlich öffnet sich eine Tür am anderen Ende des Ganges. Aus der Entfernung kann ich sehen, wie ein Mann heraustritt. Er hat schulterlange, weißgelockte Haare, die ihm am Stirnansatz langsam ausgehen, und trägt einen Bart. Ich schätze ihn auf ungefähr sechzig. Er trägt khakifarbene Shorts und ein *Peaceboat*-T-Shirt; die Schuhe fehlen. Und das Wichtigste: Er ist kein Japaner. Asiatisch sieht er jedenfalls nicht aus. Sein Gesicht erhellt sich, als er mich bemerkt. Barfuß kommt er auf mich zugelaufen.

»Na, kannst du auch nicht mehr schlafen?«, fragt er freundlich, als er vor mir stehen bleibt.

»Nicht mehr ist gut. Ich habe noch gar kein Auge zubekommen. All diese Geräusche halten mich wach, ich habe das Gefühl, das Schiff bricht auseinander.«

»Ach was. Das alte *Peaceboat* kann das vertragen. Ich kenne den Dampfer wie meine Westentasche. Ich bin übrigens Henry.« Er klopft mir auf die Schulter.

»Dana«, antworte ich erschöpft. »Du bist also der berühmte Henry, von dem mir Kimiko schon erzählt hat!« Henry nickt geschmeichelt. »Ja, das bin ich. Henry aus Tahiti. Und woher kommst du?«

»Aus Deutschland. Ich bin Journalistin. Und beruflich hier.«

»Ihr fleißigen Deutschen. Rund um die Uhr im Einsatz. Schön, jemanden um diese Uhrzeit anzutreffen. Ich stehe jeden Morgen so früh auf, normalerweise streife ich mutterseelenallein durch das Schiff, nur ab und zu begegne ich einem der Crew-Mitglieder, die aufräumen oder das Frühstück vorbereiten.«

»Warum schläfst du denn nicht einfach länger?«, frage ich erstaunt.

»Ich brauche einfach nicht so viel Schlaf. Das kommt mit dem Alter. Senile Bettflucht. Außerdem habe ich sonst das Gefühl, etwas zu verpassen.«

»Um vier Uhr früh? Ja, da geht natürlich einiges«, antworte ich ironisch. Henry grinst mich an.

»Ja, ja. Vermutlich hast du recht. Ich habe mich einfach daran gewöhnt. Ich wache von allein um diese Uhrzeit auf. Und dann hätte ich wahnsinnig gerne einen Kaffee. Aber den gibt es offiziell erst ab sechs. Und obwohl sie die heißen Getränke schon vorher zubereiten, weigern sie sich, mir etwas davon zu geben. Die Regeltreue der Japaner geht mir manchmal echt auf die Nerven.«

»Das kann ich mir vorstellen. Und trotzdem kommst du immer wieder?«

»Ja, das *Peaceboat* ist so etwas wie mein zweites Zuhause. Irgendwie mag ich die Japaner ja auch. Und das Konzept der NGO ist gut. Wir haben ähnliche Ziele. Ich finde es wichtig, sich für Völkerverständigung und Frieden einzusetzen – und das macht das *Peaceboat*. Es ist ein großer Unterschied, ob man auf dem Schiff einer Nicht-Regierungsorganisation mitfährt, oder auf einem kommerziellen Kreuzfahrtschiff. Auf diesen Luxuslinern muss man doch ständig Anzug und Krawatte tragen. Und dann diese lästigen Animateure. Ständig wollen sie einen bespaßen, in einer ohrenbetäubenden Lautstärke.«

»Und das ist auf diesem Schiff anders?«, hake ich nach.

»Ja. Natürlich gibt es hier auch jede Menge Events und Veranstaltungen, aber sie werden einem nicht aufgedrängt. Und die Japaner sind angenehm still. Außerdem belegen sie die Poolliegen nicht mit ihren Handtüchern, so wie ihr Deutschen das macht. Sie mögen nämlich keine Sonne, von daher hat man die Jacuzzi fast die ganze Zeit für sich allein!« Er lacht schallend. »Es sind also auch profane Gründe, weshalb ich lieber mit dem *Peaceboat* fahre, auch wenn mich die Japaner mit ihren Eigenarten manchmal fast um den Verstand bringen. Deshalb versuche ich auch ab und an, mich ihren Regeln zu entziehen oder sie ein bisschen von meiner Mentalität zu überzeugen ...« Henry denkt einen Moment nach, als wollte er noch etwas hinzufügen, aber er scheint es sich anders überlegt zu haben, denn er setzt sich in Bewegung. »Ich wollte kurz raus an Deck, ein bisschen frische Luft schnappen. Magst du mitkommen?«

»Ja, warum nicht.« Ich folge dem Tahitianer, der, natürlich immer noch ohne Schuhe, vor mir herläuft, bis wir das Deck erreichen. Es ist windig und das Hawaii-Hemd, das er sich über ein weißes T-Shirt gezogen hat, flattert um seinen Körper. Gemeinsam schlendern wir über den Jogging-Track, bis wir am Bug des Schiffes ankommen. Henry zeigt auf eine Treppe, die durch eine Kette versperrt ist, an der ein Schild mit der Aufschrift *Crew only* hängt.

»Hier geht es zur Brücke. Ich nehme dich mal mit da hoch. Am liebsten würde ich sie dir sofort zeigen. Eigentlich ist das auch kein Problem, ich kann ganz gut mit dem Kapitän, aber vielleicht sollten wir die Regeln nicht gleich in der ersten Nacht brechen. Auch wenn ich ein großer Freund davon bin, mich über die japanischen Anordnungen hinwegzusetzen.« Er grinst mich an und weist auf einen Austritt, der nicht mit dem grünen Rasenteppich ausgelegt ist, der sonst den Boden bedeckt. »Hier können wir uns einen Moment hinsetzen. Es ist windgeschützt, und außerdem haben sie die alten Holzdielen liegen gelassen. Ich verstehe wirklich nicht, warum man sich dazu entschieden hat, das wunderschöne alte Holz unter diesem Golfteppich zu verstecken.«

»Ja, seltsam, oder?« Henry nickt, dann dreht er sich um. »Warte einen Moment, ich bin in zwei Minuten zurück.« Er verschwindet in der Dunkelheit, während ich mich auf den Planken niederlasse. Es ist ein merkwürdiges Gefühl, hier zu sein, so weit weg von zu Hause, mitten auf dem Pazifik, fast am anderen Ende der Welt. Ich starre auf das Meer hinaus, kann aber nicht viel erkennen. Die Nacht ist tiefschwarz, der Himmel wolkenverhangen und der Mond scheint nur als schmale Sichel vom Firmament. Obwohl wir gerade mal vierzehn Stunden von Yokohama entfernt und die Temperaturen in den japanischen Gewässern noch ziemlich winterlich sind, friere ich nicht. Meinen Kopf an die Wand gelehnt, lasse ich das Schwanken des Schiffes über mich ergehen. Dann taucht Henry wieder aus der Dunkelheit auf und hält mir eine Dose Bier hin.

»Hier, für dich.«

»Danke.« Ich mag eigentlich kein Bier, aber ich will nicht unhöflich sein, außerdem genieße ich es einfach, nicht allein zu sein. Wir prosten uns zu, dann blickt Henry mich nachdenklich an.

»Du siehst traurig aus«, stellt er fest.

»Ach, ich weiß auch nicht. Eigentlich habe ich mich auf diese Reise gefreut, aber …« Ich halte inne, weil ich nicht weiß, wie viel ich ihm erzählen soll. Immerhin habe ich ihn gerade erst kennengelernt.

»Aber du bist unglücklich verliebt.«

»Steht mir das auf die Stirn geschrieben?«

»Wenn ein Mädchen so traurig schaut, kann eigentlich nur ein Mann dahinterstecken.« Nach kurzem Überlegen erzähle ich ihm die ganze Geschichte von Raffaele und mir.

»Und weißt du, das Problem ist, dass wir uns wirklich mögen, aber eine Beziehung zwischen Deutschland und Italien aufrechtzuerhalten ist schwierig. Ich würde mir wirklich wünschen, dass er nach Deutschland zieht, aber er fühlt sich nicht wohl in meiner Heimat. Und ich weiß nicht, warum.«

»Manchmal ist es schwierig mit der Liebe zwischen den Kulturen, so sehr wir uns auch alle einreden, wie offen und tolerant wir sind. Ich glaube, tief in unseren Herzen können wir eben doch nicht aus unserer Haut und wollen dort bleiben, wo wir aufgewachsen sind. Schau mich an! Ich bin viel unterwegs, wirklich ständig auf Reisen. Immer im Namen der Völkerverständigung, und ich könnte mich sicherlich an einem anderen Ort, zum Beispiel in Japan noch viel besser dafür einsetzen. Aber ich kann mir einfach nicht vorstellen, woanders zu leben als auf Tahiti.«

»Du kommst aus Tahiti? Das muss wunderschön sein. Ich bin schon so gespannt!«

»Ja, dort ist mein Zuhause, dort bin ich aufgewachsen. Und ich würde niemals von dort wegziehen – für keine Frau der Welt.« Einen Moment lang ist es still, nur das Rauschen des Windes und der Wellen liegt in der Luft. »Ich war mal eine Weile weg. Habe in Tokio gearbeitet. Aber auf Dauer hat es nicht geklappt, ich konnte mich mit der Mentalität einfach nicht anfreunden«, erklärt Henry dann. »Aber so eine Reise ist etwas anderes. Du hast jetzt die Möglichkeit, in eine andere Kultur einzutauchen, Abstand von Altem zu gewinnen, Menschen kennenzulernen, die du sonst wahrscheinlich niemals treffen würdest und trotzdem die Gewissheit, am Ende wieder im sicheren Hafen einzulaufen. Versuch dich zu öffnen, über deinen Schatten zu springen, dich frei zu machen von den Zwängen, die dir von Zuhause mitgegeben wurden. ›Normal‹ gibt es nicht. Das ist es auch, was die Japaner auf dieser Reise lernen sollen. Die meisten von ihnen haben ihre Heimat nämlich noch nie verlassen.« Sein Blick fällt auf seine nackten Füße. Er wackelt mit den Zehen. »Sieh mich doch an. Viele Leute halten mich bestimmt für einen Spinner, weil ich immer barfuss herumlaufe. Nur weil unsere Gesellschaft es vorschreibt, Schuhe zu tragen, finden die Leute es merkwürdig, wenn sich jemand anders verhält. Ich habe mich irgendwann dazu entschieden, nicht mehr darauf zu hören, was die anderen sagen. Seitdem laufe ich barfuss, und ich sage dir eins: Das ist ein gutes Gefühl! Ich bemerke es nicht einmal mehr, wenn andere mich schief anschauen.« Zugegeben, auch ich habe Henry vorhin in die Schublade *komischer Kauz* gesteckt, als ich ihn mit bloßen Füßen über den Gang wandeln sah. Dabei scheint er ein ganz normaler, intelligenter, netter Mann zu sein. Jedenfalls kann ich seine Argumente ziemlich gut nachvollziehen. Ich nehme einen tiefen Schluck aus meiner Bierdose. Japanisches Bier. Gemischt mit dem Meersalz in der Luft eine durchaus originelle Kombination. »Wahrscheinlich hast du recht. Ich sollte die kommenden Wochen nutzen, um herauszufinden, was ich will.«

»So gefällst du mir schon viel besser.« Henry lacht mich an. Wir leeren unsere Bierdosen, dann steht er auf. »Ich brauche noch ein bisschen Bewegung. Ich kann nicht gut still sitzen. Du kannst mich aber gerne begleiten.«

»Ich glaube, ich versuche jetzt noch mal, einen Moment zu schlafen. Danke, dass du mir zugehört hast.« Es hat gutgetan, mit Henry zu reden. Ich blicke ihm nach, und als er in der Dunkelheit verschwunden ist, kehre ich in mein Zimmer zurück und lege mich wieder in mein knarzendes Stockbett.

Kurz nachdem ich völlig erschöpft in einen unruhigen Schlaf gefallen bin, höre ich ein sanftes Säuseln an meinem Ohr.

»Dana-san. Wachen Sie auf!«

»Mmmmrmpf«, brumme ich, ohne mich von der Stelle zu rühren.

»Dana-san«, ertönt es erneut. Langsam hebe ich den Kopf und drehe ihn von der Wand weg auf die andere Seite, wo sich gerade Kyoko vor mir verbeugt. Verschlafen blicke ich auf meine Armbanduhr. 5:48 Uhr. Das kann nicht sein. Ist sie vielleicht stehen geblieben? Eigentlich unmöglich, immerhin lädt sich die Automatikuhr durch Bewegung auf – und Wellengang hatten wir nun wirklich genug!

»Wie spät ist es?«

»Kurz vor sechs. Gleich beginnt die Tai-Chi-Stunde.«

Ich gähne herzhaft und schaue Kyoko irritiert an. Sie scheint hellwach zu sein und trägt bereits ein schickes Sportoutfit und eine Schirmmütze. »Tai Chi? Um diese Uhrzeit? Es ist mitten in der Nacht!«

»Natürlich. Ein rollender Stein setzt kein Moos an. Und wir sind spät dran. Ich möchte, dass wir einen guten Platz bekommen.«

»Wir?«

»*Hai*, ja, kommen Sie denn nicht mit?«

Ich ignoriere ihre Frage und streiche mir die Haare aus dem Gesicht. »Da ist um diese Zeit doch sowieso kein Mensch.«

»Aber selbstverständlich! Stellen Sie sich nur vor, wie unhöflich das wäre! Da bietet jemand einen Kurs an und niemand greift auf das Angebot zurück. Alle gehen zum Tai Chi. Es ist gut für Körper und Geist.«

»Das mag ja sein, aber selbst wenn ich wollte, bin ich mir sicher, dass mein Körper gerade nicht auf meinen Geist hört. Kyoko, seien Sie nicht böse, aber ich habe wegen des Wellengangs kaum ein Auge zubekommen. Ich kann um diese Uhrzeit einfach keinen Sport machen. Lassen Sie mich noch ein bisschen schlafen, bitte. Treffen wir uns doch einfach zum Frühstück, wenn Sie fertig sind.«

»Na gut, wie Sie wünschen. Aber Sie sollten es wirklich einmal ausprobieren. Nur so bringen Sie Körper und Geist wieder in Einklang.«

»Nachdem ich einunddreißig Jahre ohne Tai Chi überlebt habe, hat das bestimmt noch Zeit bis morgen.« Ich gähne erneut und drehe mich wieder auf die andere Seite.

Zwei Stunden später quäle ich mich aus dem Bett, um meinem

Versprechen nachzukommen, gemeinsam mit meiner Zimmergenossin zum Frühstück zu gehen.

»Warum gibt es denn nur bis neun Frühstück?«, frage ich Kyoko, die sich bereits am Buffet bedient.

»Nur? Sie haben doch zwei Stunden Zeit für das *Choshoku*, das Frühstück.«

»Ja, aber wir sind doch schließlich im Urlaub. Da will man doch ausschlafen …«

»Ausschlafen? Dafür haben wir Japaner keine Zeit. Wie soll man denn ein Teil der Gesellschaft sein und ihr möglichst viel Zeit zugute kommen lassen, wenn man morgens zu spät aufsteht? Langschläfer sind mir äußerst suspekt«, entgegnet Kyoko, während sie sich ein Tablett und Stäbchen nimmt und sich von der Bedienung hinter dem Buffet eine Suppe und eine Schüssel Reis reichen lässt. Auch mir gibt sie beides herüber. Ich bin verwirrt. Ist es schon Zeit fürs Abendessen? Ich lasse meinen Blick über die angebotenen Speisen gleiten. Das Einzige, was für mein Empfinden zum Frühstück passt, sind eine große Schüssel mit geschnittenen Orangen und ein Topf mit gekochten Eiern. Ansonsten entdecke ich nichts, was sich in Deutschland auf einem Frühstücksteller befinden würde. Ein Tablett mit unidentifizierbaren lilafarbenen Rauten, Schalen mit runzeligen, roten Kugeln, die aussehen wie verschrumpelte Kirschen, ein Tablett mit Kohl und ganze gebratene Fische. Kyoko häuft mir von allem etwas auf einen Teller, den sie mir im Anschluss reicht.

»Das japanische Frühstück ist sehr gesund.« Sie greift nach zwei verschlossenen, runden Pappbechern, vor denen ein Schild mit der Aufschrift *Bitte nur eine Portion pro Person* steht. »*Natto* dürfen wir nicht vergessen! Aber nur eins!« Ich hoffe, dass sich in den Schälchen Joghurt befindet und schlurfe mit meinem Tablett hinter ihr her. Zielstrebig steuern wir auf einen der großen Tische zu.

»Madame? *Ohayo gozaimasu*, guten Morgen!« Ein Kellner tritt mir entgegen und streckt die Hände nach meinem Tablett aus. Ich bleibe stehen und blicke ihn an. Will der gute Mann mein Tablett tragen? Das ist nun wirklich nicht nötig.

»Ist schon in Ordnung«, antworte ich und will weitergehen, doch der Kellner nimmt es mir einfach aus der Hand.

»*Two persons?*«, fragt er, als wäre nichts gewesen und lächelt, dann läuft er los und bedeutet mir, ihm zu folgen. Verwundert blicke ich ihm nach. Im Vorbeigehen sehe ich, dass sich die Kellner neben dem Buffet aufgereiht haben. Offenbar machen sie nichts anderes, als Tabletts in Empfang zu nehmen und die Gäste zu ihren Plätzen zu führen. Kopfschüttelnd folge ich dem Kellner an meinen Platz, an dem bereits ein Japaner sitzt, der in Windeseile seinen Reis verschlingt. Die Schale hält er dabei dicht unter sein Kinn, und mit einer geschickten, aber leicht hektischen Bewegung der Stäbchen schaufelt er sich die Körner in den Mund. Ratlos blicke ich auf meinen Teller, auf dem ein ganzer Fisch liegt, der mir mit gefletschten Zähnen entgegenlächelt. Kopf, Augen, Schwanzflosse, alles ist noch dran: ein Anblick, den ich am frühen Morgen nur schwer ertragen kann. Ich sehne mich nach einem harmlosen Nutellatoast und atme erleichtert auf, als mich der Kellner fragt, ob ich etwas trinken möchte.

»*Kohi*? Kaffee?« Endlich etwas, das ich kenne. Und als bekennender Kaffee-Junkie bin ich sehr dankbar dafür. Glücklich halte ich die Tasse mit der dampfenden braunen Flüssigkeit in der Hand und genieße den vertrauten Geschmack von gemahlenen Bohnen. Dann wende ich mich meinem Frühstück zu. Ich nippe an der Misosuppe, die gar nicht so schlecht schmeckt, auch wenn die salzige Flüssigkeit mit Algen um diese Uhrzeit gewöhnungsbedürftig ist. An den Reis zum Frühstück könnte ich mich vielleicht auch gewöhnen; er ist so neutral, dass er zu jeder Mahlzeit passt. Kyoko lächelt mich an.

»So, meine Liebe. Die *Natto* hier müssen Sie unbedingt versuchen.« Sie nimmt einen der beiden Pappbecher in die Hand und entfernt den Deckel. Darin befinden sich braune Bohnen, die wenig appetitlich aussehen und schleimige Fäden ziehen. Fauliger und leicht säuerlicher Geruch zieht zu mir herauf.

»Ihh, was ist das denn?«, rutscht es mir heraus.

»Das ist *Natto*. Das sind vergorene Bohnen, und sie sind sehr gesund.« Ich runzle die Stirn. Daran, dass verdorbene Lebensmittel gesund sein sollen, habe ich so meine Zweifel. Aber Kyoko lässt sich von meinem skeptischen Blick nicht irritieren. Sie öffnet die beiden Tütchen, die im Deckel des Pappbechers befestigt waren und schüttet die Flüssigkeiten über die Bohnen.

»Das gelbe ist einfach nur Senf, in dem anderen Tütchen ist Sojasauce«, erklärt sie, während sie das Gemisch mit den Stäbchen kräftig durchrührt und es im Anschluss auf meinen Reis kippt. Ich blicke leicht angewidert auf mein Schälchen. Ich kämpfe mit meinen Stäbchen, um die *Natto* herauszuheben. Doch je kleiner die Lebensmittel sind, umso schwieriger ist es, sie mit den Hölzern zu greifen. Unter Kyokos strengem Blick schaffe ich es irgendwann doch, ein paar der Bohnen zum Mund zu balancieren und die von Kyoko so hoch gelobte *Natto* zu probieren. Sie ist weich und schmeckt nach Erbrochenem. Ich kneife die Augen zusammen, würge die Bohnen herunter und greife nach meiner Kaffeetasse, um den gammeligen Geschmack aus meinem Mund zu spülen.

»Das soll man essen können?«, würge ich hervor. Kyoko lächelt milde. »Aber selbstverständlich. Ich verstehe wirklich nicht, weshalb unser *Natto* euch Ausländern nicht schmeckt. Aber keine Sorge, es muss Ihnen nicht peinlich sein, ich werde einfach jeden Morgen Ihr Schälchen mitessen. So können Sie Ihr Gesicht wahren.« Ohne mit der Wimper zu zucken, lässt sie sich ihre Bohnen schmecken und wendet sich dann dem Fisch zu, der auf ihrem Teller liegt. Fisch zum Frühstück, für mich ist das eine völlig verkehrte Welt.

»Gibt es hier kein normales Frühstück?«, frage ich.

»Sie meinen ein Frühstück, das nicht japanisch ist?«, antwortet sie lächelnd mit einer Gegenfrage.

»Hm. Ja.«

»Doch, natürlich. Oben, auf dem Pooldeck. Dort gibt es Brötchen, Käse, Wurst und Marmelade. Aber gesund ist das sicher nicht.« Um nicht unhöflich zu sein, verzichte ich heute auf den Ortswechsel, beschließe aber, mir das japanische Frühstück ab morgen zu sparen und dann auch wieder mit Messer und Gabel zu essen. Vergammelte Bohnen und ganze gegrillte Fische kommen mir im Morgengrauen jedenfalls nicht mehr auf den Teller.

»*Oishikatta*! Das war köstlich!« Kyoko legt die Stäbchen zur Seite, wirft einen Blick auf ihre Armbanduhr und steht auf. »Wir sollten zurück in unser Zimmer gehen. Die Rettungsübung beginnt gleich.«

»Rettungsübung?«

»Ja, die findet auf jeder Kreuzfahrt zu Beginn der Reise statt, um die Sicherheit an Bord zu gewährleisten«, erklärt sie mir, während wir langsam zu unserer Kabine hinaufsteigen.

»*This is an anouncement from reception*. Das ist eine Ansage der Rezeption«, ertönt es in diesem Moment aus den Lautsprechern. »In wenigen Minuten beginnt die Rettungsübung. Wenn der Alarm ertönt, ziehen Sie Ihre Schwimmweste an und begeben Sie sich in die für Sie vorgesehene Rettungszone. Bleiben Sie auf keinen Fall in Ihrer Kabine. Folgen Sie den Anweisungen des Personals.« Als wir in unserer Nr. 71 ankommen, treffen wir auf Gaki, die sich bereits an ihrer Schwimmweste zu schaffen macht. Sie zieht sie kichernd über ihr knappes T-Shirt und betrachtet sich im Spiegel. »*Ohaio gosaimasu*. Guten Morgen!«, ruft sie uns entgegen.

»Hey, Gaki!«, antworte ich und betrachte sie einen Moment kritisch. »Steht dir«, murmele ich dann lachend, obwohl ich weiß, dass sie mich nicht versteht. Bevor Kyoko übersetzen kann, schrillt auch schon lautstark der Alarm. Hektisch öffnet Kyoko die Schranktür und zieht zwei Schwimmwesten hervor, von denen sie mir eine reicht.

»Die müssen Sie anziehen.« Ratlos blicke ich auf das orangefarbene Plastik in meiner Hand. Die Möglichkeit, das sinkende Schiff im Notfall zu verlassen, wird bei mir vermutlich daran scheitern, dass ich nicht weiß, wie man die Weste korrekt anlegt. Zwar habe ich die Rettungsanweisungen auf dem Schild an der Tür bereits in meiner schlaflosen Nacht gelesen, aber ich schaffe es nicht, die einzelnen Gurte ordnungsgemäß an meinem Körper zu befestigen. Gott sei dank eilt Kyoko mir zur Hilfe, nur leider schnürt sie mich dabei so fest ein, dass ich kaum noch atmen kann.

»Kyoko! Sie schnüren mir die Luft ab.«

»Man muss die Schwimmwesten festziehen. Sehen Sie, so steht es hier«, antwortet sie und zeigt auf das Schild.

»Das mag ja sein, aber wenn ich schon ersticke, bevor ich das Schiff auch nur verlassen habe, hilft mir die Schwimmweste auch nicht mehr.« Kyoko hält inne und wirft mir einen strafenden Blick zu. Sie lockert die Gurte ein wenig, dann treibt sie uns zur Eile an.

»Los, los.« Die Kabine verlassend stoßen wir auf weitere Passagiere, die bereits aufgeregt auf dem Flur hin und her laufen. Gaki und ich folgen Kyoko, die genau zu wissen scheint, wohin wir müssen. Wir steigen in die neunte Etage hinauf, wo sich die Rettungsboote befinden.

»This is a drill, this is a drill, this is a drill!«, meldet sich die Rezeption erneut. Es klingt weniger nach einer Übung als vielmehr nach einem harten Trainings-Programm. Dann erreichen wir den

für uns vorgesehenen Sammelpunkt, an dem eines der weiblichen Crewmitglieder damit beschäftigt ist, die ankommenden Passagiere ordnungsgemäß in Reih und Glied aufzustellen. Als alle ihren Platz eingenommen haben, fängt sie an, uns auf Japanisch etwas zuzurufen. Auf Englisch übersetzt wird hier nichts. Die Vorstellung, mit Hunderten von Japanern, von denen niemand ein Wort englisch spricht, im Ozean zu treiben, behagt mir nicht. Wie gut, dass hier alles so genau geregelt ist, so kann ich wenigstens sicher sein, mit Kyoko im selben Boot zu sitzen.

»Kikuchi Kyoko-sama«, ruft die Dame von vorne, die mittlerweile einen Ordner in den Händen hält. »Sind Sie da?«.

»*Hai!* Ja!«, ruft Kyoko zurück. Nach und nach verliest die Japanerin unsere Namen und hakt sie auf ihrer Liste ab. Jedem Namen fügt sie ein *sama* an, eine Höflichkeitsfloskel, die dem Gegenüber den größtmöglichen Respekt bezeugen soll. Was diese Ehrerweisung bei einer Rettungsübung zu suchen hat, ist mir schleierhaft. Als ob einen das, wenn man gerade dabei ist, dem Tod tief in die Augen zu schauen, kümmern würde.

»Sekiguchi Yasuhiro-sama«, ruft die Frau mit der Namensliste bereits zum dritten Mal, aber niemand antwortet. Einige Minuten später öffnet sich die Schiffstür und ein älterer Herr schlurft langsam auf unsere Gruppe zu. Ich schätze ihn auf über neunzig. Eile scheint er keine zu haben. Er lächelt, als er seinen Namen bestätigt, verbeugt sich umständlich und fügt sich in die hinterste Reihe ein. Die Übung dauert an die fünfundzwanzig Minuten und ich befürchte, dass eine mögliche Rettung im Ernstfall daran scheitern würde, dass die Japaner lieber mit übertriebener Höflichkeit die Namen ihrer Passagiere checken und noch auf den letzten Greis warten, bevor sie mit der Evakuierung beginnen, als die Menschen so schnell wie möglich an Bord der kleinen Boote zu bringen. Ich seufze und hoffe, dass es nicht so weit kommt.

»This is an anouncement from reception«, ertönt es erneut aus den Boxen. »*Drill is over*! Die Rettungsübung ist nun zu Ende. Sie können zurück in Ihre Kabinen gehen.« Endlich. Doch niemand bewegt sich.

»Excuse me«, sage ich ungeduldig und schiebe mich zwischen den Japanern durch Richtung Gang. Aber Kyoko und Gaki stehen immer noch stramm. »Wollen wir?«, frage ich daher.

»Es geht noch niemand«, antwortet Kyoko vorwurfsvoll.

»Na und? Sie haben doch durchgesagt, dass die Übung zu Ende ist.« Doch Kyoko ignoriert mich und bleibt stehen. Auch die anderen Japaner werfen mir einen kritischen Blick zu. Erst als das Besatzungsmitglied mit der Namensliste aufbricht, setzen sich auch die anderen in Bewegung.

»Jetzt dürfen wir gehen«, sagt Kyoko.

»Das würde ich gerne selbst entscheiden«, erwidere ich störrisch.

»Weshalb?«

»Es kann doch nicht sein, dass hier die Gruppe immer die Entscheidung für den Einzelnen trifft!«

»Weshalb nicht?« Kyoko wirkt erstaunt. »Nagai mono niwa makarero – Von etwas Langem sollte man sich besser umwickeln lassen, oder: gegen Einflussnahme lässt sich nichts ausrichten, daher kann man auch gleich nachgeben.«

Lost in Translation, oder: Warum die Japaner anders speisen als wir

Eine Kolumne von Dana Phillips

Liebe Komplizinnen! Als Deutsche unter Japanern muss man die heimischen Essgewohnheiten öfter über Bord werfen als einem lieb ist. Zwar denken viele, die Japaner servieren vor allem *Sushi* – eine Mahlzeit, die uns ja durchaus geläufig ist, tatsächlich kommen die *Maki* und *Nigiri* ihnen aber nur selten zwischen die Stäbchen. Die Zubereitung der kleinen Köstlichkeiten ist nämlich im Alltag viel zu aufwendig. Viel häufiger als *Sushi*-Häppchen essen die Japaner daher diverse Nudelgerichte, Soba. Entgehen lassen sollten Sie sich *Sushi* in Japan dennoch nicht, denn in einem Land, das vom Meer umgeben ist, ist der Fisch besonders frisch. Manchmal zu frisch. In einigen Restaurants werden die noch zappelnden Meeresbewohner direkt vor den Augen der Gäste mit einem gezielten Schlag betäubt und dann bei lebendigem Leibe zu kunstvollen *Sashimi*-Filets verarbeitet. Und so kann es passieren, dass der Schwanz des Fisches sich noch bewegt, während Sie sich sein zartes Filet schmecken lassen. Auch lebendiger Oktopus wird gern gegessen, das hat den Vorteil, dass sich die zappelnden Tentakel ganz von allein um die Stäbchen wickeln – ideal also für Fremdlinge, denen der Umgang mit den *Hashi* noch schwerfällt.

Generell kommen viele Zutaten der japanischen Küche aus dem Meer; neben den gängigen Fischsorten verspeisen die Japaner auch verschiedene Algensorten, Seegurken,

Krebsdärme, Seeigel und den sagenumwobenen giftigen Kugelfisch, den Fugu, für dessen Zubereitung japanische Köche eine bis zu zehnjährige Lehrzeit benötigen.

Eine typische Mahlzeit besteht in Japan in der Regel aus Reis, Suppe und verschiedenen Kleinigkeiten: Algen, Fisch, Fleisch oder Tofu. Gemüse ist mehr als nur ein Grundnahrungsmittel – angeblich essen die Japaner so viel davon, dass ihr Darm aufgrund der aufwendigen Verdauung zwei Meter länger ist, als der von uns Europäern.

Tofu kommt übrigens aus China und gilt als besonders gesunder und kalorienarmer Eiweißspender. Er wird, weil der Eigengeschmack relativ neutral ist, oft mit grünen Zwiebeln, geriebenem Ingwer und Sojasauce serviert. Auch wenn ihm der Ruf vorauseilt, ein eher fades Essen zu sein, gelingt es den Japanern, ihn in unzähligen Varianten zuzubereiten. Ähnlich viele Rezepte gibt es auch bei der Zubereitung von Sake – dem japanischen Reiswein, der übrigens auch dazu benutzt wird, das japanische Kobe-Rind zu massieren. Angeblich liefern die *Wagyu*-Rinder das zarteste Fleisch der Welt – kein Wunder, schließlich wird ihnen ein Rundum-Sorglospaket aus Kraftfutter, Bier, klassischer Wohlfühl-Musik und Massagen mit Sake zuteil. Das ist aber eher die Ausnahme. Gemeinhin wird der Sake getrunken. Die Bedeutung des Nationalgetränks erkennt man auch daran, dass es Eingang in die japanische Sprache gefunden hat. So lautet zum Beispiel ein populäres Sprichwort: *Oya no iken to hiyazake wa ato de kiku* – die Meinung der Eltern und kalter Sake wirken erst im Nachhinein.

Sayonara! Ihre Dana

8

Gericht: *Ramen*
Japaner des Tages: *Kyoko, die Verfechterin der Sitten*
Place to be: *Pooldeck*
Erkenntnis: *Schlürfen ja, Naseputzen nein!*

Während sich in den Gängen und den Kabinen an Bord die Seekrankheit breit gemacht hat, kreuzt das *Peaceboat* unbeirrt den Pazifik. Die Passagiere, die von der Übelkeit befallen wurden, gehen ganz unterschiedlich damit um. Viele verstecken sich in den Kabinen, andere quälen sich an Deck, sitzen gut verhüllt auf den Liegestühlen und starren teilnahmslos auf die raue See. Mir geht es nach einer enormen Dosis Tabletten erstaunlicherweise wieder besser, sodass ich keine Ausrede habe, Kyoko nicht zu ihrer Yogastunde zu begleiten. Auf wackligen Beinen folge ich ihr vom Pooldeck ins Innere des Schiffes, in dem sich ein Gymnastikraum befindet, der bereits gut gefüllt ist. Ich blicke mich um – bisher konnte ich an Bord noch keinen einzigen Japaner mit Übergewicht entdecken. Ganz im Gegenteil, die Leute wirken deutlich fitter als in Deutschland, und das, obwohl die meisten von ihnen doppelt so alt sind wie ich. Leicht beschämt blicke ich an mir herunter; mein kleines Bäuchlein zeichnet sich unter dem T-Shirt ab und meine Oberarme waren auch schon mal straffer. Ich setze mich auf mein Handtuch und warte darauf, dass die Stunde beginnt. Die Lehrerin beginnt auf Japanisch zu erklären, worum es geht.

»Sie erläutert verschiedene Wege, wie man seinen Körper warm hält«, übersetzt Kyoko. Sie zieht einen ihrer Strümpfe aus, unter dem eine weitere Socke zum Vorschein kommt. Dann massiert sie ihre Füße und holt im Anschluss eine Wärmflasche hervor, die sie in die Runde reicht. Aufmerksam studieren die Japaner die Flasche. Um sich warm zu halten soll man sich also ein zweites Paar Socken anziehen, sich selbst an den betreffenden Stellen massieren und sich eine Wärmflasche machen. Wer hätte das gedacht?

»Woher kommen Sie?«, fragt mich das Mädchen neben mir.

»Ich bin aus Deutschland«, sage ich zu meiner Nachbarin, die begeistert nickt.

»So, so, so, doitsu, Deutschland«, entgegnet sie und betrachtet die Wärmflasche, die ihr gerade gereicht wurde.

»Wissen Sie, was das ist?«, fragt sie mich dann.

»Eine Wärmflasche?«

»*So, so, so*. Sie kennen das ja. Ich dachte, die gäbe es nur bei uns in Japan«, antwortet sie überrascht.

»Nein, nein, diese Erfindung ist auch schon bei uns angekommen.« Ich muss schmunzeln. Immerhin wurde die Wärmflasche bereits im 8. Jahrhundert erfunden.

»Hitsuyo wa hatsumei no haha – Notwendigkeit ist die Mutter aller Erfindungen«, wendet Kyoko ein, dann erklärt sie mir, was auf dem Zettel steht, den die Lehrerin im Vorfeld verteilt hat.

»Es existieren verschiedene Druckpunkte am Körper, die, wenn man sie presst, einen bestimmten Effekt erzielen.« Sie deutet auf die Innenseite meines Knies. »Hier zum Beispiel können Sie Hand anlegen, wenn Sie sich nicht wohl fühlen und leichte Übelkeit verspüren. Sie müssen so lange Druck ausüben, bis sich ein warmes Gefühl einstellt. Wenn Sie merken, dass die Haut sich erwärmt, hören Sie einfach auf.«

»Aha.« Ich presse die verschiedenen Punkte, kann aber keinen wirklichen Unterschied auszumachen. Vielleicht braucht man dafür mehr Ruhe. Und daran glauben muss man vermutlich auch.

»Übrigens …« Kyoko zeigt auf ein Bild, das sich auf dem Blatt

Papier befindet, es handelt sich um eine Art Sternkarte. »Heute ist Vollmond. Das heißt, Sie können sich etwas wünschen. Und wenn Sie das noch vor Mitternacht tun, geht es auch ganz sicher in Erfüllung.« Ich denke an Raffaele und daran, dass ich gerne hätte, dass sich zwischen uns alles zum Guten wendet. Nachdem ich mein Sportprogramm beendet und mein Frühstück auf dem Pooldeck eingenommen habe, mache ich mich auf den Weg in den *Freespace*, um einen Blick in die Schiffszeitung zu werfen, in der die Aktivitäten des Tages angekündigt sind. Heute findet sich darin ein Artikel über die internationalen Gäste. Meine nächtliche Begegnung Henry setzt sich unter anderem für ein von Frankreich unabhängiges Tahiti und gegen die Atomwaffentests im Südpazifik ein. Außerdem steht dort, dass Henry auf seiner Farm Bio-Vanille anbaut.

»Dana«, ertönt hinter mir eine sonore Stimme. Ich drehe mich um und sehe, dass der Tahitianer himself sich hinter mir aufgebaut hat.

»Guten Morgen, ich habe eben etwas über dich gelesen.« Ich weise mit dem Finger auf den Artikel in der Zeitung.

»Na, hoffentlich nur Gutes«, antwortet er und lacht mich an. »Und, hast du dir schon ein paar Kurse ausgesucht?«

»Bislang noch nicht. Aber das ist bei der Auswahl ja auch nicht ganz einfach.« Nordic Walking, Tiere aus Luftballons basteln, zaubern, japanisches Schachspiel, Sprachkurse und diverse Events, die sich an Teilnehmer spezieller Altersgruppen richten: *Für alle 29-Jährigen: Wenn Sie im Jahr 1982 geboren sind, sollten wir uns treffen!* Oder *Oldies Night, für alle in den späten Zwanzigern*.

Außerdem gibt es eine Singleparty. *Wenn Sie sich verlieben wollen, kommen Sie vorbei. Wir trinken zusammen.* Aha, hier kann man sich den einen oder anderen also schön trinken! Vervollständigt wird das Event-Potpourri durch Seminare mit tiefgründigerem Hintergrund, in denen zum Beispiel Tsunamiopfer ihre Geschichte erzählen. Protest und Party, Feriencamp und Volkshochschule, eine merkwürdige Mischung.

»Hier gibt es wohl für alles eine Stunde, oder?«, frage ich Henry lachend.

»Allerdings, die Japaner lieben es, sich zu treffen. Und sie wollen immer etwas lernen. Aber auf keinen Fall wollen sie das allein. Es gibt sogar einen Kurs, da treffen sich die Japaner zum gemeinsamen Sockenwaschen.«

»Nicht im Ernst, oder?«

»Doch. Der Japaner ist eben ein Gruppentier. Socken waschen, Tarot Karten legen, Namensschilder malen, Karaoke singen, Fernsehshows gucken, Cds hören. Was weiß ich.«

»Aber weshalb denn Socken waschen? Das check ich nicht.«

»Ganz ehrlich? Ich habe keine Ahnung. Solche Events musst du dir schon selber anschauen. Ich habe es nicht so mit der Gruppendynamik.« Henry nimmt mir die Zeitung aus der Hand und studiert das angebotene Programm. Dann fängt er laut an zu lachen. »Guck mal! Es gibt auch eine Zusammenkunft für Tigerfans!« Er wiehert. »Tiger Fans let's get together, let's sing Rokko Oroshi. Ich werd weich! Ich war nun wirklich schon so oft auf diesem Schiff, aber den Japanern fällt immer wieder etwas Neues ein!« Henry kriegt sich kaum wieder ein. Ich werfe erneut einen Blick auf das Dokument. »Was sind denn self-planned-events?«

»Das sind Kurse, die Passagiere anbieten. Jeder kann doch irgendetwas. Es gibt zum Beispiel Leute, die haben vor der Rente als Sportlehrer gearbeitet. Die bieten dann Nordic-Walking-Kurse an. Oder Künstler bringen dir das Singen bei.«

»Wie? Einfach so? Bekommen sie dafür Geld?«

»Natürlich nicht. Das läuft alles auf freiwilliger Basis ab. Die haben einfach Spaß daran.«

»Ist ja ein Ding.« Ich schüttle den Kopf. »Das würde auf einem deutschen Schiff nicht passieren. Da wären die Leute viel zu faul, um unentgeltlich Kurse anzubieten.«

»Kann ich mir vorstellen. Hier funktioniert es aber. Das ist typisch für das *Peaceboat*. Langweilig wird es dir bestimmt nicht.« Henry grinst ironisch. »Aber mal was anderes. Wir sollten unbedingt zusammen zu Abend essen. Hast du heute Zeit?«

»Ja, klar. Was sollte ich schon vorhaben – wir haben noch etliche Tage vor uns, bis wir das nächste Mal Land sehen.«

»Fein. Treffen wir uns um halb acht beim *Formal Dinner*?«

»Ja, ich freue mich. Ach – und ist es in Ordnung, wenn ich meine Zimmergenossin Kyoko mitbringe?«

»Du wohnst mit Kyoko zusammen? Der Tänzerin?«

»Ja, weshalb? Kennt ihr euch schon?«, frage ich verwundert.

»Ja. Bring sie ruhig mit«, antwortet Henry knapp. Dann läuft er in Richtung Treppe und dreht sich noch einmal um. »Das könnte lustig werden. Ach – und wir müssen unbedingt über die Euro-Krise reden!« Bevor ich etwas erwidern kann, ist er auch schon verschwunden. Euro-Krise – ganz mein Thema. Kopfschüttelnd blicke ich ihm nach.

Am Abend stehe ich vor meinem schmalen Kleiderschrank, um mich angemessen für das *Formal Dinner* anzuziehen – ein festliches Essen, das traditionell immer an einem der ersten Abende stattfindet. Ich weiß nicht genau, welcher Dresscode vorgeschrieben wird, daher entscheide ich mich für ein mittelschickes Outfit: weinrote Seidenshorts über einer schwarzen Strumpfhose, ein schlichtes T-Shirt und Pumps. Kyoko trägt wieder einen ihrer edlen, handgenähten Kimonos. Sie betrachtet mich kritisch.

»Meinen Sie nicht, das Outfit ist ein bisschen leger? Immerhin gehen wir zum *Formal Dinner*!« Ich blicke an mir hinunter.

»Ach, ich finde, das passt schon. Wir sind doch nicht auf der Queen Mary«, entgegne ich freundlich, aber bestimmt.

»Das nicht, aber ich finde, man sollte die Form wahren. Wo

für Kleidung und Nahrung gesorgt ist, entstehen gute Sitten! Immerhin treffen wir gleich den Kapitän.« Kyoko lässt nicht locker, aber ich mag mich nicht bevormunden lassen. Sie ignorierend beobachte ich unsere junge Mitbewohnerin Gaki, die auf ihrem Bett ein ziemliches Chaos angerichtet hat. Überall liegen Comic-Hefte mit bunten Figuren auf dem Cover, dazwischen hat sie bunte Kostüme ausgebreitet. Unentschlossen hebt sie eines nach dem anderen hoch und betrachtet es mit gerunzelter Stirn.

»Was hast du denn vor?«, frage ich sie auf Englisch, als mir einfällt, dass sie mich nicht versteht. »Könnten Sie übersetzen?«, wende ich mich an Kyoko.

»Natürlich«, entgegnet sie. »Gaki sucht sich ein Kostüm für heute Abend aus.«

»Ein Kostüm?«, frage ich verwundert. »Wozu denn?« Ich lausche Gakis japanischen Ausführungen, obwohl ich nicht verstehe, wovon sie redet. Sie reicht mir einen Stapel Hefte herüber und zeigt dann auf eines der bunten Kleider, die neben ihr auf dem Bett liegen.

»Das sind die Kostüme ihrer Lieblingscharaktere aus den Comics. Sie kann sich nur nicht entscheiden, als was sie gehen will«, übersetzt mir Kyoko das Gesagte.

»Ich kann Ihnen nicht ganz folgen. Wieso braucht man Kostüme von Figuren aus einem Comic?«

»Es handelt sich nicht um beliebige Comics. Das sind Manga. Sie spielen eine sehr große Rolle in Japan. Es gibt über zweihundert verschiedene Magazine, die monatlich erscheinen.« Ich nehme eines der Hefte in die Hand und blättere es schnell von vorne nach hinten durch. Gaki schüttelt aufgeregt mit dem Kopf und wedelt mit ihrem Comic-Heft.

»Sie müssen es von hinten nach vorne lesen«, erklärt mir Kyoko lächelnd. »Und von rechts nach links.« Während ich die bunten Bilder betrachte, sehe ich aus den Augenwinkeln, dass

Gaki sich inzwischen entschieden hat. Sie zieht sich ein rosafarbenes Kleid über, das einem Pettycoat sehr ähnlich ist und an das ein langer Katzenschwanz genäht ist.

»Ich bin Sakura!« Gaki grinst mich an und als ich mein iPhone zücke, um ein Foto von ihr zu schießen, macht sie das Victoryzeichen. »Sakura liebt Cheerleading, sie hat immer gute Laune und Angst vor Gespenstern«, übersetzt Kyoko mir Gakis Ausführungen.

»Aha.«

»Sakura gab es sogar im Kino! Der Film ist zwar schon älter – aber super. Wenn du willst, kann ich ihn dir ausleihen! Sakura ist mein Lieblingscharakter. Sie ist so cool!« Gaki wühlt in einer der Schubladen der Kommode, die neben dem Stockbett steht. »Hier!«, ruft sie triumphierend und hält mir eine DVD entgegen. »Du musst Sakura kennenlernen! Der Film ist echt gut!«

»Gerne«, sage ich überrumpelt und lege die DVD-Hülle auf mein Bett.

»Heute Abend? Bitte! Ich gucke mit! Nach dem Essen?«

»Okay«, sage ich ergeben. Scheinbar färbt die japanische Höflichkeit schon auf mich ab. Kyoko blickt leicht nervös auf die Uhr und bedeutet Gaki und mir, ihr zu folgen. Auf unserem Weg zum Restaurant ertönt eine Ansage durch die Lautsprecher.

»This is an announcement from reception«, blökt es durch die Flure. »Bitte seien Sie vorsichtig. Das Schiff schwankt. Passen Sie auf, wenn Sie die Treppen benutzen, und tragen Sie keine Stöckelschuhe. Sie könnten sich verletzen.« Etwas ratlos blicke ich an mir hinunter. Meine Pumps sind nicht wirklich hoch.

»Ich muss meine Schuhe jetzt nicht wieder ausziehen, oder?«, frage ich Kyoko, die flache Sandalen unter ihrem Kimono trägt.

»Nun, das ist eine Warnung, kein Befehl. Sie sollten vorsichtig sein. Das Schiff kann wirklich sehr stark schaukeln. Und mit Ihrer Seekrankheit …«

»Die Tabletten haben wirklich gut geholfen. Ich merke fast nichts mehr von der Übelkeit.«

»Trotzdem, Sie sind immer noch angeschlagen. Sind Sie sicher, dass Sie mit den Schuhen laufen können?«

»Natürlich.« Selbstsicher steige ich die Treppe hinab, als wieder eine Ansage der Rezeption ertönt.

»*This is an announcement from reception*. Bitte seien Sie vorsichtig, wenn Sie Türen öffnen und schließen. Sie könnten sich die Finger klemmen!«

»Lustig«, entgegne ich, während wir, ohne von der Bewegung des Schiffs behindert zu werden, die Treppen hinuntersteigen.

»Wieso?«

»Na ja, in Deutschland würde niemand auf die Idee kommen, die Passagiere vor ihren Schuhen zu warnen. Oder vor zuschlagenden Türen.«

»Aber wovor denn dann?«

»Na ja, vor gefährlichen Dingen eben. Vor giftigen Stoffen, gefährlichen Menschen, keine Ahnung. Aber doch nicht vor Schuhen! Das ist wirklich typisch japanisch.« Kyoko ignoriert meinen Kommentar und betrachtet die anderen Passagiere, die uns auf den Gängen entgegenkommen. Viele von ihnen stecken in richtigen Abendroben und Cocktail-Kleidern, sie tragen viel Schmuck und haben sich sorgfältig geschminkt.

»Wow!«, entfährt es mir. »Ich fühle mich underdressed.«

»Sagen Sie jetzt nicht, ich hätte Sie nicht gewarnt!« Kyoko blickt an mir herunter. »Nun, als Ausländerin fallen Sie sowie auf, ganz egal, was Sie tragen.« Dann entdeckt sie am Ende des Ganges den Kapitän. »Da ist er ja! Hoffentlich kann ich ein Foto mit ihm machen.« Sie eilt auf ihn zu, Gaki folgt ihr quietschend. Kyoko bleibt vor dem Kapitän stehen und macht eine tiefe Verbeugung; Gaki strahlt ihn begeistert an.

»Dana, das ist der Kapitän. Das ist Dana Phillips«, stellt sie uns vor. Er schüttelt mir die Hand und mustert mich kurz.

»Sie sind keine Japanerin«, sagt er dann trocken.

Ich lache. »Das stimmt. Sie aber auch nicht.«

»Ein Glück«, antwortet er brummig, während er sich kopfschüttelnd umschaut. Dann weist er auf einen Platz an der gegenüberliegenden Wand, an dem ein bunter Vorhang angebracht ist, vor dem sich schon einige Leute wartend eingereiht haben. »Dort muss ich mich gleich eine Stunde lang mit den Gästen fotografieren lassen. Ich weiß auch nicht, weshalb ich so beliebt bin. Das Schiff schwimmt doch von ganz alleine«, flüstert er mir zu und seufzt. Kyoko und Gaki haben sich mittlerweile am Ende der Schlange positioniert.

»Sie sind nicht gerade ein großer Fan der Japaner?«, frage ich vorsichtig.

»Ach, das würde ich nun auch nicht sagen. Aber sie sind einfach so anders. Und das Essen ist auch gewöhnungsbedürftig. Ich vermisse ein gutes *Filet mignon*. Immer nur Reis, über Monate. Das ist nichts für mich. Ich bin jetzt seit ein paar Jahren auf diesem Schiff, und die Körner hängen mir zum Hals heraus.« Er lacht, dann zeigt er auf ein Grüppchen, das sich gegenseitig fotografiert, natürlich machen sie dabei immer das obligatorische Victoryzeichen. »Schauen Sie mal. Die Japaner fotografieren einfach alles und jeden. Sie müssen Tausende Fotos von ihren Reisen mit nach Hause bringen.«

»Was sie wohl damit machen?«

»Keine Ahnung. Ich habe gehört, dass sie die Fotos nie wieder anschauen. Es geht ihnen offenbar eher um den Moment – die Möglichkeit, sich daran zu erinnern, mit Hinz und Kunz ein Bild gemacht zu haben. Verrückt, oder?« Er schüttelt erneut den Kopf. Ich muss lachen, dann fällt mein Blick auf die Bilder, die hinter ihm an der Wand hängen. Dort sind die wichtigsten Crewmitglieder abgebildet, unter den Fotos stehen ihre Namen.

»Das sind Sie, oder?«, frage ich und weise auf ein Bild, das ihm verdächtig ähnlich sieht.

»In Person«, entgegnet er.

»Sie sind aus Griechenland?«, frage ich, nicht sicher, ob das ein gutes Zeichen für einen Kapitän ist.

»Ja, wieso?«

»Na ja, ich bin froh, dass Sie kein Italiener sind. Wegen der Costa Concordia«, verweise ich auf das Unglück des italienischen Kreuzfahrtschiffes, das vor Kurzem auf Grund gelaufen ist, weil der Kapitän die vorgegebene Route verlassen hatte, um Bekannte auf einer Insel zu grüßen. Das hat 32 Menschen das Leben gekostet.

»Ich nicht«, lacht mir der Kapitän entgegen. »Aber unser Chefingenieur ist Italiener!« Er brummt, dann weist er auf die wartenden Leute. »Ich muss leider. Fotos machen.« Leicht irritiert blicke ich ihm nach, und bevor ich weiter darüber nachdenken kann, was es bedeutet, dass unser Schiff von einem italienischen Ingenieur in Schuss gehalten wird, beobachte ich wieder den Kapitän. Es wird geknipst und gelacht, Hunderte Fotos werden geschossen, und endlich sind auch Kyoko und Gaki an der Reihe. Zufrieden kommen sie nach der Fotosession auf mich zu. Ich blicke auf die Uhr.

»Oh, wir sollten runtergehen. Henry wartet bestimmt schon.«

»Henry?«

»Einer der internationalen Gäste – ich habe ihn kennengelernt, als ich nicht schlafen konnte. Er …«

»Ich weiß, wer Henry ist.« Kyoko seufzt.

»Ich habe uns mit ihm verabredet. Er wartet bestimmt schon.«

»Das kann ich mir kaum vorstellen«, entgegnet Kyoko und lächelt sanft. Ich werfe ihr einen Blick von der Seite zu. Irgendwas muss zwischen den beiden vorgefallen sein. Als wir am Speisesaal ankommen, ist von Henry noch nichts zu sehen. Kyoko blickt ungeduldig auf ihre Armbanduhr.

»Es ist schon fünf nach halb«, sagt Kyoko und ich merke, dass nur die Höflichkeit es ihr verbietet, ihre Ungeduld zu zeigen. Um viertel vor acht kommt der Tahitianer gutgelaunt die Treppe hinuntergespurtet. Er drückt mir links und rechts einen Kuss auf die Wange, eine Begrüßung, die Kyoko kritisch beobachtet. Einen fast Fremden zu küssen, für eine Japanerin undenkbar. Intensiver Körperkontakt mit Fremden ist verpönt.

Henry wendet sich meiner Zimmergenossin zu.

»Kyoko! Wie schön, Sie wiederzusehen!«, ruft er aus. Kyoko verbeugt sich höflich. Henry trägt ein weißes Leinenhemd, das lässig über die Dreiviertel-Khakihose hängt, und wie immer keine Schuhe.

»Geht Ihre Uhr falsch?«, erkundigt sich Kyoko freundlich.

»Warum sollte sie?« Kyokos Blick fällt auf seine Füße. Ich kann mir vorstellen, was sie denkt. Wenigstens für das Kapitänsdinner hätte er sich ein paar Schuhe anziehen können. Aber das würde sie natürlich nie aussprechen.

Wir betreten den großen Speisesaal, der, was die Ausstattung angeht, definitiv in den späten Siebzigern stehengeblieben ist. Der Teppich mit seinem wirren hell- und dunkelroten Muster verstört durch einen leicht psychedelischen Stil. Über den runden Tischen liegen bordeauxfarbene Tischdecken. Den Raum überspannt eine abgehängte, verspiegelte Decke, von der ein futuristischer goldener XXL-Kronleuchter herabhängt. Obwohl die Tabletten gegen die Seekrankheit wirken, bin ich mir sicher, dass meine Übelkeit ob dieser Farbenpracht innerhalb der nächsten Stunden wiederkehren wird. Ich steuere auf einen freien Tisch zu, aber eine der Kellnerinnen am Eingang hält mich zurück.

»Madame. Für drei?«, fragt sie mich aufmerksam, aber mit einer Spur von Dominanz in der Stimme.

»Vier, bitte«, entgegne ich. In einer artigen Reihe folgen wir der Kellnerin, während uns die anderen Gäste aufmerksam betrachten. Wir sind mit Abstand die seltsamste Gruppe im Saal. Ich bin als Deutsche sowieso schon bekannt wie ein bunter Hund, hinter mir trottet Henry ohne Schuhe und Gaki folgt uns in ihrem Mangakostüm. Wir lassen uns an dem uns zugewiesenen Tisch nieder, an dem bereits ein japanisches Ehepaar und ein junger Mann sitzen.

»Konbanwa! Guten Abend!«, sage ich höflich und setze mich demonstrativ zwischen Henry und Kyoko. Ich lächle die beiden an. »Mein erstes japanisches Dinner an Bord.«

»Es wird dir gefallen. Das Essen ist gar nicht so schlecht hier.« Henry lacht mich an. »Wasser gibt es kostenlos und nach dem Essen natürlich grünen Tee, *Ryokucha*. Alle anderen Getränke musst du extra bestellen, und sie werden dann über deine ID-Card auf dein Zimmer geschrieben«, erklärt er mir das Prozedere, während mir mein Gegenüber zuprostet.

»Sake?«, sagt die Dame und blickt mich fragend an. Dann folgt ein Redeschwall auf Japanisch.

»Sie möchte gerne erfahren, wo Sie herkommen und ob Sie Sake mögen?«, übersetzt Kyoko.

»Oh – ich komme aus Deutschland. Und Sake finde ich nicht schlecht, also warum nicht.«

»Das würde ich bleiben lassen«, mischt sich Henry ein. »Das Zeug ist widerlich!« Kyoko wirft ihm einen stählernen Blick zu.

»Henry, ich bitte Sie! Sake ist integraler Bestandteil der japanischen Kultur. Und die sollte Dana unbedingt noch besser kennenlernen. Ihr sind unsere Gepflogenheiten ohnehin noch viel zu fremd.« Dann wendet sie sich wieder an das japanische Pärchen, das mir gegenüber sitzt. Die beiden nicken mir zu und lächeln mich an. »Frau Takahashi möchte Sie gerne auf einen Sake einladen. Sie findet Sie übrigens sehr hübsch.«

»Oh, das ist aber nett. Wirklich? Danke schön.« Etwas peinlich berührt blicke ich in die Runde. Es ist irgendwie merkwürdig, von einer Frau Komplimente zu bekommen und auf einen Drink eingeladen zu werden. Aber vielleicht ist das in Japan üblich. Ein Mann hat mir bislang jedenfalls noch kein Getränk spendiert. Wenn Raffaele das hören könnte! Ehe ich weiter darüber nachdenken kann, bringen uns die Kellner unser Dinnermenü. In Windeseile platzieren sie mehrere Schüsselchen auf dem dafür vorgesehenen Tablett, das schon die ganze Zeit vor mir auf dem Tisch stand. In der Mitte thront nun eine große Schale mit dünnen Nudeln, *Ramen*, die keinen Anfang und kein Ende zu haben scheinen. Daneben eine etwas kleinere Schüssel, in der sich eine dunkelbraune Fleischbrühe, *Niku No Dashi*, befindet. Dazu gibt es einen kleinen Salat, *Sarada*, ein Schälchen mit Eiern, *Tamago*, Schweinefleisch, *Butaniku*, und einen weiteren Teller mit frittiertem Fisch.

»Gibt es hier eine Reihenfolge zu beachten?«, frage ich Kyoko, nachdem wir uns mit einem *Itadakimasu* guten Appetit gewünscht haben.

»Quatsch«, mischt sich Henry ein. »Iss einfach so, wie du magst! Du musst dich nicht an all die japanischen Regeln halten. Du bist doch keine Japanerin.«

»Aber ich bin doch hier zu Besuch«, entgegne ich zögerlich.

»Es ist üblich, aus den verschiedenen Schälchen abwechselnd zu essen. Die Nudeln können Sie in die Brühe tauchen, bevor Sie sie zu sich nehmen, genauso wie die weiteren Beilagen«, entgegnet Kyoko. Ich versuche, die Nudeln mit den Stäbchen aus der Schüssel zu fischen, ein schwieriges Unterfangen. Mehrfach rutschen mir die dicken Reisbänder von den Stäbchen, und auch das Eintauchen in die Brühe ist kompliziert. Ich beobachte, wie der junge Mann neben Henry die Stäbchen hält. Er macht sich nicht die Mühe, die *Ramen* aufzurollen, sondern hebt sie nur an und saugt sie dann mit einem lauten Schlürfen in den Mund. Im Anschluss zieht er lauthals die Nase hoch. *Was ist das denn für ein ungehobelter Kerl*, frage ich mich, während ich weiter mit meinen Nudeln kämpfe. Von Tischmanieren hat der wohl auch noch nichts gehört! Etwas irritiert blicke ich erst ihn an, dann Kyoko, die ihre *Ramen* ebenfalls schlürfend verspeist, wenn auch etwas weniger geräuschvoll. Ich bin froh, als der Kellner den Sake bringt und ich meine *Hashi* erst mal zur Seite legen kann. Beim Trinken kann man wenigstens nicht viel falsch machen. Interessiert betrachte ich den Sake, der in einem kleinen Glas in einem Holzkästchen steht, in dem sich eine weitere Flüssigkeit befindet.

»Ist das Wasser zum Kühlen?«, frage ich Kyoko verwundert. »Ich dachte, der Sake wäre warm?«

»Ist er auch«, antwortet sie. »Das ist kein Wasser, in dem Holzkästchen befindet sich ebenfalls Sake.«

»Interessant«, antworte ich verwundert. »Der Sake steht in einer Box mit Sake. Macht Sinn.« Ich proste der Runde zu. »*Kanpai*!«

»*Kanpai*!«, antworten Kyoko und das Ehepaar, das mir gegenüber sitzt. Gaki prostet mir mit ihrem Wasserglas zu.

»Das ist nicht nur interessant. Den Sake auf diese Art und Weise serviert zu bekommen, ist eine Ehre«, erklärt Kyoko mir. »Es ist in vielen Geschäften üblich, ein Glas in den *Masu* zu stellen und …«

»*Masu*?«

»So nennt man den Holzbecher. Jedenfalls füllt der Kellner das Glas mit Sake so lange, bis es überfließt. So bekommt man als Gast mehr für sein Geld, da man schließlich nur ein Glas Sake bezahlt. Es ist also ein Zeichen von großem Respekt.« Ich nicke angetan, der lauwarme Wein schmeckt gut, wie ein Tee mit Schuss. Der Mann, der mit uns an unserem Tisch sitzt und bisher nichts zu der Unterhaltung beigetragen hat, zieht schon wieder die Nase hoch.

»Was machen Sie denn eigentlich?«, wende ich mich an ihn.

»Ich bin Comedian«, antwortet er und schnieft wieder. Damit habe ich nun nicht gerechnet.

»Das heißt, Sie machen Witze?«, frage ich und versuche nicht darauf zu achten, dass er ein weiteres Mal lautstark die Nase hochzieht.

»Ja, japanische Witze. Kennen Sie *Manzai?* Das ist eine besondere Art der Stand-up Comedy, dabei erzählen zwei Comedians in hohem Tempo Witze und nehmen sich gegenseitig auf den Arm. Ich würde Ihnen etwas vorführen, aber leider ist mein Partner nicht mit an Bord«, antwortet er und lacht. Dann schnieft er wieder auffällig. Ob er ein Taschentuch benötigt? Ich wende mich meinen Nudeln zu. Die nächsten Minuten verbringe ich erneut damit, die *Ramen* auf meine Stäbchen zu wickeln. Immer wieder blicke ich auf, weil der Comedian auffällig schnieft. Offenbar ist er erkältet. Außer mir scheint sich bei Tisch aber niemand darüber zu wundern. Als ich das Geschniefe nicht mehr ertragen kann, halte ich inne und wühle in meiner Handtasche. Dem armen Mann muss geholfen werden!

»Hier«, sage ich und reiche ihm ein Taschentuch. Aber er blickt mich verwundert an. Kyoko wirft mir einen tadelnden Blick zu, während Henry schallend anfängt zu lachen. Habe ich etwas falsch gemacht?

Zögernd nimmt der Comedian mein Taschentuch entgegen. »Äh …«

»Ich dachte, wegen des Schnupfens.«

»Was meinen Sie?«, fragt er.

»Na ja, Ihre Nase. Sie sind erkältet, oder? Ich dachte, Sie brauchen vielleicht ein Taschentuch. Zum Naseputzen.«

»Naseputzen? Hier?« Er zieht ein weiteres Mal die Nase hoch und steckt das Tuch weg. Etwas verwundert ziehe ich ein zweites Tuch aus meiner Tasche und schnäuze mir dezent die Nase. Jetzt wirft mir Kyoko einen völlig entgeisterten Blick zu. Ich halte inne. Wenn meine Zimmernachbarin die Kontrolle über ihre Gesichtszüge verliert, muss ich wirklich einen schlimmen Fehler gemacht haben.

»Was ist denn los? Sie sehen aus, als hätten Sie ein Gespenst gesehen!«

»Ha ha ha!« Henry kriegt sich nicht mehr ein vor Lachen. »Gib mir auch eins!« Er streckt mir seine Hand entgegen. Ich reiche auch ihm ein Taschentuch hinüber und verfolge, wie er sich laut schnäuzend die Nase putzt. Mittlerweile ruht die Aufmerksamkeit der umliegenden Tische auf uns. Etliche Japaner scheinen verwundert, einige von ihnen schütteln die Köpfe und blicken pikiert zur Seite.

»Kann mir mal jemand sagen, was hier los ist?«, frage ich erstaunt.

»Nun, sagen wir es so: In der japanischen Kultur schickt es sich nicht, ein Taschentuch in der Öffentlichkeit zu verwenden«, antwortet Kyoko.

»Ach, aber laut die Nase hochziehen geht, oder wie?«, platzt Henry heraus.

»Sich bei Tisch die Nase zu putzen ist einfach unangenehm.« Kyoko macht ein spitzmäusiges Gesicht.

»Die Nase hochzuziehen auch.« Henry und Kyoko blicken sich mit starrer Miene an. »Sie müssten sich doch langsam an die japanischen Tischsitten gewöhnt haben«, sagt Kyoko leise.

»Wollen Sie damit sagen, ich habe keine Manieren?«, braust Henry auf. »Ich jedenfalls schlürfe nicht beim Essen und ziehe auch nicht die Nase hoch!«

»Erst durch das Schlürfen entfaltet sich das Aroma der *Ramen* richtig, außerdem ist es eine Respektbekundung dem Gastgeber gegenüber. Das macht man so, es ist ein Teil der japanischen Esskultur. Und sich bei Tisch die Nase zu putzen, ist wirklich ungehörig.«

»Für Sie vielleicht. In unserem Kulturkreis putzt man sich die Nase, anstatt sie hochzuziehen. Und schlürfen tut man auch nicht.« Gerade als Kyoko antworten will, ertönt ein lauter Song aus den Boxen. Verwundert blicke ich auf, denn etliche Kellner und Passagiere von den anderen Tischen stehen auf und kommen zu uns herüber.

»Happy birthday to you, happy birthday to you!«, tönt eine eigenwillige Songinterpretation des bekannten Geburtstagsliedes durch den Saal. Sowohl die Kellner als auch die Passagiere klatschen begeistert in die Hände. Henry grinst und bedankt sich.

»Hast du etwa Geburtstag?«, rufe ich zu ihm hinüber.

»Ja. Und ich werde jetzt etwas tun, was ich schon lange machen wollte«, antwortet er und springt auf, klettert auf seinen Stuhl, um von dort auf den Tisch zu steigen und zwischen den Schalen ein Tänzchen aufzuführen. Wild dreht er sich im Kreis. Kyoko beobachtet ihn mit steinerner Miene.

»Ich glaube, für mich ist es Zeit zu gehen.« Sie faltet ihre Serviette ordentlich zusammen, legt sie auf den Tisch und blickt mich an. »Entschuldigen Sie vielmals, aber ich muss mich jetzt leider verabschieden. Ich möchte nicht unhöflich sein, aber bei diesem Benehmen laufe ich Gefahr, es zu werden.« Ohne einen weiteren Kommentar verlässt Kyoko nach einer kurzen Verbeugung trippelnden Schrittes den Speisesaal, während Henry sich immer noch auf dem Tisch um seine eigene Achse dreht. Die Kellner – die meisten von ihnen sind keine Japaner, sondern stammen aus Südamerika und Indonesien – lassen sich von seiner Begeisterung anstecken und klatschen weiter in die Hände. Einige Passagiere stimmen zaghaft in den Gesang mit ein, die meisten aber setzen sich brav wieder auf ihre Stühle. Als Henry endlich von dem Tisch hinabsteigt, drücke ich ihm links und rechts einen Kuss auf die Wange.

»Happy birthday«, füge ich hinzu und lache ihn an.

»Manchmal macht es mir einfach Spaß, die Japaner zu provozieren. Die müssen doch auch mal rauskommen aus ihrer Komfort-Zone!«, flüstert er mir kichernd ins Ohr. Immerhin Gaki scheint angetan zu sein und macht das Victoryzeichen.

Nach dem Essen spaziert sie gemeinsam mit mir wieder zurück in unsere Kabine, die wir leer vorfinden. Da mir nun auch niemand bei der Übersetzung helfen kann, ist es mir nicht möglich, Gaki zu erklären, dass ich eigentlich keine Lust auf einen Mangafilm habe. Aber versprochen ist versprochen. Begeistert steckt sie die DVD in ihren Laptop und bedeutet mir, neben ihr auf dem Bett Platz zu nehmen. Zum Glück gibt es englische Untertitel. *Card Captor Sakura – die versiegelte Karte*, läuft der Titel über den Bildschirm, es ertönt dramatische Musik. Ich werfe einen Blick auf Gaki, die gespannt auf den Bildschirm starrt und verfolgt, wie ein Mädchen mit riesigen Augen, es muss sich um Sakura handeln, mit einem Satz vom Erdball aus ins Weltall springt, um sich vor verschiedenen Monstern in Sicherheit zu bringen, die ihr folgen. Mit Hilfe ihres magischen Stabs gelingt es Sakura trotz der Überzahl der Gegner, diese in wenigen Minuten zu besiegen.

Gaki zeigt auf ihre eigene Brust, dann formt sie mit den Händen ein Herz. Ich liebe Manga, soll das wohl heißen. Ich gähne und verfolge weiter den Film. Die Handlung plätschert dahin. *»Ich spüre es deutlich, ich habe mein Herz verloren, es gehört mir nicht mehr. Ich weiß doch genau, ich darf mich nicht in ihn verlieben, aber ich kann meine Gefühle nicht verleugnen und mein Herz nicht betrügen, ich kann sein strahlendes Lächeln einfach nicht vergessen. Ich möchte ihm gegenüberstehen, ihm ins Gesicht sehen und ihm sagen, was ich für ihn fühle«*, sinniert die Comicheldin mit ihren weit aufgerissenen Riesenaugen vor sich hin. Die Szene wechselt, doch ich bin schon eingeschlafen und träume von Raffaele, der in Form eines kitschigen Prinzen erscheint und eine magische Karte schwingt.

Lost in Translation, oder: Warum die Japaner Manga und Anime lieben

Eine Kolumne von Dana Phillips

Liebe Komplizinnen! Sie haben noch nie etwas von Manga gehört? Dann denken Sie einfach mal an Comicfiguren mit großem Kopf und riesigen Kulleraugen, ganz im Kindchenschema. Manga sind nämlich japanische Comics. Wörtlich übersetzt allerdings steht »Manga« für ein zwangloses, ungezügeltes Bild. Die Comics werden, so wie in Japan üblich, von rechts nach links und von oben nach unten gelesen. Ob Romantik oder Drama, Horror oder Fantasy – für jeden Geschmack ist etwas dabei. Und auch wenn Sie vielleicht denken, dieser Trend sei ganz plötzlich aufgekommen: Tatsächlich gibt es die Manga in Japan schon seit Urzeiten. Der älteste Comic dieser Art wurde schon zwischen dem 12. und 13. Jahrhundert entdeckt. So wie wir sie heute kennen, gibt es Manga allerdings erst seit dem 20. Jahrhundert. Einer der einflussreichsten Wegbereiter war Osamu Tezuka, der nicht nur die Grundlagen des aktuellen Manga-Stils schuf, sondern auch die Basis für die moderne Anime-Industrie, die japanischen Animationsfilme.

Auch wenn man auf den ersten Blick auf die Idee kommen könnte, Manga seien nur etwas für Kinder, ist die Mehrzahl der Fans jedoch bereits volljährig.

Aber was macht die Faszination Manga eigentlich aus? Was steckt hinter den Comicgeschichten rund um Schulmädchen und kindliche Helden? Es sind schlicht und ergreifend simple Bedürfnisse, die in den Comics angesprochen werden und mit denen sich die Leser leicht identifizieren können: Freundschaft, Liebe oder Selbstverwirklichung. Auch der Plot ist schnell erzählt: Stets verteidigt der Held das Gute, sollte er dennoch versehentlich ins Jenseits befördert werden, ist die Auferstehung sicher nicht weit. Manga werden übrigens nicht nur gelesen; zahlreiche Fans zeichnen ihre Helden auch selbst, wer weniger begabt ist, kann in der Buchhandlung ein Manga-Malbuch erstehen. Im Internet gibt es Foren, in denen die Mangazeichner ihre *Fanarts* hochladen und von anderen Künstlern bewerten lassen. Nicht zu vergessen die großangelegten Treffen, sogenannte *Conventions*, auf denen sich Mangafans zusammenfinden, um die Comic- und Filmhelden aus dem Land der aufgehenden Sonne nachzuahmen. Schrill und bunt geht es dabei zu, leben die Fans ihre Fantasien doch in teilweise bizarren Kostümen aus, mit denen sie bei *Cosplay-Wettbewerben* gegeneinander antreten. Gewinner ist, wer den Titelhelden in Kleidung und Verhalten möglichst genau nachahmt.

Mittlerweile geht der Manga-Kult so weit, dass Experten die Bewegung sogar als Rettung der deutschen Comic-Verlage bewerten. In Japan geht sogar das Gerücht um, dass dort mehr Papier zum Drucken von Comics als zur Produktion von Toilettenpapier verbraucht wird. Naja, falls die Rolle überraschend leer ist …

Sayonara! Ihre Dana

9

Gericht:	*Kartoffelbrei*
Japaner des Tages:	*SandiiBunBun*
Place to be:	*Tikki-Deck*
Erkenntnis:	*Zu viel Freizeit kann schädlich sein!*

Noch vier Tage bis Tahiti. Im Verlauf der Reise ist der Wellengang weniger, das Wetter besser geworden. Die Tagesabläufe auf dem *Peaceboat* folgen inzwischen einer Routine. Die vier Mahlzeiten werden von Kursen wie »Lasst uns romantische Geschichten erfinden«, »Freut euch auf Hula Hoop« oder »Lernt blauäugige Japaner kennen« unterbrochen. Abends nehmen wir einen Aperitiv an Deck, dann folgt eine Tanzstunde beim japanischen Salsalehrer, ein Rundgang über Deck bei Mondschein, bevor wir uns *Oyasuminasai*, eine gute Nacht wünschen und in unsere Kabinen zurückkehren. Trotz des starken Windes brennt inzwischen die Sonne vom Himmel, so dass viele der Japaner einen Großteil des Tages im Inneren des Schiffes verbringen und Schutz in den abgedunkelten Kabinen suchen. Voller Vorfreude darüber, endlich einen entspannten, seekrankheitsfreien Tag genießen zu können, creme ich mich ein, setze meine Sonnenbrille auf und laufe Richtung Jacuzzi-Deck, um es mir auf einer der weißen Plastikliegen bequem zu machen. Ich habe ein Buch dabei, aber statt zu lesen starre ich einfach nur auf den Ozean. Er liegt in einer großen, ruhigen Fläche vor mir. Ich kann mir immer noch nicht erklären, weshalb dieser Ausblick nicht langweilig wird. Tief atme ich die salzige Meeresluft ein. Erst nachdem eine volle Stunde vergangen ist, stehe ich auf und steige die Treppe zum neunten Deck hoch. Im Poolbereich herrscht statt der erwarteten Stille reges Treiben. Es gibt bereits Mittagessen, eine Gruppe Japaner läuft, jeder von ihnen ein Tablett mit einer Portion Algensalat in der Hand, an mir vorbei. Auf der Bugseite der Kunstrasenfläche wird eifrig Origami gefaltet. Zwischen Pool und Actors-Bar entdecke ich Gaki, die mit ein paar jungen Leuten ein großes Holzkonstrukt zusammenbaut; neben ihnen steht Kyoko und schießt eifrig ein paar Fotos. Heckwärts, im hinteren Becken, absolviert ein älterer Mann sein Schwimmtraining. Sich selbst hat er mit einem Gummiband, das um seinen Körper geschlungen ist, an der Leiter festgekettet, die ins Wasser hinabführt. Ein schlauer Trick, um auch in einem Zwei-mal-zwei-Meter-Becken die übliche Trainingseinheit ableisten zu können. Außerdem kommt es dem generellen Bedürfnis der Japaner nach Absicherung entgegen. Mit lautem Getöse öffnet sich die gläserne Überdachung des Pooldecks, das nun von Sonnenstrahlen überflutet wird. Über mir auf der Joggingstrecke findet gerade ein Nordic-Walking-Kurs statt, während sich neben mir ein paar Japanerinnen, zu denen auch Kyoko gehört, im tahitianischen Hula-Outfit angeregt unterhalten. Von Ruhe und Entspannung kann jedenfalls keine Rede sein. Ich trete zu der kleinen Gruppe die sich um Kyoko gescharrt hat.

»Konnichiwa! Guten Tag.« Meine neue Mitbewohnerin dreht sich zu mir um. »Da sind Sie ja! Ich habe schon nach Ihnen Ausschau gehalten.«

»Was ist denn hier los?«, frage ich, immer noch leicht irritiert um mich blickend. Kyoko lächelt. »Haben Sie noch nichts von unserem Sommerfest gehört? Wir sind alle beschäftigt mit den letzten Vorbereitungen.«

»Sommerfest?«, frage ich erstaunt. »Aber wir haben Januar, wieso feiern wir ein Sommerfest?«

»Mit unserer Ankunft in Tahiti wird es endgültig warm werden. Wir überqueren den Äquator und befinden uns dann in südlichen Gefilden. Grund genug, um zu feiern! Außerdem hat das Sommerfest in Japan lange Tradition. Es findet, je nach Region, im Juli oder August statt, das ist übrigens auch die Zeit, in der unsere verstorbenen Vorfahren wieder auf die Erde zurückkehren.« Ich bin versucht, sie zu fragen, ob es nicht Sinn machen würde, während einer Weltumrundung die Traditionen und Gebräuche der Länder zu zelebrieren, in die man reist, statt die eigenen wohlbekannten Sitten und Gebräuche zu wiederholen. Aber bevor ich auch nur dazu komme, zieht mich Kyoko am Ärmel.

»So. Und jetzt kommen Sie, wir müssen uns beeilen!«

»Beeilen? Wo müssen wir denn hin?« Ich habe mich immer noch nicht daran gewöhnt, dass die Japaner auch während des Urlaubs auf einem Kreuzfahrtschiff einem straffen Zeitplan folgen. Nicht, dass ich es wagen würde, so etwas laut zu äußern, aber ich vermute sogar, dass sie richtiggehend Angst vor freier Zeit haben. Sie machen alles, Hauptsache, sie müssen sich nicht mit sich selbst beschäftigen. Anders lassen sich die seltsamen Freizeitaktivitäten hier an Bord nicht erklären. Und Kyoko ist bei allen Veranstaltungen ganz vorne mit dabei. Ich hingegen amüsiere mich darüber, dass man sich unnötigerweise so einem Stress aussetzen kann, wo doch am Jacuzzi so viele freie Liegen stehen, die zum Relaxen einladen.

»Gleich ist Hula-Tanzstunde! Ich habe uns angemeldet! Immerhin tritt heute Abend die Tahitianische Sängerin SandiiBunBun auf. Und mit ihr eine Tanzgruppe.« Erst jetzt fällt mir auf, dass Kyoko ein merkwürdiges Outfit trägt. In ihrer traditionellen Frisur steckt eine tahitianische Plastikblume – es ist mir schleierhaft, wo sie sich die besorgt hat. Ihr Körper wird von einem sonnenblumengelben Hula-Kleid umhüllt, während ihre Füße wie gewohnt in traditionellen japanischen Holzsandalen stecken. Um das Gesicht vor der Sonne zu schützen, hat sie sich zudem eine blaue Schirmmütze aufgesetzt. In diesem Aufzug marschiert sie los und mir bleibt nichts anderes übrig, als ihr zur Hula-Stunde auf dem Tikki-Deck zu folgen. Kyoko kann trotz ihrer japanischen Sanftheit sehr durchsetzungsfähig sein. Wenigstens zwingt sie mich nicht, ein Baströckchen anzuziehen. Aber ich bin mir sicher, das kommt noch. Als wir das Tikki-Deck erreichen, stehen die restlichen Kursteilnehmer schon auf ihren Startpositionen. Die Tanzlehrerin, eine zierliche Frau, ebenfalls im gelben Kleid, scheint nur auf Kyoko gewartet zu haben, denn als wir auftauchen, läuft sie leichtfüßig zur Stereoanlage, um sie anzustellen. Kyoko huscht, unter Andeutung zahlreicher Verbeugungen, die von allen Seiten erwidert werden, auf eine freie, zentrale Position in der Mitte der Formation und bedeutet mir, mich ganz am anderen Ende des Pooldecks neben drei älteren Japanerinnen einzureihen. Wahrscheinlich, damit ich niemandem im Weg stehe. Dann erklingen die ersten Ukulele-Töne des tahitianischen Gassenhauers *»Vahine tapone monkey man«*.

»Aueuae vahhinnee taaponeee aueuaue aloaha hae hae«, haucht die Sängerin SandiiBunBun noch vom Band aus den Boxen, während die Tänzer versuchen, die nicht vorhandenen Hüften kreisen zu lassen. Was sich beim bloßen Zuschauen so leicht belächeln lässt, ist – das stelle ich nun schnell fest – körperliche Schwerstarbeit. Es ist gar nicht so einfach, zierliche Schrittchen nach links zu machen, die Hüfte nach rechts kreisen zu lassen und mit den Armen wellenförmige Bewegungen auszuführen, sie dann in die Höhe zu strecken und sich gleichzeitig bei rhythmischem Schütteln des Beckens im Kreis zu drehen. Aus den Augenwinkeln beobachte ich einen alten Japaner, sicher um die neunzig, der dabei ist, seinen künstlichen Gelenken alles abzufordern. Eifrig streckt er den einen Arm aus, dann den anderen, und sieht dabei mit Sicherheit geschmeidiger aus als ich. Insgesamt, so fürchte ich, geben wir kein sonderlich elegantes Bild ab. Das, was wir hier fabrizieren, wirkt eher, als würden wir von zwei unsichtbaren Tanzpartnern hin- und hergezerrt. Gerade als mir die Luft ausgeht und ich aufgeben will, verliert der alte Mann das Gleichgewicht und fällt auf seinen Allerwertesten. Anstatt aber sitzen zu bleiben oder die Tanzfläche zu verlassen, steigt er, nachdem man ihm aufgeholfen hat, sofort wieder in den Gruppentanz ein. Ohne Gesichtsverlust kann ich mich nach dieser Einlage ganz sicher nicht aus dem Staub machen. Mittlerweile bin ich ganz schön ins Schwitzen geraten, mein Shirt klebt mir am Rücken, Kyoko hingegen sieht immer noch aus wie aus dem Ei gepellt. Mit kleinen Schritten nähert sie sich meinem Platz und fächelt mir etwas Luft mit einem japanischen Fächer zu.

»Für die Performance heute Abend hätten Sie vielleicht etwas länger trainieren sollen.« Sie klingt streng. »Denken Sie daran, pünktlich zum Kimono-Tragen zu erscheinen. Ich habe Ihnen etwas Hübsches genäht.« Ich merke wie meine Gesichtszüge einfrieren. Was für eine Performance? Und wieso soll ich einen Kimono tragen? Kyokos Antwort lässt jeden Fluchtversuch sinnlos erscheinen: Der Hula-Tanz soll zu einer Liveperfomance der tahitianischen Sängerin SandiiBunBun aufgeführt werden. Beim gemeinsamen Lunch zückt Kyoko ihren Kalender.

»Heute Nachmittag kommen Sie dann zu meinem Self-planned-Event »Lasst uns Yukata tragen!«. Stellen Sie sich vor, die jungen Japaner wissen überhaupt nicht mehr, wie man ihn richtig bindet, und schon gar nicht, wie die traditionelle Schleife am Rücken zustande kommt. Oft haben sie fertige Modelle, die sie sich einfach umhängen. Dasselbe ist das nicht.« Jetzt werde ich doch neugierig.

»Was ist denn so schwierig daran, einen Yukata anzuziehen? Und worin unterscheidet er sich genau von einem Kimono?«

»Der Yukata ist der Kimono für den Sommer. Er ist nicht so kompliziert zu binden und auch einfacher herzustellen. Sehen Sie

Herrn Watanabe dort drüben, der gerade Richtung Actors Bar läuft? Er fertigt Kimonos. Großproduktion. Ich nähe Yukata. Mit der Hand! Ohne Maschine brauche ich eine Nacht pro Stück.«

»Und was machen Sie mit den ganzen Yukata? Verkaufen?«

»Nein, ich habe einen Großteil verschenkt, ich kann ja nicht alles aufheben. Aber während meiner Karriere als Tänzerin brauchte ich Kleidung in den verschiedensten Mustern und Farben. Ich suche später mal ein paar Yukata heraus, damit Sie sie ansehen können, sie sind wunderschön!« In düsterer Vorahnung, dass das Sommerfest betreffend noch einiges auf mich zukommen wird, überquere ich den grünen Kunstrasen. Am Buffet hat sich mittlerweile eine Schlange gebildet. Immer noch leicht verschwitzt, reihe ich mich zwischen die Japaner ein. Wie jeden Tag gibt es Salat mit Sesamsoße, rohen Rettich, Algen, frittierte Fischstücke, Misosuppe, Reis und zur Freude meines Körpers, der schon Kohlenhydratentzugserscheinungen hat, Kartoffelbrei!

Nach zwei Wochen mit ausschließlich japanischer Küche und Dinner-Menüs, die bei vier Gängen trotzdem insgesamt nur um die sechshundert Kalorien haben, fange ich angesichts von ein wenig Kartoffelstärke an zu drängeln, was wahrscheinlich keiner der vor mir stehenden Japaner verstehen kann. Umso erstaunlicher, dass sich der Alubehälter, in dem sich das Püree befindet, mit erschreckender Geschwindigkeit leert. Als ich an der Reihe bin, klebt nur noch ein winziger Rest in der linken Ecke, den ich enttäuscht auf meinen Teller kratze. Gerade als ich ins Freie hinaustreten und mich unter einem der blau-weißen Sonnenschirme niederlassen will, sehe ich aus dem Augenwinkel, wie eine Küchenhilfe frisches Püree bringt. Kurz entschlossen drehe ich um und steuere erneut auf das Buffet zu. Die Zahl der Wartenden hat sich inzwischen verdoppelt. Hungrig umrunde ich meine Mitreisenden. Ich möchte unbedingt Kartoffelbrei, verspüre aber nicht die geringste Lust, mich noch einmal eine halbe

Stunde anzustellen, und suche daher die Schlange nach einem bekannten Gesicht ab. Ganz vorne, fast schon am Kartoffelbrei, entdecke ich einen wild frisierten Schopf. Es ist Riku, der Übersetzer, den Kyoko mir bei der Orientation gezeigt hat. Mein Tablett fest in den Händen, eile ich auf ihn zu.

»Entschuldigung«, rufe ich ihm, als er sich gerade über den frittierten Fisch beugt, über die Schulter ins Ohr. Aber er scheint nicht zu hören. »Haaallo!« Riku dreht sich um.

»Oh, hallo! Du musst die deutsche Journalistin sein. Ich bin der Übersetzer hier an Bord, Riku.« Er rückt ein Stück näher an den Kartoffelbrei. Das ist meine Chance.

»Sag mal, könntest du mir schnell ein wenig von dem Püree auf den Teller tun?« Ich halte ihm freundlich lächelnd mein Tablett entgegen. Riku schaut mich verstört an. »Das geht nicht. Tut mir leid.«

»Wie, das geht nicht? Na, komm schon!« Riku schüttelt erneut den Kopf, schaufelt sich die gelbe Masse auf seinen Teller, verlässt das Buffet und läuft an mir vorbei zu einem Tisch, um sich dort niederzulassen. Vor lauter Fassungslosigkeit bleibe ich wie Lots Weib zur Salzsäule erstarrt stehen.

»Hey, das kannst du doch nicht machen, weshalb hast du mir denn keinen Kartoffelbrei gegeben?«, rufe ich ihm nach.

Er lächelt, dreht sich noch einmal um und sagt: »Das wäre wahnsinnig unhöflich! Schau doch mal, alle anderen stellen sich in der Schlange an und warten, bis sie dran sind. Was würden die von mir denken, wenn ich dir einfach außer der Reihe etwas vom Buffet gebe?« Er schüttelt den Kopf. »Das geht wirklich nicht. Hier nimmt sich der Einzelne hinter der Gruppe zurück, es würde ein schlechtes Licht auf mich werfen.« Unverrichteter Dinge und wohl oder übel gezwungen, mich noch einmal eine halbe Stunde anzustellen, trotte ich von dannen. Anstatt sich mit mir zu verbrüdern, ist Riku mir sofort in den Rücken gefallen.

Mir ist jedenfalls der Appetit vergangen. Ich stelle mein Tablett ab und mache mich auf die Suche nach Henry, dem einzig wahren Verbündeten, den ich auf diesem Schiff habe, und der gemeinsam und heimlich mit mir die Regeln bricht. Ich finde ihn hinter der Bar auf dem Tikki-Deck, am ruhigsten Platz auf dem ganzen Schiff, denn nur ab und zu und nur in warmen Gefilden werden hier tagsüber Getränke verkauft. Wenn nicht gerade die Hula-Tanzstunde stattfindet, ist hier kaum ein Mensch. Die meiste Zeit kann man also, an die Rückwand der Bar gelehnt, auf den warmen Holzbohlen sitzen und ungestört den Pazifik beobachten. Henry sitzt, die Hände über das zerknitterte Hawaiihemd gefaltet, die Augen geschlossen, auf dem Boden und reckt sein Monchichi-Gesicht der Sonne entgegen. Das graue Haar steht ihm wie ein Heiligenschein vom Kopf ab. Er hört mich nicht, aber als mein Schatten auf sein Gesicht fällt, schreckt er auf. Fast scheint er erleichtert, als er erkennt, dass ich es bin. Ich lasse mich neben ihm auf dem Holzdeck nieder.

»Ach, du!«

»Ja, ich! Vor wem versteckst du dich denn hier?«

»Vor deiner Mitbewohnerin. Mann, ist die hartnäckig.«

»Kyoko? Was will sie denn?«

»Sie will unbedingt, dass ich an der Teezeremonie teilnehme, die sie wegen des Sommerfests veranstaltet. Dabei weiß sie doch genau, wie sehr ich festgelegte Abläufe und Regeln hasse. Und eine Teezeremonie besteht aus nichts anderem! Aber sie muss ja unbedingt versuchen, doch noch einen Japaner aus mir zu machen.«

Kyokos self-planned-event! Den hatte ich völlig vergessen. Genau jetzt wollte sie mir den Yukata anziehen, den ich auf dem Sommerfest tragen soll.

»Kyoko! Die habe ich fast vergessen!« Ich stehe auf, putze mir den schwarzen Ruß von den Händen, der regelmäßig aus dem

Schornstein des Schiffes auf uns herunterrieselt und das Tikki-Deck mit einem dünnen Film überzieht. Ein weiterer Grund, weshalb der Platz nur mäßig gefragt ist. Aber Henry stört das nicht, im Gegenteil, fast provokant streckt er die tiefschwarzen Fußsohlen von sich, während ich ihm noch einmal zuwinke und mich dann entferne. Schnell laufe ich die Treppe am Außendeck hoch, überquere das Jacuzzi-Deck, schlüpfe durch eine der schweren Holztüren zurück ins Schiff und erreiche wenig später die Actors Bar, die zu dieser Uhrzeit verlassen daliegt. Kyoko sitzt schon dort und wartet, unbeweglich, mit kerzengerader Haltung. Natürlich ist ihrem Gesicht kein Vorwurf über meine Verspätung zu entnehmen; stattdessen lächelt sie und deutet eine Verbeugung an, aber ich weiß es mittlerweile besser und entschuldige mich, wie es sich gehört, ebenfalls unter zahlreichen Verbeugungen. Kyokos Lächeln verbreitert sich.

»Kommen Sie, wir gehen nach unten in die Kabine, ich habe Ihnen einen besonders schönen Yukata ausgesucht.«

Sie erklärt mir, dass im Sommer auch außerhalb der *Onsen*, der Bäder bei den heißen Quellen, statt der Kimonos die dünneren Yukata getragen werden.

»Ach, apropos. Ich habe in Tokio ein *Onsen* besucht. Allerdings habe ich den Yukata dort irgendwie falsch getragen. Jedenfalls kam eine Japanerin auf mich zu und hat ihn anders gebunden, als ich ihn mir umgelegt hatte. Wissen Sie, was es damit auf sich hat?«

»Aber natürlich. Wahrscheinlich haben Sie ihn falsch herum getragen. Das passiert Ausländern häufig. Es ist wichtig, dass die linke Seite des Yukata über der rechten liegt. Rechts über links zieht man den Yukata nur Toten an.«

»Oh. Das kann natürlich sein. Deshalb hat mich die Dame so bestürzt angesehen. Da muss man aber auch einiges beachten.«

»Das stimmt. Und was genau, werde ich Ihnen gleich zeigen.«

Wir erreichen unsere Kabine. Kyoko hat schon alles vorbereitet. Alle Utensilien, die man braucht, um das kaftanartige Kleidungsstück zu tragen, liegen fein säuberlich auf der Matratze gestapelt. Vorsichtig kniet Kyoko vor dem Bett nieder und faltet den leuchtend blauen Stoff, der mit weißen Vögeln bedruckt ist, auseinander. Sie nimmt den rot-weiß-gestreiften *Obi*, den Gürtel, mit dem man den Kimono in der Taille fixiert, wickelt ihn auseinander und zeigt ihn mir stolz, bevor sie ihn zur Seite legt. Dann reicht sie mir eine Art Unterkleid und hilft mir, hineinzuschlüpfen. Sie betrachtet mich von oben bis unten, unzufrieden vor sich hinmurmelnd umrundet sie mich. Irgendetwas scheint sie zu stören. Ich fühle mich wie auf Fleischbeschau. Nach einer Weile lässt sie von mir ab, verschwindet wortlos im Badezimmer und kehrt mit einem der Handtücher aus dem Schiffsbestand zurück. Kyoko macht Anstalten, mir das Handtuch um den Bauch zu wickeln, so als wollte sie mich ausstopfen.

»Kyoko, was machen Sie denn?« Ich versuche sie davon abzuhalten, mir das Frottee umzuschlingen. »Sie müssen mich doch nicht dicker machen, als ich schon bin! Das einzig Gute daran, dass es hier ständig Fisch, Reis und Algen gibt, ist doch schließlich, dass ich abgenommen habe.« Aber während ich noch protestiere, hat Kyoko mir schon hurtig das Handtuch um den Körper geschlungen und mit ein paar schmalen Bändern befestigt.

»Tut mir leid, Sie sind einfach zu dünn an der Taille. Das sieht nach nichts aus.«

»Wieso sieht das nach nichts aus, das verstehe ich nicht. Es ist doch gut, Taille zu haben.«

»Was den westlichen Modegeschmack angeht, ja. Für das Tragen eines Kimonos eindeutig nein. Wir Asiaten sind sehr gerade gebaut, und danach ist auch die Form des Kimonos ausgerichtet. Damit er richtig sitzt und nicht verrutscht, muss ich also dafür sorgen, dass Ihre Taille verschwindet.« Da ich keine Wahl habe, gebe ich klein bei. Kyoko lächelt, den Kopf gesenkt. »Wenn Sie jetzt noch zur Teezeremonie kommen könnten, die gleich beginnt, dann wäre mir das eine große Ehre! Sie findet in einer halben Stunde statt.« Natürlich kann ich Kyoko diesen Wunsch nicht abschlagen. Etwas schwerfällig laufe ich an Deck, es ist ein ungewohntes Gefühl, einen Yukata zu tragen. Da er relativ eng gebunden ist, kann ich nur kurze Trippelschritte machen, und ich weiß nicht, wie ich mich mit dem Gewand hinsetzen soll. Langsam schreite ich über die Holzplanken auf dem Tikki-Deck, begleitet von leicht irritierten Blicken der Japaner, die mir auf meinem Weg begegnen. Scheinbar haben sie noch nie eine Europäerin in einem Yukata gesehen. Einige von ihnen stecken die Köpfe zusammen und können ihre Überraschung nicht hinter der gebotenen Höflichkeit verstecken. Wir lächeln uns gegenseitig an und nachdem ich noch einen Moment auf die blaue See hinausgestarrt habe, greife ich mir Henry, der immer noch hinter der Tikki-Bar sitzt, und zwinge ihn dazu, gemeinsam mit mir an der Teezeremonie teilzunehmen.

»Sieht gar nicht so schlecht an dir aus, das japanische Gewand«, murmelt Henry, während er mich mustert. »Warte nur ab, bald verhältst du dich, wie eine waschechte Japanerin.« Er schmunzelt, während ich immer noch etwas unbeholfen hinter ihm her trippele. Kyokos Augen strahlen, als wir den Raum betreten, in dem die Teezeremonie stattfindet. Uns in die Geheimnisse der *Chado* einzuweihen, bedeutet ihr viel.

»Sie sollten sich während der Zeremonie auf sich selbst besinnen können«, erklärt sie. »Normalerweise betritt man den Raum durch eine sehr niedrige Tür. Das verlangt eine Haltung, die Demut erzeugt und steht für die erste Stufe zur Erleuchtung. Gesellschaftliche Unterschiede werden beim Überqueren der Schwelle zurückgelassen.« Ich schaue von einem Gast zum anderen. Henry hat klein beigegeben und sich dem Willen der zarten Japanerin gefügt. Kyoko ist in einen Kimono gehüllt, der von einem pinken *Obi* zusammengehalten wird. An dem Stoff hängt ein Teetuch. Auf ihren Befehl hin lassen wir uns am Rande der Tatami-Matten auf den Knien nieder. An die für Europäer unbequeme Sitzhaltung habe ich mich mittlerweile schon fast gewöhnt. Aus den Augenwinkeln beobachte ich die restlichen Passagiere, die ihre Teeschalen mit beiden Händen hochgehoben haben und aufmerksam betrachten. Unsicher hebe ich ebenfalls meine Schale. Kyoko nickt mir aufmunternd zu.

»Es ist wichtig, am Anfang der Teezeremonie die Schalen und Geräte gebührend zu bewundern«, erklärt sie. Aufmerksam beobachte ich, wie sie den Tee zubereitet. Es sieht so leicht aus, aber ich weiß, dass sie unzähligen Regeln folgt. Kyoko gibt *Matcha*, pulverisierten Tee, in meine Teeschale, gießt heißes Wasser auf und schlägt mit einem Bambusbesen den Tee schaumig. Nach einer Weile reicht sie mir die Schale und sagt lächelnd:

»Nehmen Sie sie entgegen und dann verbeugen Sie sich.« Ich folge ihren Anweisungen. »Jetzt sollten Sie sich mit einer Geste dafür entschuldigen, dass Sie den Tee angenommen haben. Als Nächstes drehen Sie die Schale drei Mal und bewundern die Malereien auf dem Porzellan. Dann trinken Sie den Tee in drei Schlucken. Wenn es Ihnen nicht gelingt, müssen Sie sich nicht schämen, dann sind nicht Sie unhöflich, sondern ich, weil ich Ihnen zu viel Tee eingefüllt habe. Normalerweise wird während dieses Vorgangs geschwiegen, deswegen werden auch wir das jetzt tun. Wenn alle ihren Tee getrunken haben, ist noch genug Zeit miteinander zu sprechen, allerdings sollten Themen, die uns außerhalb des Teehauses beschäftigen, auch dort bleiben.« Die folgenden Minuten herrscht Stille im Raum. Erst als der letzte der Anwesenden seine Teeschale abgestellt hat, beginnen wir wieder miteinander zu sprechen.

»Ich denke, Sie haben einen Eindruck davon bekommen, wie

viel bei einer Teezeremonie beachtet werden muss, damit Harmonie, Respekt, Reinheit und Ruhe, die vier Prinzipien auf denen alles basiert, gewährleistet werden können. Ich habe Jahre gebraucht, um alles zu lernen und eine Teezeremonie auf diese Art und Weise leiten zu können.« Kyoko bedeutet uns, aufzustehen. Bevor ich gehe, verbeuge ich mich tief vor ihr und den anderen Gästen. Sich für einen gewissen Zeitraum nur auf sich, den Tee und seine Sinne zu konzentrieren, hat durchaus etwas Meditatives.

»Sie sollten, wenn Sie können, öfter an einer Teezeremonie teilnehmen«, rät Kyoko mir, bevor ich den Raum verlasse. »Tee weckt den guten Geist und weise Gedanken. Er erfrischt das Gemüt. Wenn Sie niedergeschlagen sind, wird der Tee Sie ermuntern.«

Beruhigt und entspannt laufe ich mit kleinen Schritten über das Schiff, um mir anzuschauen, welchen Aktivitäten ich anlässlich des Sommerfestes nachgehen kann. Nicht ohne an jeder zweiten Ecke von ein paar Japanern angehalten zu werden, die sich mit mir fotografieren lassen wollen. Alle möchten ein Foto mit der Deutschen im Yukata. Ein wahres Blitzlichtgewitter. Knips hier, *cheese* da, hier noch ein Stück nach rechts, da noch mal Lächeln, mal werde ich in die Mitte genommen, dann wieder ziere ich die Fotos alleine. Langsam beginne ich zu erahnen, wie sich ein Popstar fühlen muss, nur dass ich weder Pop noch Star bin – aber dennoch werde ich vermutlich zukünftig an den Kühlschränken von tausend Japanern hängen.

Lost in Translation, oder: Wie man einen Kimono richtig trägt

Eine Kolumne von Dana Phillips

Liebe Komplizinnen! Einen Kimono zu tragen ist eine Kunst für sich. Aber ich kann Ihnen sagen, es lohnt sich! Denn die traditionelle japanische Kleidung ist ein echtes Schmuckstück, und man fühlt sich in ihm wie ein völlig anderer Mensch! An dem Sprichwort *Kleider machen Leute* ist im Falle des Kimono-Tragens also definitiv etwas dran! Sobald man in einen der wertvollen Stoffe gehüllt ist, bewegt man sich anders, man senkt das Köpfchen und trippelt ganz Geisha-like in kleinen Schritten – etwas anderes lassen die *Getas*, die klassischen Holzpantoffeln, auch nicht zu. Einen Kimono mit Würde zu tragen, das verlangt ein gewisses Maß an Körperbewusstsein. Und auch das Bewusstsein, dass es sich hier um ein geschichtsträchtiges Kleidungsstück handelt. Gerade für uns Westler ist es ein besonderes Erlebnis, den kaftanartigen, T-förmig genähten Stoff spazieren zu führen. Heute werden Kimonos und Yukata vor allem zu besonderen Anlässen getragen, denn Japan ist, zumindest was die Kleidung betrifft, in der Moderne angekommen. Schade, aber verständlich, denn einen Kimono sach- und fachgerecht zu tragen, kostet Geld und Zeit! Es gibt in Japan sogar eigens Lehrer, die ihren Schülern das Tragen von jahresgemäßen Stoffen und das Aussuchen und Binden des *Obi* beibringen, denn die meisten jungen Japanerinnen – und auch viele der alten – sind nicht in der Lage, einen Kimono alleine zu binden. Zu kompliziert! Wie gut, dass fast immer eine helfende Hand in der Nähe ist! Immerhin besteht ein komplettes Kimono-Outfit aus bis zu zwölf Teilen. Sie können sich also vorstellen, dass es auch bei mir eine ganze Weile gedauert hat, bis ich ordnungsgemäß gekleidet war. In Japan kann man übrigens sogar Anziehhilfen mieten, extra für Anlässe, bei denen man einen Kimono tragen muss. Praktisch ist auch, dass die Kimonos mehr oder weniger eine Größe haben. Sie passen daher allen und können gut untereinander getauscht werden, was wahrscheinlich ganz dem japanischen Gemeinschaftssinn entspricht. Dennoch gibt es wichtige Unterschiede, denn der Schnitt variiert, je nach Förmlichkeit des Anlasses. Inzwischen kann man für den Kauf eines Kimonos ziemlich viel Geld ausgeben. Wegen der kostbaren Materialien und weil den Japanern ihre Traditionen heilig sind, wird ein Kimono übrigens niemals weggeworfen, sondern höchstens wiederverwertet. Das würde erklären, weshalb sich bei Kyoko über die Jahre so viele wunderschöne Exemplare angesammelt haben, die sie sogar mit auf Weltreise nimmt. Kimonos wegzuwerfen ist in der japanischen Gesellschaft ein absolutes *No-Go*! Gott sei Dank, denn ich profitiere auf meiner Reise sehr davon. Vor allem, weil man als blonde Deutsche im Kimono auf einem japanischen Kreuzfahrtschiff für ziemliches Aufsehen sorgt!

Sayonara! Ihre Dana

10

Gericht: *Soba-Nudeln*
Japaner des Tages: *Haruki*
Place to be: *Moorea Island*
Erkenntnis: *Andere Länder, andere Sitten!*

Zwei Wochen sind wir nun schon auf See. Zwei Wochen, in denen wir nicht ein einziges Mal Land gesehen haben. Zwei Wochen, ohne dass eine Insel oder ein fremdes Schiff am Horizont aufgetaucht oder auch nur ein einziger Fisch an unserem Schiff vorbeigeschwommen ist. Nicht einmal ein Vogel hat sich blicken lassen. Nichts außer Wasser und Wellen, so weit das Auge reicht. Natürlich wusste ich, dass der Pazifik groß ist. Von seiner unermesslichen Weite hatte ich mir allerdings keinen Begriff gemacht. Erst so nach und nach wird mir klar, dass man hier, in der Mitte des Ozeans, wo es im Falle eines Notrufs Tage dauert, bis Hilfe kommt, wirklich auf sich selbst zurückgeworfen ist. Oder besser: Ich wäre theoretisch auf mich selbst zurückgeworfen, wenn es nicht meine japanischen Mitreisenden gäbe, die mit Feldstechern und Sonnenschirmen behängt, auf ihre Nordic-Walking-Stöcke gestützt, die Reling auf dem Sonnendeck belagern. Sie warten darauf, dass unser erstes Reiseziel sich aus dem Nichts vor uns erhebt: Tahiti.

Taaahiiiti! Hier und da hört man sie bereits voller Erwartung den Namen raunen, gefolgt von hellem Gekicher, hinter vorgehaltener Hand, denn es schickt sich nicht, beim Lachen die Zähne zu zeigen. Ganz bestimmt halten sie mich für eine ewig grinsende

Hyäne. Zumindest fühle ich mich neben ihnen zu laut und auffällig, zügellos und anarchistisch. Dabei bin ich nach deutschen Maßstäben gemessen relativ brav. Endlich zeichnen sich in der Ferne schemenhaft die Umrisse eines Eilands ab. Ungeduldig eile ich an den Bug unseres Schiffes. Dass die Insel in der nächsten halben Stunde nur unwesentlich näher rückt, macht mir noch einmal klar, welche Entfernungen unser Schiff jeden Tag zurucklegt. Auch die Distanz zwischen mir und den Japanern verringert sich nur mit unwesentlicher Geschwindigkeit. Eine Feststellung, die durch meine Begegnung mit Haruki, einem älteren Japaner in Tarnweste, noch bestärkt wird. Haruki gesellt sich während des Mittagessens zu mir und versucht Konversation zu betreiben, obwohl er außer »Ahhh Tahiti« kein Bröckchen Englisch spricht. Und »Ahhh Tahiti« ist natürlich genau genommen auch kein Englisch. Statt miteinander zu plaudern, bleibt uns also nichts anderes übrig, als dem jeweils anderen fasziniert dabei zuzusehen, wie er seine Nudeln isst. Ich mit der Gabel, was Misstrauen bei Haruki hervorruft, Haruki mit Stäbchen, was Bewunderung bei mir hervorruft. Ich versuche ebenfalls mit den *Hashi* zu essen, die ich regelmäßig auf mein Tablett lege, nur um sie anschließend zu ignorieren. Einen Moment lang beobachte ich Haruki beim Essen, um die Bewegungen nachvollziehen zu können, die er mit den Stäbchen macht. Das ist ihm sichtlich unangenehm, aber der subtile Seitenblick, den die Japaner praktizieren, um nicht durch einen zu direkten Blick aufzufallen, liegt mir nicht. Haruki klemmt geschickt einen Haufen Nudeln zwischen seinen *Hashi* ein, führt sie zum Mund und zieht sie zwischen den Zähnen hindurch. Vorsichtig nehme ich meine Stäbchen, benutzte sie wie eine Gabel und rolle die Pasta auf italienische Art sorgfältig auf, um sie dann in den Mund zu führen. Haruki beobachtet mich mit starrer Miene. Dann nimmt er sein Tablett und schlurft davon, um sich an einem möglichst weit entfernten Tisch niederzulassen. Meine

Art, mit Stäbchen zu essen, entspricht ganz offensichtlich nicht der Etikette. Genau in diesem Moment erheben sich auf der anderen Seite des Schiffes zwei bergige, grünbewaldete Inselspitzen. Sie sind von Dunst umhüllt und von einer so steinzeitlichen Aura umgeben, dass es mich nicht wundern würde, beim Näherkommen einen Dinosaurier zu entdecken, der in der Brandung planscht. Während ich auf das Eiland starre, merke ich, wie jemand neben mir an die Reling tritt. Es ist Riku.

»Sorry wegen des Kartoffelbreis neulich. Weißt du, wenn man in Japan lebt, muss man sich an die Sitten halten.« Ich beschließe, nicht nachtragend zu sein, zumal Henry in wenigen Stunden von Bord gehen wird.

»Ist das Tahiti?«, sage ich daher mit fröhlichem Lächeln und zeige vor mir in die Ferne. »Das hatte ich mir größer vorgestellt.«

»Nein. Er schüttelt den Kopf. Das ist Moorea, die Insel kurz vor Tahiti. Sie hat ganz tolle Strände.« Dann klatscht er in die Hände. »Ich weiß ja nicht, wie es dir geht, aber ich kann es wirklich kaum erwarten, an Land zu kommen! Ich hätte nicht gedacht, dass man sich so darüber freuen kann, festen Boden unter den Füßen zu haben.«

Ich strahle ihn an. Endlich jemand, dem es auch so geht wie mir. »Ja! Und etwas anderes zu essen! Ich meine, ich habe mich ja mittlerweile an die japanische Küche gewöhnt, finde sie sogar richtig gut. Und kalorienarm ist sie auch noch. Aber nach zwei Wochen Reis und Fisch habe ich das Gefühl, ich würde für ein Stück Käse, ein ordentliches Stück Fleisch und für alles, was aus Weizenmehl gemacht ist, Morde begehen.«

Sehnsüchtig schaut Riku erneut Richtung Land. »Weißt du schon, was du morgen machen willst? Nimmst du an einer der geführten Touren teil?« Das *Peaceboat* bietet den Teilnehmern bei jedem Landgang an, gegen extra Gebühren Ausflüge ins Landesinnere zu unternehmen. Ich schüttle den Kopf.

»Nein. Ich möchte auf jeden Fall den Strand sehen. Die ganzen letzten Tage habe ich mich schon auf Tahiti gefreut. Allein der Name klingt verheißungsvoll. Außerdem war ich noch nie an einem dieser paradiesischen Strände, die man aus der Bacardi-Werbung kennt. Hast du Tahiti mal gegoogelt, bevor wir losgefahren sind? Der weiße Sand und die Palmen, unglaublich!«

»Ich will dich ja nicht enttäuschen, aber auf Tahiti gibt es keine Strände, wie du sie dir vorstellst. Die sind auf Moorea. Und dort kommt man nur mit dem Boot hin.« Die Aussicht, direkt nach Verlassen des *Peaceboats* wieder ein Schiff zu besteigen, ist wenig verlockend, aber mir bleibt, wenn ich wirklich unter Palmen an weißen Sandstränden entlangwandeln und Milch aus aufgeschlagenen Kokosnüssen trinken möchte, nichts anderes übrig. Wobei ich nicht genau weiß, ob es hier überhaupt Kokosnüsse gibt.

Gemeinsam spazieren wir noch einträchtig eine halbe Stunde an Deck auf und ab.

»Schau mal, da! Ein Delfin!« Riku zeigt aufgeregt vor sich ins Wasser. Und tatsächlich: Langsam und träge schwimmt der graue, gebogene Leib neben uns her, kaum zu erkennen. Nur einmal hievt er sich mühsam aus dem Wasser, um sich mit einem lauten Klatscher wieder in die Wellen fallen zu lassen, was ein umgehendes Blitzlichtgewitter seitens der Japaner zur Folge hat. Das erste Mal, dass ich einen Delfin sehe, hatte ich mir irgendwie beeindruckender vorgestellt. Langsam laufen wir in den Hafen von Papeete ein, der streng genommen überhaupt kein Hafen ist, sondern nur ein schmales Becken mit einem Anlegesteg, an dem ein paar Yachten ankern. Ein hölzernes Schiff mit rostroten Segeln eskortiert uns die letzten Meter des Weges. So stelle ich mir ein Piratenboot vor, nur gibt es die vor Tahiti nicht, und wahrscheinlich sind die Seeräuber eh nur noch in meiner romantischen Vorstellung so unterwegs und inzwischen motorisiert und mit Maschinengewehren ausgestattet. Ungeduldig laufen meine Mitreisenden auf und ab. Ich kann sie gut verstehen, denn es dauert eine gefühlte Ewigkeit, bis sich unser Kreuzfahrtriese in die Bucht manövriert hat und von der Besatzung mit schweren Eisenketten an Land vertäut wird. Bis wir von Bord gehen dürfen, dauert es zwei weitere Stunden, die von den meisten Japanern noch schnell genutzt werden, um zu Abend zu essen, – sicher ist sicher.

»Weshalb gehen die denn jetzt noch alle hier essen? Sollten die nicht auch froh über ein wenig Abwechslung sein?«

Riku schüttelt den Kopf. »Nein, viele essen lieber japanisch, statt sich Experimenten hinzugeben. Oft nehmen sie sogar ihren eigenen Reis mit auf Reisen, kiloweise, damit sie auch ja ihre Lieblingssorte dabei haben. Aber ich weiß nicht, ob das so ungewöhnlich ist. Es gibt bestimmt auch genug Deutsche, die sich lieber an Kartoffeln halten, als Gerichte auszuprobieren, die in einem fremden Land typisch sind.«

»Da hast du wohl recht.« Ich spähe erneut über die Reling hinunter in den Hafen. »Was brauchen die denn so lange? Und woher wissen wir, wann wir das Schiff verlassen können?«

»Es gibt eine Durchsage, keine Sorge!« Er lacht. »Du weißt doch, hier wird alles über die Lautsprecher verkündet.«

Mein Blick gleitet am weißen Schiffsbauch hinab Richtung Wasser. Gegenüber ankert eine Luxusyacht. An Deck stemmen zwei durchtrainierte Männer zu lauter Technomusik Gewichte.

Ich verabschiede mich von Riku und drehe noch eine Runde durch das Schiff, voller Ungeduld und Vorfreude auf Tahiti, und bin erleichtert, als wenig später die Durchsage erklingt, dass wir nun das Schiff verlassen können. Obwohl ich mich beeile, sind die Japaner schneller. Der Treppenaufgang, der hinunter zu Deck fünf führt, von wo aus man ins Freie gelangt, ist schon völlig verstopft von aufgeregten Menschen. Im Gegensatz zu mir scheinen sie es aber gar nicht eilig zu haben, sondern schieben sich gemächlich gen Ausgang. Auf die Idee, zu drängeln, kommt hier keiner, zumindest keiner außer mir, und ich ernte dafür natürlich umgehend und völlig zu Recht ein paar missbilligende Blicke. Endlich erreiche die Gangway, an der ein Stewart mit aller Seelenruhe meine *identity card* durch sein Lesegerät zieht. Wenig später bin ich draußen und kann nicht anders: Ich hüpfe den Pier entlang Richtung Stadt. Tahiti! Das ist Hula-Dance, Vanille, Papaya, frischer Thunfisch und vor allem eins – nicht japanisch! Langsam geht die Sonne unter, rot hängt sie über dem Ozean, und wenn sie verschwunden ist, wartet auf mich eine sternenklare Sommernacht, in die ich eintauchen werde, den japanischen Winter weit hinter mir lassend!

Unweit des Anlegers entdecke ich einen Marktplatz, auf dem sich Einheimische zwischen den Buden tummeln. Eine halbe Stunde lang streife ich unentschlossen zwischen den Ständen umher, kann mich nicht entscheiden, was ich essen soll, aber nach zweiwöchiger Reisdiät muss ich auf überhaupt nichts verzichten. Ich gönne mir nach einer riesigen Portion Thunfisch mit Kokosmilch auch noch einen Crêpe mit Banane und Schokosauce. Wer zwei Wochen auf jegliche geschmacksintensiven Lebensmittel verzichtet hat, der wird wissen, was ich meine, wenn ich sage, ich erlebe, während ich hier in Französisch-Polynesien vor mich hinkaue, eine wahre Geschmacksexplosion.

Von Weitem sehe ich Henry, dessen blaues Hawaiihemd in der Nacht leuchtet. Wie immer barfuss, schiebt er sich durch die Menschen, unter denen sich inzwischen auch ein Großteil meiner japanischen Mitreisenden befindet. Mit gemächlichem Schritt kommt er auf mich zu. Auf einmal bin ich traurig, dass mein einziger echter Verbündeter das Schiff morgen verlässt, aber er selbst ist sicher froh, wieder zu Hause zu sein. Auch wenn ich gerade ein bisschen Freundschaft mit Riku schließe, Henry, den Freigeist, kann er so schnell nicht ersetzen. Dennoch brauche ich dringend einen neuen *partner in crime*. Zumindest ab morgen;

heute Abend habe ich schließlich noch Henry, der mir anbietet, mich durch Papeete zu führen. Gemeinsam laufen wir nebeneinander durch die fast leeren Straßen, ab und zu fährt ein Jeep vorbei, die einzelnen Passanten, die uns begegnen, grüßen Henry ohne Ausnahme. Er scheint nicht nur auf unserem Schiff, sondern auch in Tahiti bekannt zu sein, wie ein Popstar. Dabei pflanzt er nur Vanille auf einer Plantage an. Barfuss.

»Wieso kennen die dich denn alle?«, frage ich interessiert.

»Weißt du, ich setze mich gemeinsam mit dem Netzwerk der nichtstaatlichen Organisation »Hiti Tao«, was so viel heißt wie »die Zeit ist gekommen«, gegen Atomtests ein. Ich bin einer der Hauptorganisatoren des Widerstands. Tahiti gehört nämlich immer noch zu Französisch-Polynesien. Und Jacques Chirac kam ja 1995 auf die glorreiche Idee, auf Mururoa, direkt vor unserer Nase, Atomtests durchzuführen. Für meinen Einsatz bekomme ich die Anerkennung der Tahitianer, das ist ein sehr gutes Gefühl. Niemand von uns möchte länger am Gängelband der Franzosen geführt werden. Fremdbestimmung ist für mich der Horror!«

»Na, dann warst du ja bei den Japanern genau richtig aufgehoben«, sage ich ironisch. »Wo dort doch Selbstbestimmung so hoch im Kurs steht.« Henry grinst. »Ob du es glaubst oder nicht, gerade weil mir ihre Art so fremd ist, kann ich viel von ihnen lernen. Ich bin jetzt schon so oft mit dem *Peaceboat* gefahren. Und obwohl es natürlich Dinge gibt, die ich nie verstehen werde oder die mir persönlich nicht entsprechen, empfinde ich es jedes Mal wieder als unglaublich bereichernd. Auch wenn mir die Japaner mit ihrer Art oft gehörig auf die Nerven gehen! Aber eine Reise auf diesem Schiff rückt so einiges in eine neue Perspektive, das kannst du mir glauben. Und gerade Westeuropäern tut es mal gut, ein wenig von der japanischen Mentalität überschwemmt zu werden und sich selbst nicht so wichtig zu nehmen. Das tut ihr nämlich viel zu oft.« Nachdenklich laufe ich neben ihm her.

Wahrscheinlich hat er recht, trotzdem ist es nicht einfach, die eigene Weltsicht und die eigenen Gewohnheiten beiseite zu schieben und das, was man als richtig und selbstverständlich ansieht, in Frage zu stellen. Nicht einmal hier, in der Mitte des pazifischen Ozeans. Ich folge Henry, der mir die Tür zu einem Restaurant aufhält, in dem – wie sollte es anders sein – schon dreißig Japaner sitzen.

»Kennst du die Geschichte vom Hasen und vom Igel?«, flüstere ich ihm zu. »Egal, wie schnell der Hase rennt, wenn er irgendwo ankommt, ist der Igel immer schon da!«

Henry lacht sein breites, freundliches Lächeln und sieht wieder aus wie ein Monchichi.

»Ja, wenn tausend Japaner auf Tahiti stranden, dann ist es hier eben doch ziemlich voll!« Wir nehmen im hinteren Teil des Restaurants Platz. Vergeblich versuche ich ein Bild von einem prominenten italienischen Fußballspieler zu ignorieren, der hier zu Gast war und sein signiertes Bild zurückgelassen hat. Ausgerechnet hier, 15.876,203 Kilometer von zu Hause entfernt, erinnert mich sein Bild an Raffaele und daran, dass man vor manchen Dingen nicht weglaufen kann, nicht einmal, wenn man um die halbe Welt reist.

»Wie ist denn dein Plan für morgen?«, fragt Henry mich, während er zwei Gläser Wein bestellt.

»Ehrlich gesagt, ich habe mich schon die ganze Zeit auf einen der typischen Sandstrände gefreut, und jetzt hat mir Riku erzählt, dass die überhaupt nicht auf Tahiti sind, sondern dass ich auf eine der Nachbarinseln fahren muss.«

»Ja, nach Moorea, aber das dauert nicht lange. Und die Fähre fährt direkt vom Hafen aus, praktisch direkt neben dem *Peaceboat*. Weißt du was? Wenn du magst, dann komme ich mit und zeige dir, wo der Strand ist. Mein Abschiedsgeschenk sozusagen.«

»Das würdest du machen? Wie schön.«

»Wir sollten allerdings früh fahren, damit es sich lohnt. Lass uns um kurz vor sieben vor dem *Peaceboat* treffen. Das heißt wenig Schlaf.« Henry zieht eine Grimasse. Aber mir macht der Gedanke daran kaum etwas aus. Beschwingt und voller Vorfreude laufe ich in dieser Nacht zum Schiff zurück.

Obwohl ich mir den Wecker auf halb sieben gestellt habe, wache ich schon um fünf auf, weil das Schiffstelefon klingelt. Schlaftrunken blicke ich auf die Uhr, die neben meinem Bett auf der braunen Achtzigerjahre-Kommode liegt, dann greife ich zum Hörer.

»Hallo?« Meine Stimme klingt verschlafen. Gaki dreht sich einmal um und grunzt laut. Was Kyoko macht, kann ich nicht sehen, sie schläft unter mir im Stockbett. Ich steige die schmale Treppe hinab und greife nach dem Telefonhörer.

»Dana? Dana?« Der Mann am anderen Ende der Leitung klingt wach, ja geradezu aufgeregt.

»Ja. Wer ist denn da?« Ich bin verwirrt. Kurz habe ich die Hoffnung, dass es vielleicht Raffaele ist, der mich anruft, aber dann fängt der Mann am anderen Ende an, japanisch zu sprechen. Ich halte Kyoko, die sich mittlerweile aufgerichtet und das Licht angeknipst hat, die Muschel hin. Kyoko lauscht, gefühlte zehn Minuten und antwortet im Anschluss gefühlte zwanzig Minuten. Dann legt sie auf und sagt: »Das war Haruki, dieser alte Japaner, der neulich mit Ihnen beim Mittagessen saß. Er wollte nur sichergehen, dass Sie nicht in Tahiti das Schiff verlassen, ohne dass er Gelegenheit hatte, sich zu verabschieden.« Sie streckt sich auf dem Bett aus und gähnt. »Ich habe ihm gesagt, dass Sie noch bis Kuba bleiben.«

Ich bin verblüfft. »Und das hat so lange gedauert? Es hat sich angehört, als hätten Sie in der Zeit eine neue *Nihon koku kempō*, eine neue Verfassung des Staates Japans ausgearbeitet.«

Kyoko gähnt noch einmal. »Sie wissen doch, bei uns dauert jedes Gespräch wegen der Höflichkeit und der Form, die eingehalten werden muss, etwas länger. Und weil das so ist, bin ich jetzt auch munter.«

»Ich auch. Wenn ich schon mal so früh wach bin, dann kann ich mir auch gleich den Sonnenaufgang ansehen.« Während ich die Treppen hinaufeile, male ich mir aus, wie ich mit maximal zwei, drei Leuten, die die Schlaflosigkeit ebenfalls aus der Kabine getrieben hat, an der Reling stehe und zuschaue, wie der Tag heraufzieht. Bei der Aussicht auf so viel Romantik muss ich lächeln, während ich mit Schwung um die letzte Kurve biege und die Glastür zu Deck 9 öffne – das allerdings alles andere als einsam daliegt.

Bevor es mir gelingt abzubremsen, krache ich mit Schwung in dreihundert Japaner, die in Sportkleidung nicht nur den Poolbereich bevölkern, sondern auch die Essensausgabe mit Beschlag belegt haben. Aus den Lautsprechern, die an den Wänden befestigt sind, tönt eine Radiostimme. Natürlich verstehe ich kein Wort, aber mir wird schnell klar, dass die Ansage meinen japanischen Turnfreunden die nächste Übung vorgibt. Ein paar Minuten lang stehe ich einfach nur da und beobachte fasziniert das Treiben. Mit einem ernsthaften Gesichtsausdruck und größter Inbrunst beugen sich die Japaner vor und zurück, schwingen Rumpf und Arme, die Gesichter der aufgehenden Sonne entgegengestreckt. Ein Bild für die Götter. Kurz überlege ich mitzumachen, die Übungen sind denkbar einfach, aber dann kommt mir eine bessere Idee. Ich kehre auf dem Absatz um und nehme mit großen Schritten die letzte Stufe zum Jogging-Track. Just in diesem Moment wird das Glasdach, das den Poolbereich über Nacht vor Regen schützt, eingefahren.

Aus der Vogelperspektive sieht die morgendliche Groß-Gymnastikgruppe noch lustiger aus. Wie in Trance wiegen sich die schmalen Körper in der kühlen Morgenluft. Ich entdecke Kyoko, die gerade das Deck betritt und sich durch die Menschen in die erste Reihe schiebt. Mit geschlossenen Augen wippt sie, soweit es die steife Hüfte erlaubt, auf und nieder, beugt die Knie, schwingt die Arme und atmet ein und aus. Gerade will ich den Rückzug antreten, da entdeckt sie mich und winkt zu mir herauf. Gleichzeitig taucht hinter dem roten Schornstein des Schiffes eine Gruppe Japaner mit Nordic-Walking-Stöcken auf und kommt mit strammen Schritten auf mich zu. Ich zögere kurz, aber zu lange, um noch ungeschoren von Deck kommen zu können; schon rennen sie mich über den Haufen und drängen mich ins Treppenhaus, zurück zum Pooldeck hinunter, wo Kyoko, die das Ganze wohl beobachtet und die Gymnastikstunde wieder verlassen hat, mich abfängt. »Da sind Sie ja! Kommen Sie! Machen Sie mit! Morgengymnastik ist gut für Leib und Seele!«

Ich schüttle den Kopf. »Tut mir leid, Kyoko, ich habe noch keinen Kaffee getrunken, und Sie wissen ja, obwohl der hier auf dem Schiff wirklich nicht besonders schmeckt, komme ich ohne ihn nicht in die Gänge.«

»Sehen Sie! Genau das würde Ihnen nicht passieren, wenn Sie, wie wir Japaner, von klein auf jeden Morgen Gymnastikübungen gemacht hätten.«

»Ach, die machen Sie auch zu Hause? Ich dachte, das wäre nur typisches Kreuzfahrtschiff-Entertainment!« Ich mustere Kyoko, die kein bisschen verschwitzt oder zerzaust aussieht. Ihre schwarzen Haare glänzen und sind traditionell gesteckt. Ich habe sie noch nie anders gesehen, sie schläft sogar mit der Frisur.

»Aber natürlich! Die Gymnastik hält fit und beweglich und stimmt uns auf den langen Arbeitstag ein. Wir lernen die Übungen schon in der Schule, machen sie zu Hause und manchmal auch bei der Arbeit, je nachdem. Außerdem laufen die Übungen jeden Tag im Radio. Ich finde, es ist ein schöner Gedanke zu wissen, dass, wenn ich allein in meinem Wohnzimmer stehe, trotzdem ganz Japan mit mir turnt. Wenn Sie wollen, bringe ich Ihnen die Übungen später bei.«

»Das ist sehr nett, Kyoko, aber heute ist doch Landgang! Wollen Sie sich denn nicht Tahiti ansehen?«

Kyoko schüttelt den Kopf. »Vielleicht gehe ich später ein wenig spazieren, aber viel machen werde ich nicht. Ich habe vergessen, mich für einen der Gruppenausflüge anzumelden, und um Tahiti allein zu erkunden, ist es mir hier einfach zu unheimlich. Ich bin doch nicht lebensmüde!«

Ich verkneife mir ein Lachen. In der Tat steuern wir einige Häfen an, die nicht ganz ungefährlich sind, zum Beispiel Callao in Peru. Aber in Tahiti kann einem nun wirklich nichts passieren. Hier gibt es nicht einmal wilde Tiere, und für eine besonders hohe Kriminalitätsrate ist Papeete auch nicht bekannt. Trotzdem kann ich Kyoko auch ein wenig verstehen. Sie ist nicht mehr die Jüngste. Logisch, dass der Gedanke, einen ganzen Tag allein in einem fremden Land herumzulaufen, nicht sonderlich verlockend klingt.

»Wenn Sie mögen, kommen Sie doch mit mir mit. Ich fahre mit der Fähre um sieben auf die Nachbarinsel Moorea an den Strand. Das ist doch besser, als hier zu bleiben.«

Kyoko sieht mich mit dem unbeweglichen Gesichtsausdruck an, der ihr so zu eigen ist. Dann gleitet ein kleines Lächeln über ihr Gesicht.

»Ja, gerne. Ich mache hier nur noch die Gymnastik fertig, dann ziehe ich mich um.«

»Sehr gut, ich bin wahrscheinlich früher fertig, wir treffen uns um kurz vor sieben draußen vor dem Schiff.« Kyoko nickt, dann eilt sie zurück auf ihren Platz, um bloß nicht die letzten Minuten ihrer Sportstunde zu verpassen. Kopfschüttelnd mache ich mich auf den Weg zurück in meine Kabine. Gaki schläft immer noch tief und fest, nur ein großer Zeh schaut am Fußende des Bettes hervor. Leise, um sie nicht zu wecken, dusche ich, ziehe mich um und schlüpfe wenig später aus der Kabinentür hinaus auf den Gang. Auf dem dunkelblauen Läufer, der jedes Geräusch verschluckt, hört man meine Schritte kaum. Hier und da klappt eine der Kabinentüren auf oder zu, während ich mich auf Deck 5 begebe, um von dort aus das Schiff zu verlassen. Einer der Stewards am Ausgang lehnt an einem jener Metalldetektoren, die man von den Sicherheitskontrollen des Flughafens kennt. In Betrieb ist er nicht, daher frage ich den Mann, wofür man das Gerät auf dem *Peaceboat* braucht.

»Es ist verboten, Alkohol mit an Bord zu bringen. Hat Ihnen das denn niemand gesagt?«

Ich schüttle den Kopf. »Nein. Zumindest kann ich mich nicht erinnern. Vielleicht habe ich es auch verdrängt.« Ich lache, aber mein Gegenüber scheint das überhaupt nicht lustig zu finden.

»Na gut, dann sage ich es Ihnen jetzt. Es ist verboten, Alkohol mit in die Kabinen zu nehmen. Wir gehen davon aus, dass sich alle Passagiere freiwillig daran halten, und setzen das Gerät erst einmal nicht ein. Wenn wir aber jemanden dabei erwischen, dass er Alkohol an Bord schmuggelt, dann werden alle Passagiere kontrolliert. Alles klar?«

»Alles klar!« Ich nicke und verlasse das Schiff über die Rampe, die den Unterschied zwischen dem Anleger und Deck 5 überbrückt, und pralle unvermittelt gegen einen Japaner in meinem Alter, der ein Rollköfferchen hinter sich herzieht. Er sieht gut aus. Unverhohlen starre ich ihn auf typisch deutsche Art an, was er bemerkt und seinen Gang beschleunigt. Es scheint ihm nicht zu gefallen, so begutachtet zu werden. Aber da muss er jetzt durch. Immerhin ist er nach zwei Wochen auf See der erste wirklich attraktive Mann, der mir begegnet. Er ist groß für einen Japaner, sein Oberkörper wirkt durchtrainiert, sein Gesicht hat feine, fast europäische Züge. Hinter ihm stolpert eine sechsköpfige Mannschaft heran, die offenbar zu ihm gehört. Zumindest tragen sie die gleichen bedruckten T-Shirts, nur in anderen Farben, und auch die Rollkoffer sind identisch. Ob es sich wohl um neue Gastredner handelt? Als sie im Schiffsbauch verschwunden sind, entdecke ich Henry, der mir, wie immer barfuss und im Hawaiihemd, bereits ungeduldig zuwinkt.

»Guten Morgen! Du bist ja so früh!«

»Du doch auch!« Ich lache, muss einfach immer lachen, wenn ich in sein Monchichi-Gesicht sehe, kann einfach nicht anders.

»Ich war schon eine halbe Stunde spazieren und habe den Sonnenaufgang genossen. Ich vermisse Tahiti einfach, wenn ich nicht hier bin, und bin immer froh zurückzukommen! Auch wenn es mich natürlich traurig macht, das Schiff zu verlassen. Glaub mir, die Sachen zu packen, hat mir gestern keine große Freude bereitet, vor allem, wenn man bedenkt, was für tolle Reiseziele ihr noch anlauft! Peru! Panama! Jamaika! Kuba! Ein Glück sehen wir uns noch mal wieder, ich komme nämlich nach Kuba geflogen, um mit Euch zusammen Fidel Castro zu erleben.«

»Na wenigstens das! Auch wenn ich es schöner fände, wenn du an Bord bleiben würdest, das kannst du mir glauben! Mit wem breche ich denn jetzt die Regeln?« Gemeinsam spazieren wir ein wenig am Hafen entlang.

»Ja, da musst du dir wohl jemand anderen suchen, aber ich bin sicher, du wirst schon jemanden finden! Wollen wir langsam zur Fähre, die uns nach Moorea bringt?«

»Von mir aus gerne, aber wir müssen noch auf Kyoko warten.«

»Kyoko? Wieso denn Kyoko?« Henrys Gesicht verfinstert sich. Oje! Daran, dass die beiden sich nicht leiden können, hatte ich heute Morgen im Halbschlaf überhaupt nicht gedacht. Henry sieht nicht so aus, als ob er große Lust hat, sich den ganzen Tag über zusammenzureißen und den Gentleman zu spielen. Und Kyoko legt einfach extrem viel Wert auf gutes Benehmen. Wobei gutes Benehmen in dem Fall eindeutig bedeutet, sich an die japanischen Regeln und Gepflogenheiten zu halten. Bei mir ist sie Gott sei Dank nachsichtiger. Da ich das erste Mal unter Japanern bin, stehe ich für sie quasi noch unter Welpenschutz. Aber von Henry, der schon zum xten Mal auf dem *Peaceboat* unterwegs ist, erwartet Kyoko einwandfreies Benehmen. Deswegen ist es am einfachsten, die beiden voneinander fernzuhalten. Aber dafür ist es jetzt zu spät, denn just in diesem Moment kommen zwei vermummte Gestalten die Gangway hinunter, die ich nach mehrmaligem Hinsehen als Kyoko und Gaki identifiziere. Kyoko trägt einen roten Yukata-Anzug mit rosa Blümchen, weiße Handschuhe, um den Kopf hat sie ein rot-weißes Palästinensertuch geschlungen, das sie mit einem roten Baseballcap fixiert hat. Ihr Gesicht verdeckt eine Spiegelglasbrille. Gaki hinter ihr ist etwas dezenter in einem hellen Blau gekleidet, aber auch sie trägt weiße Handschuhe, einen großen Sonnenhut und den obligatorischen Mundschutz.

»Ohoh, da kommen die Geschwister Fürchterlich!«, höre ich Henry hinter mir murmeln. Und tatsächlich sehen die beiden, als sie in dieser sehr speziellen Aufmachung auf uns zueilen, ein wenig zum Gruseln aus.

»Kyoko!« Mein Blick gleitet fragend an ihrem Outfit auf und ab. »Willst du doch nicht mit zum Strand?« Obwohl es noch recht früh ist, ist das Klima so tropisch, dass ich allein bei dem Anblick der beiden vermummten Gestalten sofort zu schwitzen anfange.

»Doch, natürlich! Und Gaki kommt auch mit. Sie hat sich nicht für eine der Exkursionen angemeldet, weil ihr das zu teuer war, und gehofft, stattdessen den *Mikoshi* mittragen zu können. Aber die haben schon genug Hilfe. Der *Mikoshi* ist ein tragbarer Schrein, den eine Gruppe junger Leute aus der japanischen Erdbebenregion an Bord zwischen Yokohama und Tahiti gebaut hat. In jedem Hafen, in dem das *Peaceboat* anlegt, wollen sie den Schrein an Land tragen, um von den Bewohnern der jeweiligen Region in japanischer Tradition Wünsche auf Holzplättchen schreiben zu lassen. Diese hängen sie dann an den Schrein. Zurück in Japan, überbringen sie ihren vom Schicksal gebeutelten Landsleuten die guten Wünsche aus der ganzen Welt. In ihren gelb-blauen traditionellen Kostümen tragen sie Hafen für Hafen unermüdlich ihre große Last, statt sich an den Stränden und in den Bars der verschiedenen Länder zu vergnügen. In den *Mikoshi*-Trägern zeigt sich eine typische japanische Eigenschaft von der besten Seite: Man hält zusammen. Genau aus diesem Grund wäre es doch gelacht, wenn wir in unserem ungleichen Grüppchen nicht wenigstens einen Tag auf Moorea Island überstehen würden. Ich entscheide mich daher vorerst, den Aufzug von Kyoko und Gaki zu ignorieren, genauso wie das lange Gesicht, das Henry macht, als er begreift, dass die beiden wirklich mitkommen, und scheuche alle zur Fähre, die auch um diese Uhrzeit schon erstaunlich voll ist. Als wir wenig später das Boot auf Moorea Island verlassen, kann ich es mir aber doch nicht ganz verkneifen, Henry etwas zuzuflüstern.

»Hast du eine Ahnung, weshalb die beiden so angezogen sind?«

»Wegen des Wetters!«

»Wegen des Wetters? Es ist doch warm!«

»Ja, genau deswegen ja! Japaner mögen keine Sonne. Sie haben Angst, Hautschäden davonzutragen und krank zu werden.«

»Aber dann werden sie ja überhaupt nicht braun!«

»Wollen sie ja auch nicht! In Japan entspricht weiße Haut dem Schönheitsideal. Auch aus ästhetischen Gründen macht es daher Sinn, sich vor der Sonne zu verstecken. Ich kann mir jedenfalls kaum vorstellen, dass Gaki sich verhüllt, weil sie Angst hat, Hautkrebs zu bekommen, dafür ist sie noch zu jung.« Wir passieren einen Stand, an dem Papayas verkauft werden und biegen in die Uferstraße ein, die an der Küste entlang um die Insel führt. Henry übernimmt die Führung, ich laufe neben ihm her und versuche Schritt zu halten; in einigem Abstand folgen Kyoko und Gaki mit kleinen Schrittchen. Wir haben jetzt schon ungefähr 27 Grad, und es ist noch früh am Morgen. Gar nicht auszudenken, wie warm ihnen sein muss. Eine ganze Weile laufen wir stumm vor uns hin. Ab und zu fährt ein Auto vorbei. Ich kann erkennen, dass sich die Insassen neugierig nach Kyoko und Gaki umdrehen. Die beiden könnten so eine Bank überfallen, keiner würde sie erkennen. Wir laufen bestimmt eine halbe Stunde immer geradeaus, auf beiden Seiten der Straße wachsen bunte Blumen, die gleiche Sorte, die auch Henrys Hawaiihemd ziert. Ich versuche, ihre Schönheit mit der Kamera meines Handys einzufangen.

»Du musst sie dir hinters Ohr stecken.« Henry bricht eine Blüte ab. Ich stecke sie mir vorsichtig ins Haar. Aber Henry zieht sie wieder hervor.

»Halt! Bist du sicher, dass es die richtige Seite ist?«

»Weshalb?«

»Na, weil es auf Tahiti eine Bedeutung hat, hinter welchem Ohr man die Blüte trägt!«

»Und welche?«

»Vergebene Frauen tragen sie hinter dem linken, unvergebene hinter dem rechten. Wo muss sie hin?« Unschlüssig schaue ich einen Moment auf die rote Blume in meinen Händen. Ich denke an Raffaele. Woher weiß ich, ob unsere Auszeit Regenerationsphase oder doch nur ein Ende auf Raten ist? Blumenstatus: It's complicated. Henry schaut mich erwartungsvoll an. Ich gebe mir einen Ruck, dann lege ich die Blüte vorsichtig neben mir auf dem Pfosten eines Gartenzaunes ab.

»Weißt du«, sage ich zu meinem Begleiter und versuche betont fröhlich zu sein, »ich verliere die Blüte sowieso gleich, spätestens wenn ich ins Wasser gehe!« Mittlerweile haben Kyoko und Gaki uns eingeholt. Die beiden wirken bereits etwas geschafft. Wagen es als waschechte Japaner aber nicht, sich zu beschweren.

»Das ist ja eine schöne Strecke zum Spazierengehen«, sagt Kyoko und muss in diesem Moment ein Stück an mich heranrücken, als der einzige Omnibus der Insel gefährlich dicht an uns vorbeifährt.

»Hätten wir nicht den Bus nehmen können?«, frage ich Henry, aber der winkt ab.

»Hier gibt es keinen Fahrplan. Er kommt, wann er kommt, und hält, wo er benötigt wird.« *Wie in Rom*, denke ich. Henry zeigt auf den Eingang eines luxuriösen Hotelresorts. »Wir müssen nur noch das Grundstück hier überqueren, dahinter ist der öffentliche Strand.« Dann nickt er einem Gärtner zu, der in Sichtweite die Pflanzen bewässert, während wir an gepflegten Grünflächen vorbeilaufen. Ein paar Schritte später stehe ich am Strand. Einem Strand, wie man ihn sich in seinen kühnsten Träumen vorstellt. Der Sand ist weiß, das Meer türkis, und man kann überall, egal wo man steht, bis auf den Grund sehen. Gemeinsam lassen wir uns unter einer Palme nieder, breiten Handtücher aus, dann kann ich es nicht mehr abwarten, reiße mir das T-Shirt über den Kopf und springe, nur im Bikini, ins Wasser. Henry folgt mir, das Hawaiihemd achtlos auf den Boden werfend. Gemeinsam schwimmen wir ein paar Meter, bis er unter Wasser zwei kleine Felsblöcke entdeckt, auf die wir uns stellen. Dann drehen wir uns um, und ich winke Kyoko und Gaki aufmunternd zu, die noch zögerlich am Ufer stehen. Langsam tasten sie sich vor und strecken einen Zeh ins Wasser, dann waten sie bis zu den Knien hinein. In voller Montur.

»Wollen die etwa mit Kleidung ins Wasser?« Ich falle fast von meinem Felsen. Henry, der gerade mit dem Rücken zum Strand steht und Richtung Horizont schaut, dreht sich ruckartig um. Dann fängt er an zu lachen.

»Tatsächlich! Die beiden gehen wirklich voll bekleidet ins Wasser!«, rufe ich. Henry beginnt neben mir zu lachen und lacht und lacht. Die leichte Brise trägt sein dröhnendes Gelächter hinüber zum Strand zu den beiden Japanerinnen, die sich erschrocken ansehen und dann, statt ins Wasser zu kommen, den Rückzug antreten. Gut, dass der Tahitianer das *Peaceboat* verlässt. Ich bin sicher, dass Kyoko, die inzwischen beschämt unter der Palme sitzt und sich wie eine Schildkröte ins Innere ihrer Textilmontur zurückgezogen hat, nie wieder mit ihm reden wird.

Lost in Translation, oder: Warum die Japaner so heiß auf weiße Haut sind

Eine Kolumne von Dana Phillips

Liebe Komplizinnen! Schönheit hat in Japan eine lange Tradition – eine helle, makellose Haut ohne Fältchen gilt als das Ideal der Japanerinnen. Bereits im 8. Jahrhundert benutzten die japanischen Frauen Puder aus Mineralien oder aus Reis, Hirse und Gerste. Auch ein knappes Jahrhundert später verbrachten die japanische Edelfrauen die meiste Zeit in ihren Palästen, fernab vom Sonnenlicht. Dadurch war ihre Haut viel weißer, als die des gemeinen Volkes. Weiße Haut stand für Reichtum und galt als Zeichen des Adels. Der Wunsch nach Porzellanhaut ist den Japanern bis heute geblieben – abgesehen von einer kurzen Phase in den Sechzigern, als unter westlichem Einfluss Sonnenbräune als schick galt, und den Neunzigern, in denen ein paar Shibuya-Mädchen sich vom Schönheitsideal ihrer Eltern abzuheben versuchten.

Der westliche Wunsch, sich möglichst häufig am Strand die Karibiksonne auf die goldbraune Pelle scheinen zu lassen, ist dem Japaner also eher suspekt. *Bi-Haku*, »schön und weiß« lautet das Motto im Land der aufgehenden Sonne.

Der Markt für Whitening-Produkte ist daher ständig im Wachsen, er macht fast ein Viertel der gesamten japanischen Hautpflegemittel-Produktion aus. Um ihre zarte Haut vor den Sonnenstrahlen zu schützen, verwenden die Japaner auch noch kleine Sonnenschirme, Hüte mit UV-Schutz und T-Shirts mit langen Ärmeln. Die weiße Haut steht im Kontrast zum schwarzen Kopfhaar, ebenfalls einem der wichtigsten Schönheitsmerkmale einer japanischen Frau. In Kombination mit roten Lippen, die auf weißer Haut besonders gut zur Geltung kommen, trägt man die drei wichtigsten Farben des Landes spazieren.

Um schön zu sein, bringen die Japaner jedes Opfer und benutzen Mittelchen, die in unseren Ohren ziemlich exotisch klingen. So wird zum Beispiel Squalenöl, das aus der Hai-Leber gewonnen wird, benutzt, um trockener Haut entgegenzuwirken. Auch die Kokons von Seidenspinnerraupen gelten als Geheimtip, als luxuriöser Wattepadersatz werden sie verwendet, um abgestorbene Hautschüppchen zu entfernen. Vor Jahrhunderten haben Geishas sogar den Kot von Nachtigallen als Reinigungsmittel benutzt, da sich mit diesem ihre dicke weiße Schminke gut entfernen ließ. Heute trägt man den Kot als Gesichtsmaske auf, natürlich um einen hellen, ebenmäßigen Teint zu fördern. Noch bizarrer ist eine Pediküre der ganz besonderen Art: In einem Becken voller Fische kann man seine Füße von Hunderten der fleischfressenden Tierchen umschwärmen und sich die Hornhaut von den Füßen nagen lassen.

Na dann, guten Appetit!

Sayonara! Ihre Dana

11

Gericht: *Bohneneis*
Japaner des Tages: *Der Familienhund*
Place to be: *Das Tikki-Deck*
Erkenntnis: *Wer noch keine Verwandtschaft hat, bekommt schneller welche, als ihm lieb ist*

Nach unserem Kurzaufenthalt in Tahiti nimmt das *Peaceboat* Kurs auf Peru. Kyoko hat mich heute noch keines Blickes gewürdigt. Seit sie in Tahiti vom Strand verschwunden ist, haben wir kaum miteinander gesprochen. Sie scheint wirklich sauer zu sein. Warum sie bloß so empfindlich reagiert hat? So schlimm war unsere Reaktion nun auch wieder nicht. Ich nehme mir trotzdem vor, mit ihr zu reden. Eigentlich habe ich sie mittlerweile richtig lieb gewonnen. Jetzt fühle ich mich einsam, Henry ist nicht mehr an Bord und mit Gaki kann ich mich kaum unterhalten. Immerhin: Die See ist weniger rau. Ruhig und gelassen schiebt sich unser schwimmender Mikrokosmos durch das Wasser. Nur die Schiffsschraube sorgt an Back- und Steuerbord für ein paar Wellen. Ich blicke mich um. Auf dem Jogging-Track ist es menschenleer, um diese Zeit traut sich kaum ein Japaner an Deck, zumindest nicht, um Sport in der prallen Sonne zu treiben. Ich schlendere vom Jogging-Track zwei Etagen nach unten, um den bootseigenen Laden zu besuchen, in dem es allerlei japanische Snacks zu kaufen gibt. Da ich nicht lesen kann, um was es sich bei den bunten und mir rätselhaften Produkten handelt, entscheide ich mich für die einfache Variante: Ein Eis. *Aya* steht auf der Verpackung; darunter eine Abbildung von dunklen Soja-Bohnen, den *Daizu*. Obwohl ich mir nicht erklären kann, was Bohnen in einem Eis zu suchen haben, kaufe ich einen Becher. Ich schlendere zurück nach draußen und höre vom Tikki-Deck Musik und Getöse. Als ich dort ankomme, sehe ich, dass sich etliche Leute an Deck versammelt haben. Ich bleibe an der Reling stehen, um das Geschehen zu beobachten, während ich mein Eis löffle. Es schmeckt gar nicht schlecht, eigentlich wie klassisches Vanille-Eis. Nach ein paar Löffeln kommen endlich die Böhnchen zum Vorschein. Sie sind süß und weich und erinnern eher an kandierte, als an Hülsenfrüchte. Ein paar Meter von mir entfernt entdecke ich Riku, den Übersetzer. Ich laufe zu ihm hinüber.

»Was ist denn hier los?«, frage ich ihn.

»Wir proben für den *World Dance*«, erklärt er mir.

»Was ist das denn?«

»Ein Tanzprojekt, bei dem wir Tänze aus verschiedenen Ländern zusammenmixen.«

»Einfach so?«, frage ich interessiert.

»Das Motto ist *One world, one love*. Wir wollen einfach die Vielfalt und den Reichtum der Kulturen feiern. Und zeigen, dass eine Vereinigung möglich ist. Das ist wichtig, schließlich waren wir Japaner historisch gesehen über lange Zeit vom Rest der Welt abgeschnitten. Was den kulturellen Austausch angeht, haben wir immer noch enormen Nachholbedarf.« Er lacht mich an. »Du kannst auch noch mitmachen. Jeder ist willkommen.«

»Nein, nein. Ich kann überhaupt nicht tanzen«, entgegne ich.

»Meinst du, ich? Schau es dir doch einfach mal an. Es ist wirklich lustig und macht Spaß.« Ich blicke mich um und beobachte, wie immer mehr Japaner auf das Deck strömen, während das Schiff durch die sanften Wellen gleitet. Neben mir drehen sich fünf Mädchen im Kreis, ich vermute, sie tanzen Samba. In der Mitte des Holzdecks gibt ein japanischer Tanzlehrer der Salsa-Tanzgruppe Anweisungen. Der Wind weht mir durch die Haare, die Sonne scheint, und die friedlich vor sich hin tanzenden Japaner verbreiten eine angenehme Stimmung. Es hat etwas Beruhigendes, so als ob ich in einer Art Parallelwelt versinke, Galaxien von meinem normalen Leben entfernt. Allmählich merke ich, wie gut es tut, dem Alltag zu entkommen und etwas Anderes kennenzulernen.

Riku stupst mich an. »Na, wovon träumst du?«

»Ach, nichts Besonderes, aber es ist schön, hier zu sein.« Ich lächle ihn an, dann fällt mein Blick auf eine kleine, dicke Japanerin. Sie hat sich ein grünes Batiktuch als Rock um die Hüften geschlungen, außerdem trägt sie weiße Socken in silbernen Ballerinas. Als Krönung hat sie sich einen giftgrünen Halbmond aus Tannenzweigen auf den Kopf gebunden. Ungläubig starre ich sie an.

»Wer ist das denn?«, frage ich Riku.

»Ihren Namen kenne ich auch nicht, ich glaube, sie ist in Tahiti an Bord gekommen.«

»Trägt man da so etwas?«

»Vermutlich hat sie sich schon mal ihr Kostüm angezogen.« Riku grinst mich an.

»Kostüm?«

»Ja, wir trainieren den *World Dance* bis kurz vor Kuba, dann gibt es eine große Aufführung, an der auch ein berühmter Musiker teilnimmt. Er müsste eigentlich auch hier sein.« Riku blickt sich suchend um. »Yuuku ist in einer bekannten japanischen Boygroup und will diesen Tanz in sein Video einbauen. Er kommt bestimmt noch und ...« Riku wird von einer älteren Dame unterbrochen, die ihn am Arm zieht.

»Tja, tut mir leid, ich werde jetzt in Beschlag genommen. Ich bin in der Salsagruppe und ...« Riku senkt die Stimme und flüstert: »Diese Frau hat ein Auge auf mich geworfen. Oh Mann.« Er wirft mir einen Blick zu, der bedeutet: »Ich weiß nicht, wie ich sie wieder loswerden soll ....« Aber um das auszusprechen ist er natürlich viel zu höflich. Die Japanerin zieht ihn von mir weg zur Mitte des Decks. Lachend winke ich ihm hinterher und beobachte, wie sie ihn um sich herumwirbelt. Sie ist schätzungsweise um die Siebzig, trägt ihre grauen Haare kurz geschnitten und eine Nickelbrille, die schief auf der Nase sitzt.

Die Japaner positionieren sich an den unterschiedlichen Stellen auf dem Tikki-Deck. In der Mitte der Freifläche knien drei Japaner auf dem Boden, alle mit freiem Oberkörper und mit aufgemalten Zeichen auf den Rücken. Sie tragen hautfarbene Stirnbänder. Mit übertriebener Geste imitieren sie einen Herzschlag, springen kurz auf, reißen die Arme gen Himmel und lassen sich wieder auf dem Boden nieder. Während dieser kurzen Einstimmung verharren die anderen Tanzgruppen still sitzend am Boden. Dann kommt Bewegung in das Grüppchen in der Mitte, das wallende Tücher schwingt. Nach und nach wechseln die verschiedenen Tanzformationen sich ab und performen auf dem Holzdeck ihre Choreografie. Die Situation hat etwas leicht Skurriles, wie wir da mitten im Nichts über den Ozean schippern und ein paar Hundert Japaner mit vollem Elan und bei lauter Musik über das Schiff fegen. Die alte Frau mit dem Halbmond über dem Kopf zieht Riku fest entschlossen über die Tanzfläche. Er lächelt etwas gequält, als ich ihm zuwinke. Plötzlich bricht Hektik aus und die Tänzer stieben unentschlossen in verschiedene Richtungen auseinander. Es knackst in den Lautsprechern und ich sehe, wie die Schiffs-Barbie mit einem Mikrofon in der Hand auf das Deck tritt. Sie lächelt und blickt voller Ehrfurcht auf den Mann, der wenige Schritte hinter ihr ins Zentrum des Geschehens tritt.

»Darf ich um Ihre Aufmerksamkeit bitten«, übersetzt Riku das Gesagte ins Englische. »Es ist mir eine große Ehre, Ihnen ankündigen zu dürfen, dass wir prominenten Besuch an Bord haben.« Sie hält einen Moment inne und lässt das Gesagte auf ihr Publikum wirken. Die anderen Japaner sind mucksmäuschenstill und starren wie gebannt auf den asiatischen Schönling, der mir schon im Hafen von Tahiti aufgefallen ist. Er trägt eine Boyfriend-Jeans, ein weißes Hemd, das lässig über der Hose hängt, darüber, wie als Krawattenersatz, hat er seinen Schal zu einem dicken Zopf gebunden. Seine Füße stecken in Doc-Martens-Schuhen mit Leopardenoptik. Er sieht trotz seines fragwürdigen Outfits auf interessante Art und Weise gut aus, ein wenig, als hätte man einen Südländer mit einem Japaner gemischt.

»Bitte begrüßen Sie Yuuku von der Band Exit!« Kaum hat die Japan-Barbie den Satz ausgesprochen, ertönt großes Jubeln und Klatschen, einige der jungen Mädchen kreischen und pfeifen. Yuuku grinst, springt mit einem Satz auf die Tanzfläche und vollführt eine lässige Performance aus wilden Danceschritten und verrückten Moves. Die Masse tobt. Ich habe von Exit natürlich noch nie zuvor gehört. Schnell tippe ich den Namen der Band in mein Telefon ein, wohl wissend, wie sich teures Internetsurfen mitten im Ozean auf meine Rechnung auswirkt. Aber die Neugier siegt. *Exit ist eine japanische Pop-Dance-Band, bestehend aus vierzehn Mitgliedern. Bis jetzt haben sie über 20 Millionen Platten in Japan verkauft*, lese ich in der englischen Wikipedia-Version. Yuuku scheint einer der Tänzer der Gruppe zu sein.

»Cooler Typ, oder?« Riku hat sich wieder zu mir gesellt und lehnt sich lässig an die Reling.

»Ich kannte den gar nicht«, entgegne ich.

»Wirklich nicht? Die Band ist in Japan total in.«

Ich muss lachen. »Das heißt, deine flotte Tanzpartnerin und du, ihr werdet jetzt als Tänzer im Exit-Video richtig berühmt?«, necke ich ihn.

»Hör bloß auf.« Riku blickt unglücklich aus der Wäsche. »Sie weicht mir seit der ersten Tanzstunde nicht mehr von der Seite.« Er blickt sich suchend um. »Ich meine, sie ist ja nett, aber ich hätte schon gern eine Tanzpartnerin in meinem Alter. Was ist denn mit dir?«, fragt er mich auffordernd.

»Ich weiß nicht«, entgegne ich zögernd.

»Ach komm! Bitte!«

»Ich denke mal drüber nach«, weiche ich aus. Um uns herum löst sich die Versammlung langsam auf.

»Und? Wie gefällt dir die Reise bislang?«

»Es ist aufregend. Spannend. Ich fühle mich nur ein bisschen einsam.« Nachdenklich blicke ich übers Wasser. »Meine Mitbewohnerin ist im Moment nicht gut auf mich zu sprechen.«

»Warum denn nicht?«

»Wir hatten Streit auf Tahiti. Oder genauer gesagt, sie hatte Streit mit Henry. Und weil ich mich so gut mit ihm verstanden habe, ist sie jetzt auch sauer auf mich. Schade, dass er das Schiff auf Tahiti verlassen hat. Aber er kommt ja in Kuba noch mal zu uns.«

»Wirklich?«, fragt Riku erstaunt.

»Ja, Henry setzt sich doch gegen Atomkraft ein. Und auf Kuba gibt es eine Konferenz mit Fidel Castro zu dem Thema.«

»Mit Fidel? Ich dachte, der wäre längst tot.« Er schüttelt ungläubig den Kopf.

»Ich hoffe nicht. Ich setze jedenfalls darauf, dass ich spätestens in vier Wochen nicht mehr so allein bin.«

»Alleine? Auf dem Schiff sind tausend Menschen. Und ich bin ja auch noch da.« Ich lächle.

»Das ist lieb von dir, danke.« Riku ist wirklich süß, wie er da mit seinen höchstens zweiundzwanzig Jahren vor mir steht. Er ist mindestens einen Kopf kleiner als ich, trägt ein weißes T-Shirt mit der Aufschrift »War is over«, Jeans und Turnschuhe. Die etwa kinnlangen Haare stehen zottelig nach allen Seiten ab.

»Ich habe eine super Idee! Nur für den Fall, dass ich mal nicht da bin.« Er blickt auf seine Armbanduhr und grinst mich an. »Such dir doch eine Schiffsfamilie! Da wollte ich sowieso gleich hin. In fünf Minuten geht es los. Kommst du mit?«

»Schiffsfamilie? Wie, Schiffsfamilie?«

»Für die Zeit an Bord kannst du dir eine Familie zulegen.«

Ungläubig starre ich ihn an. »Wie soll das denn gehen?«

»Ich zeige es dir! Komm einfach mit!«

Kopfschüttelnd folge ich Riku über das Deck ins Innere des Schiffes. Auf dem Weg passieren wir mehrere Grüppchen von Japanern, die am Boden sitzen und Kostüme nähen und Schilder bekleben. Ich deute auf eine der Gruppen.

»Was machen die denn da?«

»Alles Vorbereitungen für das Sportfest übermorgen. Warst du noch bei keinem Treffen?«

»Nein«, antworte ich abgelenkt, während ich beobachte, wie zwei junge Mädchen aus gelbem Stoff große Schleifen basteln und sich diese umständlich um ihre Zöpfe schnüren. »Woher weiß ich denn, wann diese Treffen stattfinden?«

»Das steht doch in der Zeitung. Die Gruppen sind nach Geburtstagen geordnet und werden dann den verschiedenen Farben zugeordnet. Weiß, gelb, rot und blau. Du musst natürlich die Farbe deines Teams tragen.«

»Wie veranstaltet man denn auf einem Schiff ein Sportfest? Es gibt doch gar keine Sportplätze.«

»Du kennst die japanische Kultur nicht wirklich, oder?« Riku grinst mich an. »Ich dachte, du bist Journalistin?« Er zwickt mich in die Seite, um mich zu necken. »Du hast dich wohl überhaupt nicht vorbereitet.«

Ich fühle mich ertappt. »Ich bin nur eingesprungen«, antworte ich entschuldigend. »Außerdem soll ich völlig unvoreingenommen an die Sache rangehen.«

»Du musst wissen, Japaner feiern sehr gerne. Eigentlich gibt es andauernd Feste«, erklärt mir Riku. »Einfach für alles Mögliche. Es gibt ein Puppenfest für Mädchen, einen Kindertag, das Tanabata-Fest im Juli, das einer unglücklichen Liebe gewidmet ist, das Bon-Fest, da denkt man an die Vorfahren der Familie, einen Tag zum Dank an die Arbeit und so weiter und so fort. Und einer dieser Feiertage ist eben das Sportfest.«

»Und was hat es damit auf sich?«

»Na ja, es gibt vier Gruppen, und die treten in den unterschiedlichsten Kategorien gegeneinander an. Im Tauziehen oder Bällchen werfen …«

Ich ziehe die Augenbraue hoch und blicke Riku fragend an. »Bällchen werfen?«

»Nun guck nicht so. Ein japanisches Sportfest ist ein bisschen wie ein Sommerfest. Die ganze Familie nimmt dran teil, man isst was zusammen, hat Spaß …«

»Beim Bällchen werfen? Ist das nicht eher etwas für Kinder?«

»Ach was! Nun sei nicht so erwachsen. Es wird dir Spaß machen, versprochen! Und du bist bestimmt auch 'ne super Seilspringerin!« Er lacht mich an. »Wann hast du Geburtstag?«

»Im Juni, wieso?«

»Dann bist du im blauen Team.« Gerade als ich Riku fragen will, in welcher Gruppe er ist, erreichen wir den Broadway-Versammlungsraum, in dem sich bereits etliche Passagiere eingefunden haben und in dem ein lautes Gemurmel herrscht. Auf der Bühne steht die Schiffsbarbie und unterhält sich mit einer älteren Dame.

»Ich möchte einen Ehemann«, sagt diese gerade.

»Wer möchte Aguris Mann werden?«, fragt Barbie lauthals in die Runde. Sofort schnellen mehrere Hände in die Höhe. Aufgeregt zeigt Aguri auf einen der Männer in der ersten Reihe, der sofort zu ihr auf die Bühne steigt und sich mehrfach vor ihr verbeugt.

»Und ich möchte eine Affäre haben«, wirft die Dame nun in die Runde. Ich glaube, ich habe mich verhört! Gefesselt von dem Spektakel auf der Bühne, verfolge ich die Prozedur.

»Ich auch!«, wirft ihr neuer Ehemann ein. Schnell werden eine weitere Frau und ein zweiter Mann gefunden, die sich zu dem frischgebackenen Paar gesellen. Und als wäre das noch nicht genug, bekommen auch die restlichen Anwesenden Ehepartner, die ihrerseits wiederum Affären haben. Verrückte Welt.

»Ich glaub, es geht los!«, sage ich entrüstet zu Riku. »Ich dachte immer, Japaner sind absolut korrekt? Und in einer Schiffsfamilie gibt es Affären?«

»Na ja, korrekt heißt das eher, dass man über außereheliche Aktivitäten nicht spricht. Aber unter der Hand sind Affären in Japan gang und gäbe.«

»Wirklich?«

»Ja. Die Ehe war lange Zeit einfach ein Bund, der das Fortbestehen der Familie sichern sollte. Was der Einzelne dabei fühlte, hat keinen interessiert. Und zum Teil ist das auch noch heute so. Deshalb sucht man sich in Japan Gefühle und Abenteuer oft außerhalb der Ehe. Das machen übrigens gerade Frauen, die ihre Gatten nicht mehr gerne sehen. Es gibt sogar einen extra Begriff für nervige Ehemänner: *Sodaigomi*, das heißt übersetzt Sperrmüll. Zugeben würde diese Zustände natürlich niemand. Aber es ist hinreichend bekannt. Such dir doch auch einen heißen Lover.« Riku lacht mich an. »Mich zum Beispiel.« Ich schüttle schmunzelnd den Kopf.

»Du meinst als Toyboy?« Ich grinse ihn an und versuche, nicht an Raffaele zu denken. Immerhin befinden wir uns gerade in einer Beziehungspause. Und offiziell ist daher alles erlaubt. Gebannt verfolge ich weiter das Geschehen. Auf der Bühne finden immer mehr Schiffsfamilien zueinander.

»Dana, das ist Nanami.« Riku stupst mich an und weist mit der Hand auf ein Mädchen, das sich zu uns gesellt hat. »Sie ist ebenfalls Übersetzerin auf dem Schiff.«

»Und, hast du schon eine Schiffsfamilie?«, frage ich sie.

»Ja, ich …«, Nanami fängt an zu lachen. »Ich … Ich … hahaha. Ich bin der Hund!«

»Was?« Ich kann es nicht fassen. »Wie geht das denn?«

»Na, die Frau auf der Bühne hat gesagt, sie will ein Haustier und dann habe ich Wuff gemacht. Und schwupps war ich der Familienhund.«

»Nicht im Ernst!« Ich kann nicht glauben, was ich da höre. »Es gibt ernsthaft Haustiere in den Familien?«

»Bei uns gibt es auch eine Katze …« Sie grinst mich an. »But I haven't met the cat yet!« Nanami prustet aufs Neue los.

»Das ist ja zum Schreien komisch!« Wir gackern. Ich halte mir den Bauch, als Riku sich zu Wort meldet. Er greift nach meinem Arm und reißt ihn nach oben.

»Hier!«, ruft er und winkt dem Herrn auf der Bühne zu. »Du brauchst auch eine Familie, und nun hast du eine!« Triumphierend blickt er mich an.

»Was? Nein! Ich will keine Familie. Ich hab schon genug bucklige Verwandtschaft in Deutschland.«

»Bucklig? Was ist das denn?«

»Das sagt man so bei uns … ich …« Verlegen schaue ich in die Runde und dann nach vorn auf die Bühne, wo mich ein älterer Herr auffordernd anblickt. Eigentlich sieht er ganz sympathisch aus.

»Nun geh schon!«, fordert Riku mich auf.

»Nein!«, entgegne ich energisch, aber als ich sehe, wie mich der Herr bittend anblickt, bringe ich es nicht übers Herz, ihn zu enttäuschen. »Nur wenn du mitkommst. Du bist mein Bruder.« Ich ziehe ihn hinter mir her. Im Weggehen grinse ich Nanami ins Gesicht. »War nett, dich kennenzulernen. Wuff!«, rufe ich und höre sie im Vorbeigehen lachen und knurren. Auf der Bühne angekommen verbeuge ich mich brav vor meinem neuen Großvater.

»Konichiwa. Wa tashi wa Dana desu«, stelle ich mich vor.

»Keonho Murakami«, antwortet er. »*O-genki desu ka?* Wie geht es Ihnen?«

»Gut«, erwidere ich und blicke Riku an. »Was heißt das auf Japanisch?«

»*Hai, genki desu anatawa.* Das heißt: Gut, und Ihnen?« ich spreche ihm nach, tue mich aber schwer. Herr Murakami lächelt. Dann wenden wir uns wieder der Schiffsbarbie zu, die eifrig damit beschäftigt ist, noch weitere Familienmitglieder zu rekrutieren.

»Oh no!«, zischt mir Riku plötzlich zu.

»Was denn?«

»Akiko hat sich für unsere Familie gemeldet. Das hat mir gerade noch gefehlt.« Ich folge seinem Blick und sehe die ältere Frau auf uns zukommen, die Riku vorhin an Deck zum Tanzen gezwungen hat. »Hauptsache, sie stellt sich nicht als meine Affäre vor!« Riku kichert, ich stimme mit ein. Am Ende wird Akiko mit Herrn Murakami verheiratet. Riku und ich sind Geschwister, Riku wird eine Ehefrau zugeteilt, und wir beide bekommen auch noch Mutter und Vater. Unsere Mutter wird mit zwei Liebschaften ausgestattet und unser Vater mit einer unehelichen Tochter, die ihrerseits liiert, aber nicht verheiratet ist. Skandalös! Meine Schiffsfamilie umfasst also elf Personen, und ich laufe Gefahr, den Überblick zu verlieren. Gerade als wir die Bühne verlassen wollen, meldet sich noch jemand aus dem Publikum zu Wort.

»Darf ich auch noch Teil dieser Familie sein? Sie braucht doch auch noch einen Ehemann!« Mit einem Satz steht der Tänzer Yuuku auf der Bühne und begrüßt mich mit einem freundlichen Lächeln. Er trägt immer noch seine Leopardenschuhe. Etwas verlegen schaue ich zur Seite; ich weiß nicht so recht, wie ich mit ihm umgehen soll. Dann bricht Riku das Schweigen.

»Also, dann sind wir zu zwölft. Was haltet Ihr davon, wenn wir nach dem Sportfest alle gemeinsam zusammen zum Dinner gehen?«

»Super Idee!« Langsam finde ich meine Sprache wieder.

»Na, dann bis dann, meine liebe Ehefrau. Ich freu mich drauf!«, ruft mein neuer Popstar-Ehemann mir zu und verlässt mit einem breiten Grinsen auf dem Gesicht die Runde ebenso plötzlich wie er gekommen ist.

Lost in Translation, oder: Warum die Japaner es lieben, in Gruppen unterwegs zu sein

Eine Kolumne von Dana Phillips

Liebe Komplizinnen! Haben Sie jemals einen Japaner gesehen, der allein unterwegs war? Der auf Reisen einsam auf einer Parkbank saß? Ich nicht. Hierzulande tauchen die Japaner vor allem in Gruppen auf, die mit Fotoapparaten unterwegs sind und sich mit Victory-Zeichen abbilden lassen. Deswegen kann man aber natürlich nicht alle Japaner über einen Kamm scheren. Nichtsdestotrotz ist an jedem Vorurteil etwas Wahres dran. Japaner lieben es einfach, in Gruppen etwas zu unternehmen. Selbst auf der Tanzfläche wird zu Technoklängen im Rudel getanzt. Das Bedürfnis nach Zusammenhalt hat natürlich auch einen Grund. Isolation auf der Insel und eine jahrhundertelange Abschließungspolitik gegenüber dem Ausland haben unter den Japanern eine Idee von Homogenität entstehen lassen, die nach außen hin ein Gefühl von Einzigartigkeit aufkommen lässt. Innerhalb des Landes begreift man sich trotzdem niemals als Einzelperson, sondern stets als Teil einer Gruppe. Es ist die Einfügung in eine Sinngemeinschaft – die der Großfamilie, des Dorfes, später der Firma oder eines anderen Kollektivs, die den Japaner zufrieden macht. Ziel ist es, auf keinen Fall aufzufallen. Schon im Kindergarten gehört die soziale Einordnung zu den wichtigsten Lektionen. Auch im Berufsleben werden Gruppen gebildet, denen man sich zugehörig fühlen muss, in der man im Kollektiv zum Einsatz motiviert wird, aber auch dem Druck unterworfen ist, sich anzupassen. Ob es um Geselligkeit im Kollegenkreis, Betriebsausflüge am Wochenende oder nicht genommenen Urlaub geht, der Japaner nimmt sich selbst stets hinter den Bedürfnissen der anderen zurück. Früher – und zum Teil auch heute noch, gingen die Japaner an sechs Tagen in der Woche aus dem Haus, um die Gruppenharmonie zu fördern, so dass sie ihre Familien nur am Wochenende zu Gesicht bekamen. Der hohe Druck und das geforderte soziale Engagement im Beruf hat sogar zum Tod durch Überarbeitung geführt.

Gruppendynamik wird in Japan groß geschrieben. Da die Japaner sich nur gemeinsam sicher fühlen, unterwerfen sie sich oft auch dem Zwang des Kollektivs. Wer dem Gruppentrend nicht folgt, wird komisch angesehen. Auf der anderen Seite ergibt sich durch den Wunsch nach Gemeinschaft auch ein starkes Zusammengehörigkeitsgefühl, ohne das sich eine Katastrophe wie die von Fukushima sicher nicht so hätte bewältigen lassen, wie es den Japanern gelungen ist.

Sayonara! Ihre Dana

12

Gericht:	*Brötchen von der Wäscheleine*
Japaner des Tages:	*Herr Murakami*
Place to be:	*Unter der Strumpfhose*
Erkenntnis:	*Auch große Japaner sind oft klein*

Noch vier Tage bis Peru. Die See ist ruhig und die Sonne brennt unbarmherzig von Himmel. Statt Pillen gegen Seekrankheit tauschen die Passagiere nun Sonnencreme aus. Mehrmals wird über die Lautsprecher des Schiffes darauf hingewiesen, dass wir nicht ohne UV-Schutz am Sportfest teilnehmen sollten. Da ich mich langsam an die Bevormundung von oben gewöhne, trotte ich brav in meine Kabine, um mich einzucremen. Dann mache ich mich auf den Weg. Als ich auf dem Pooldeck ankomme, herrscht dort schon reger Betrieb. Fast alle der tausend Passagiere bevölkern die Freifläche und haben sich bereits in ihren Gruppen eingefunden. Sie tragen blaue, rote, gelbe und weiße Outfits, niemand tanzt aus der Reihe. Die meisten Frauen und Mädchen des gelben Teams haben sich Zöpfe gemacht, um die sie gelbe Schleifen gebunden haben. Klassisches Kindchenschema. Die meisten Anwesenden tragen zusätzlich zu ihrem Teamoutfit noch einen Sonnenhut. Einige haben sich richtiggehend professionell verhüllt und machen damit Kyoko Konkurrenz, die wieder in ihrem Tahiti-Outfit erscheint. Mir kommt eine Person entgegen, bei der ich nicht ausmachen kann, ob es sich um einen Mann oder eine Frau handelt. Der Mensch ist mit einer Art Skianzug bekleidet, und das bei 27 Grad. Seine Hände stecken in schwarzen Radler-Handschuhen, der Kopf und das Gesicht sind komplett verhüllt. Eine Burka ist freizügig dagegen! Kopfschüttelnd laufe ich an dem Sonnenphobiker vorbei in Richtung meines Teams. Unschlüssig, was nun zu tun ist, bleibe ich stehen, als hinter mir eine Stimme ertönt.

»Hier bist du. Als meine Ehefrau könntest du dich wirklich besser um mich kümmern.«

Lachend drehe ich mich um und sehe Yuuku, den japanischen Popstar, auf mich zukommen. »Dasselbe könnte ich von dir behaupten!«, kontere ich. »Ich bin übrigens Dana. Ich glaube, wir wurden uns noch gar nicht richtig vorgestellt.«

»Ich bin Yuuku. Schön, dass wir in einem Team sind.« Gerade als wir anfangen wollen, uns zu unterhalten, ertönt feierliche Musik. Offenbar geht es jetzt los. Entschuldigend zeige ich nach vorne, wo sich ein paar Japaner am Rande der Bühne versammelt haben. Unter ihnen ist auch Riku, der die Aufgabe hat, alles was gesagt wird, ins Englische zu übersetzen.

»Ich möchte ein paar Regeln und Empfehlungen für den heutigen Tag aussprechen«, übersetzt er die Begrüßungsrede der Schiffsbarbie und macht eine bedeutungsvolle Pause. Ich muss schmunzeln.

»Ein Tag ohne Regeln, das will man ja auch wirklich niemandem zumuten«, sage ich lachend zu Yuuku.

»Mach dich nur über uns lustig! Sind wir denn so schlimm?«

»Nein, überhaupt nicht. Aber irgendwie seid ihr eigen.« Ich lächle ihn an. Er hat ein schönes Lachen, bei dem mir seine großen, weißen Zähne auffallen. Unter seinem T-Shirt zeichnen sich die Brustmuskeln ab, seine Hände sind gepflegt. Einmal mehr fällt mir auf, wie stark die Japaner auf ihre Figur bedacht sind. Yuuku ist außergewöhnlich groß.

»So, so. Du denkst also, ich bin eigen.« Er blickt mich herausfordernd an.

»Na ja, das war ja mehr so dahergesagt«, wiegele ich ab. »Zwischen Deutschen und Japanern liegen einfach Welten. Aber immerhin bist du einer der wenigen, denen ich nicht auf den Kopf spucken kann.«

»Ja, ja, von der großen Deutschen habe ich schon gehört. Das spricht sich rum.« Ich muss lachen, dann verfolge ich wieder das Geschehen auf der Bühne.

»Wenn Sie an dem Event teilnehmen möchten, achten Sie bitte darauf, Sportschuhe zu tragen«, ermahnt Riku die Anwesenden. »Und laufen Sie niemals zu schnell über das Pooldeck. Bitte denken Sie immer an das hohe Verletzungsrisiko.«

»Was ist das denn für ein Fest? Wie soll ich denn gewinnen, wenn ich mich nicht bewegen darf?«, frage ich kopfschüttelnd.

»Stellen Sie sicher, dass Sie sich immer mit genügend Sonnenschutz eingecremt haben und ausreichend Wasser trinken«, fährt Riku fort.

»Das meine ich«, sage ich lachend zu Yuuku. »So etwas würde bei uns niemals erklärt werden. Außer vielleicht bei einem Kindergeburtstag.«

»Wir bewahren uns eben das Kindsein«, antwortet Yuuku lachend.

»Na, da bin ich aber gespannt.« Ich will gerade nachfragen, was mich erwartet, als ein Mädchen aus dem gelben Team hektisch aufspringt und lauthals etwas schreit. Sie hat sich, anders als der Rest der Mannschaft, in eine Zebrahose geworfen. Darüber trägt sie ein gelbes T-Shirt und einen merkwürdigen Kopfschmuck. Hektisch umrundet sie eine Säule, versteckt sich hinter ihr, springt wieder hervor, zerrt ein paar Mädchen von den Stühlen, die unter dem Dach Schutz vor der Sonne gesucht haben. Ich will Yuuku fragen, was sie vorhaben, werde aber von erneuten Lautsprecheransagen davon abgehalten. Plötzlich fängt das gelbe Mädchen an, wie verrückt zu tanzen, dann bleibt sie stocksteif vor der Bühne stehen. Ihr Team jubelt ausgelassen. Sie scheint die Anführerin des gelben Teams zu sein und die Performance ist offenbar ihr Kampftanz, denn nacheinander treten nun auch die Führer der anderen Teams vor die Bühne. Der Pfiff einer Trillerpfeife zerschneidet die Stille, offenbar geht es los.

Gemeinsam verteilen wir Bällchen in unterschiedlichen Farben auf dem Boden des Pooldecks. Im Zentrum des Geschehens postiert sich der Kapitän des Schiffes. In seiner Hand hält er einen etwa vier Meter langen Stab, an dessen Ende sich ein großer Korb befindet.

»Das blaue Team beginnt«, höre ich Riku aus den Boxen rufen.

»Das sind wir! Los!«, befiehlt Yuuku und zieht mich auf die Mitte der Freifläche.

»Aber was muss ich denn jetzt tun?« Ich bin verunsichert.

»Ganz einfach. Das Team versucht in der vorgegebenen Zeit so viele Bällchen wie möglich in den Korb zu werfen.« Ich blicke mich um. Die blaue Mannschaft bringt sich in Stellung und ehe ich mich versehe, ertönt auch schon die Trillerpfeife, gefolgt von lauter Musik. Wie von der Tarantel gestochen greifen meine Teammitglieder nach den Bällchen und werfen sie in die Höhe. Ratlos stehe ich in ihrer Mitte.

»Nun mach schon!«, ruft Yuuku mir zu. Ich schnappe mir ein paar der Bälle und werfe sie einzeln in Richtung Korb. Yuuku fängt laut an zu lachen.

»Dana, du musst dich schon ein bisschen bewegen, wenn du treffen willst. Es geht hier nicht ums Schönwerfen! Achtest du permanent darauf, wie du aussiehst? Sei doch einfach mal locker.«

»Na, das sagt ja der Richtige.«

»Das Prinzip ist einfach, so viele Bälle wie möglich nach oben zu werfen. Ein paar davon werden schon reingehen! Also los!«

Ich verziehe leicht das Gesicht, dann ergebe ich mich in mein

Schicksal und werfe so viele Bälle nach oben, wie ich kann. Aber doof komme ich mir dabei immer noch vor. Ganz im Gegensatz zu den anderen, die voll in ihrem Element sind. Der Schlusspfiff ertönt. Die Bällchen aus dem Korb werden gezählt und die Anzahl der Treffer für jedes Team notiert.

Den Rest des Vormittags verbringen wir mit ähnlich kreativen Spielen. Wir überqueren das Schiff mit zusammengebundenen Füßen, veranstalten Eierlaufen, kriechen in bunten Kostümen unter einem großen Fischernetz entlang, verausgaben uns beim Gruppen-Seilspringen und versuchen Brötchen, die mit einer Wäscheklammer befestigt an einer Leine hängen, mit dem Mund zu fassen und sie, ohne sie fallen zu lassen, über die Ziellinie zu transportieren. Endlich eine Disziplin für mich. Lachend hänge ich in Limbo-Tanz-Pose unter der Wäscheleine und versuche das Brötchen mit dem Mund zu angeln.

»Dana go, Dana go!«, feuert Yuuku mich an. Endlich habe ich es geschafft, ergreife das Brötchen mit den Zähnen und trage es ins Ziel. Doch die mit Abstand schrägste Disziplin ist das Strumpfhosenziehen.

»Du trittst für unser Team an!«, entscheidet Yuuku und schubst mich in die Mitte. Dann zieht er mir eine Nylonstrumpfhose über das Gesicht, deren Beine mit der Strumpfhose meines Gegenübers verknotet sind, der sich ebenfalls das Ende über das Gesicht gezogen hat. Wir sehen total belämmert aus.

»Was muss ich machen?«, murmele ich unter der Maske hervor.

»Ziehen! Du musst sie dem Gegner vom Gesicht ziehen!«

In diesem Moment ertönt der Startpfiff und mein Kontrahent beginnt, wie wild an der Strumpfhose zu zerren. Es ist ein schwieriges Unterfangen, dem anderen die Strumpfhose vom Kopf zu ziehen, vor allem, da wir die Hände nicht benutzen dürfen. Mein Gegner zieht mich nach vorne. Aber ich halte dagegen.

Nach ein paar Sekunden des Ziehens und Zerrens rutscht ihm die Strumpfhose vom Gesicht.

»Juhuuuu!«, jubele ich. Yuuku fällt mir um den Hals und hebt mich hoch.

»Yeah, wir haben gewonnen!« Wir hüpfen auf und ab wie zwei kleine Kinder. Ich muss zugeben, ein Sportfest auf Japanisch macht deutlich mehr Spaß, als auf Deutsch.

»Das war lustig«, sage ich zu Yuuku.

»Sag ich doch! Du, jetzt ist meine Performance dran. Aber wir sehen uns ja später zu unserem Schiffsfamilien-Dinner, oder?«

»Ja, aber …«

»Bis gleich.« Er winkt mir zu und verabschiedet sich von den restlichen Mitgliedern des blauen Teams, dann verschwindet er in der Menge. Wenige Minuten später kehrt er zurück. Er hat sein T-Shirt ausgezogen und den mehr als ansehnlichen Körper mit blauen Streifen bemalt. Seine Schuhe hat er ausgezogen, das hätte Henry sicher gefallen. Zwanzig Männer mit ebenfalls nackten Oberkörpern versammeln sich hinter ihm. Dann ertönt Musik und die Gruppe legt eine Tanzperformance hin, die es in sich hat. Im Anschluss an die beeindruckenden Hip-Hop-Moves stürmt eine Horde Mädchen auf das Pooldeck und schubst die Jungs zur Seite, um ebenfalls eine Choreografie aufzuführen. Dann umringen sie Yuuku, der in ihrer Mitte ein Solo hinlegt. Grundsätzlich finde ich solche Auftritte eher peinlich, aber ich muss zugeben, dass es bei Yuuku ziemlich sexy aussieht. Irgendwie kann ich die Mädchen verstehen, die auf seinen Konzerten vor der Bühne stehen und ihn anhimmeln. Dana, ermahne ich mich, du wirst doch wohl nicht wegen eines japanischen Boygrouptänzers nervös werden! Nach der Vorführung kommt Yuuku noch einmal zu mir, während er sich mit einem blauen Handtuch die Schweißperlen von der Stirn tupft.

»Ich gehe mich kurz umziehen, dann sehen wir uns beim Essen«, sagt er selbstbewusst und streicht mir über die Wange.

»Klar. Bis gleich«, antworte ich betont cool. Schade, dass Ellen nicht hier ist. Wenn ich sie in meinem Team gehabt hätte, wäre das Ganze noch ein viel größerer Spaß gewesen. Und was die Beratung in Sachen Männer angeht, könnte ich sie auch gut gebrauchen. Ich muss mich unbedingt mit Kyoko aussöhnen, mir fehlt eine weibliche Bezugsperson.

Pünktlich um halb sieben erscheine ich am vereinbarten Treffpunkt für das Dinner mit meiner Schiffsfamilie. Mein Adoptivgroßvater und zwei Frauen, von denen ich nicht mehr weiß, ob eine von ihnen meine Mutter oder die uneheliche Tochter meines Vaters ist, warten bereits. Ich begrüße die beiden mit einer höflichen Verbeugung. Herr Murakami lächelt mich an.

»Sprechen Sie englisch?«, frage ich.

»No, no, no«, antwortet er und zuckt entschuldigend mit den Schultern. Auch die beiden Frauen schütteln die Köpfe. Ich lächle und blicke mich um, aber von den anderen ist noch niemand zu sehen. Nach ein paar Minuten schaut Herr Murakami ungeduldig auf die Uhr. Es ist erst kurz nach halb. Dennoch beginnt Herr Murakami ungeduldig auf und ab zu laufen. Zu gerne würde ich ihn in ein Gespräch verwickeln. Man fühlt sich wie amputiert, wenn man nicht in der Lage ist, mit anderen zu kommunizieren. Nach ein paar weiteren quälenden Minuten biegen endlich Riku und Yuuku um die Ecke. Gleichzeitig taucht auch unsere neue Großmutter Akiko auf, die Riku ungefragt an die Hand nimmt und ihn hinter sich her zum Buffet zieht.

»Riku hat wohl eine Verehrerin gefunden«, sagt Yuuku lachend zu mir.

»Ja, dabei ist sie doch seine Großmutter.« Ich schmunzle. »Ich glaube, sie hat ihre Rolle innerhalb der Familie noch nicht richtig begriffen.« Nachdem wir uns am Buffet mit Wasser, *Mizu*, ein paar Vorspeisen, den *Zensai*, gebratenem Reis, *Chahan* und Soße eingedeckt haben, setzen wir uns an einen der großen Tische auf dem Pooldeck. Riku macht uns miteinander bekannt. Ich stelle mich allen vor und werde natürlich wieder mehrfach gefragt, ob ich Bier mag. Nachdem Herr Murakami sich über die Vorzüge des deutschen Biers ausgelassen hat, erzählt er mir, dass er aus Hiroshima kommt.

»Machen Sie Urlaub auf dem Schiff?«, frage ich ihn.

»Nein, ich gehöre zu den Hibakusha, die an Bord sind.«

»Hibakusha? Was ist das denn?«, frage ich interessiert.

»Hibakusha sind überlebende Opfer der Atombomben von Hiroshima und Nagasaki«, übersetzt mir Riku seine Antwort. »Mittlerweile zählen aber generell Opfer von atomarer Strahlung dazu. Also auch die Menschen, die durch die Atomkatastrophe von Fukushima betroffen sind. Aber eigentlich leitet sich der Begriff von den Atombomben ab, die unser Land zerstört haben.«

»Moment …« Ich betrachte Herrn Murakami und beginne zu rechnen. Er wirkt noch gar nicht so alt. »Das war doch im Zweiten Weltkrieg. 1945. Ich will nicht unhöflich sein, aber darf ich fragen, wie alt Sie sind?«

»Natürlich. Ich bin 83.«

»Wie bitte?« Ich verschlucke mich fast an dem Hähnchenstück, das ich mir gerade in den Mund gesteckt habe. Ich kann es nicht glauben. Herr Murakami sieht höchstens aus wie Anfang sechzig. Und zwar wie ein sehr fitter Sechzigjähriger. Unter seinem Sportshirt zeichnen sich deutliche Oberarm- und Brustmuskeln ab, er hat mit Sicherheit kein Gramm Fett zu viel und seine Gesichtshaut ist ungewöhnlich glatt für sein Alter.

»Ich hätte Sie viel jünger geschätzt!«

»Vielen Dank für das Kompliment«, antwortet Herr Murakami. Er lacht und scheint geschmeichelt zu sein. »Nun, ich stehe jeden Morgen um vier Uhr dreißig auf. Dann gehe ich laufen oder Fahrrad fahren und mache noch eine Viertelstunde Krafttraining.«

»Jeden Tag?«, frage ich beeindruckt.

»Jeden Tag. Und ich ernähre mich gesund. Ich nehme jeden Tag eine Pille mit Garnelenextrakt zu mir. Das ist mein Geheimtipp. Gut für den Kopf und den Geist. Und dann gibt es noch etwas, auf das wir achten. Was glauben Sie, wann ich das erste Steak gegessen habe?«

»Ich weiß nicht.«

»Mit über zwanzig. Fleisch ist einfach ungesund. Wir Japaner wissen, wie man sich vernünftig ernährt. Bei uns gibt es viel Gemüse und Fisch. Das ist das Geheimrezept. Die einfache Regel lautet: Essen Sie nichts, was mehr als zwei Beine hat.« Er lacht mich an. »Vielleicht hat mich aber auch einfach meine Frau auf Trab gehalten. Eigentlich habe ich angefangen, für sie so früh aufzustehen. Damit ich morgens noch die Hausarbeit erledigen und für sie Frühstück machen kann. Ich habe es ihr immer ans Bett gebracht. Bis zum Schluss.« Nachdenklich hält Herr Murakami inne. Ich weiß nicht so recht, was ich antworten soll. Gerade bei emotionalen Themen ist es schwierig, immer erst die Übersetzung von Riku abzuwarten. Und sich darauf verlassen zu müssen, dass er das, was ich ausdrücken will, auch erfasst und richtig ausdrückt.

»Es tut mir sehr leid«, sage ich also etwas unbeholfen, weil ich nicht genau weiß, ob ich ihn richtig verstanden habe. Doch Herr Murakami lächelt mich an.

»Das muss es nicht. Sie hatte Krebs. Vermutlich durch die Strahlung. So genau weiß das aber niemand. Man kann nicht wirklich belegen, dass die Krankheit durch die atomare Strahlung hervorgerufen wurde. Es ist aber natürlich sehr wahrscheinlich.« Entschlossen und eindringlich blickt Herr Murakami mich an. Ich nicke bestätigend. Ich kann mir gut vorstellen, was ihm gerade durch den Kopf geht. »Aber wir hatten ein wunderbares Leben zusammen. Wir haben uns kennengelernt, als wir vierzehn waren, und seitdem waren wir nicht einen Tag getrennt. Ich bin sehr dankbar, dass wir uns so lange hatten.«

»Sie müssen sich sehr geliebt haben …«

»Ja, das haben wir. Und unsere Liebe hat vieles überwunden. Kriege, Armut, schwierige Zeiten. Nur gegen die Krankheit kamen wir nicht an. Krebs ist wie ein Gift. Es frisst sich in den Körper und lässt Sie nicht wieder los. Ein bisschen wie ein Drache, den man nicht besiegen kann.« Er hält einen Moment inne, dann fährt er fort. »Ich wusste damals gar nicht, was eine Atombombe ist. Woher auch. Ich weiß noch, dass ich in der Schule war, als es passierte. Der Unterricht war gerade zu Ende. Ein paar Schüler sind noch im Klassenraum geblieben. Ich bin nach Hause gegangen, und das hat mir das Leben gerettet. Alle Schüler, die dort geblieben sind, waren sofort tot. Ich muss noch heute oft an sie denken.«

»Und wie ging es dann weiter?«, frage ich vorsichtig.

»Ich war schon weiter weg von der Schule, es gab plötzlich diesen blauen Lichtblitz und eine Druckwelle, ich wurde weggeschleudert. Ich wusste ja gar nicht, was passiert war. Irgendwie habe ich es geschafft, mich wieder aufzurichten. Ich bin orientierungslos herumgelaufen. Erst war es still, dann hörte ich Rufe, sah eingestürzte Häuser. Ich bin Menschen auf der Straße begegnet, die waren fast nackt und ihre Haut hing von ihrem Körper herab.« Herr Murakami hält mir seinen Arm entgegen und zeigt mit der anderen Hand auf seine Finger. »Die Haut hat sich überall gelöst und hing von den Fingerspitzen herunter. Als Fetzen, wie Stoff. Einfach so.« Er hält inne. Nach einer kurzen Pause fährt er fort. »Menschen lagen auf der Straße, hielten sich an meinen Beinen fest, flehten um Hilfe. Aber ich konnte ihnen ja nicht helfen. Es war furchtbar.« Gebannt höre ich Herrn Murakamis Geschichte zu. Wie viele tote Menschen er gesehen, wie viele Angehörige er verloren und wie er unter den Folgen der Atombombe zu leiden hatte.

»Ich wurde stark verbrannt. Über Wochen haben sich meine

Wunden am Rücken und im Nacken entzündet. Meine Mutter hat mit Stäbchen die Maden aus dem offenen Fleisch gepickt, immer und immer wieder. Irgendwann hat sie zu mir gesagt, mein Sohn, vielleicht ist es besser, wenn du stirbst.« Ich muss schlucken. Herr Murakamis Geschichte ist so grauenhaft, dass ich sie kaum fassen kann. Die extremen Gegensätze dieses Tages überfordern mich. Erst das lustige und unbeschwerte Sportfest und jetzt diese so persönliche, erschütternde Lebensgeschichte. Einen Moment lange blicke ich ihn schweigend an.

»Wie haben Sie es geschafft?«, bringe ich dann mühsam hervor.

»Ich weiß es nicht. Irgendwann waren die Verbrennungen verheilt. Und wie durch ein Wunder bin ich nie wieder krank geworden. Ich bin so dankbar dafür. Gesundheit ist ein hohes Gut. Deshalb achte ich auch sehr auf mich. Das Leben ist kostbar, wissen Sie?«

»Ja, da haben Sie recht«, entgegne ich. »Manchmal vergisst man das.« Ich bin beeindruckt, was dieser Mann alles durchmachen musste und trotzdem kann ich in seinem Gesicht keine Zeichen von Schwere, Bitterkeit oder Unglück erkennen. Herr Murakami streicht mir über den Arm, eine ungewöhnliche Geste für einen Japaner. Dann lächelt er mich an.

»Ich freue mich sehr, dass Sie mir zugehört haben. Ich setze mich für eine atomwaffenfreie Welt ein. Und ich würde mich freuen, wenn Sie meine Geschichte weitererzählen.«

»Ja, natürlich. Es ist bewundernswert, dass sie darüber reden können. Ich wüsste nicht, ob ich das könnte.«

»Das fällt mir nicht gerade leicht. Aber es ist mir wichtig, dass die Menschen von meinen Erlebnissen erfahren. Ich möchte ihnen klarmachen, wie gefährlich Atomwaffen sind. Und es gibt nicht mehr viele von uns Überlebenden. Irgendwann werden die Menschen, die Hiroshima und Nagasaki erlebt haben, alle tot sein. Dann können sie niemandem mehr davon erzählen. Versprechen Sie mir noch etwas?«

»Ja?«

»Gehen Sie behutsam mit Ihrem Körper um. Achten Sie auf sich. Und bewegen Sie sich. Bewegung ist der Schlüssel zu guter Gesundheit und zu einem langen Leben.« Eindringlich blickt er mich an. »Wir müssen uns das nur von den Tieren abschauen. Tiere sind immer in Bewegung. Sie sind ein gutes Vorbild.«

»Das stimmt.« Herr Murakami nickt zufrieden. Dann steht er auf und verbeugt sich vor mir.

»Es war sehr nett, Sie kennenzulernen.«

»Ganz meinerseits«, sage ich etwas erschöpft.

Nachdem Herr Murakami sich verabschiedet hat, brechen auch die anderen auf. Riku, Yuuku und ich bleiben noch einen Moment zusammen stehen.

»Wow«, entfährt es mir.

»Es ist beeindruckend, mit ihnen zu reden, oder?«, sagt Riku und blickt mich ernst an.

»Und so erschütternd. Es ist so grausam.«

»Ja«, antwortet er und deutet mit seinem Kinn in die andere Richtung. »Siehst du die alte Dame dort?« Ich blicke mich um und entdecke ein paar Meter hinter uns eine weißhaarige Frau. Sie ist klein und hat ein außergewöhnlich schönes Gesicht. Ihre Haut ist hell und glatt, ihre Augen strahlend blau. Die kinnlangen Haare umspielen ihr Gesicht in Wellen. »Sie gehört ebenfalls zu den Hibakushas. Sie ist schon fast neunzig.«

»Wahnsinn. Sie sieht gut aus. Und gar nicht unglücklich. Wie schaffen die Hibakushas das bloß.«

»Ich glaube, wir Menschen können mehr aushalten, als wir denken«, entgegnet Yuuku. »Und Glück ist vielleicht auch dabei, den meisten ist es leider nicht so gut ergangen.«

»Ja, wahrscheinlich. Anders kann ich es mir nicht erklären.

Aber ich finde es sehr bereichernd, dass wir hier auf dem *Peaceboat* die Gelegenheit haben, mit all diesen Menschen zu sprechen. Das ist ja auch das Ziel. Gegenden dieser Erde kennenzulernen, in denen es den Menschen nicht so gut geht. Zum Beispiel bei den Landgängen. Ich bin schon sehr gespannt auf Peru.«

»Oh, ich auch. Apropos. Was machst du denn dort? Hast du Lust, in Peru den Tag mit mir zu verbringen?« Yuuku wechselt das Thema.

»Gerne«, antworte ich spontan. Ich blicke Riku an. »Und du? Hast du auch Lust?«

»Ja, schon, aber ich muss für eine der geplanten Touren den Führer spielen.« Bedauernd zuckt Riku mit den Schultern.

»Schade«, entgegne ich.

»Ja. Wirklich schade«, mischt sich auch Yuuku ein, aber ich werde den Eindruck nicht los, dass er ganz froh darüber ist, den Tag allein mit mir verbringen zu können.

Lost in Translation, oder: Warum es in Japan Hibakushas gibt

Eine Kolumne von Dana Phillips

Liebe Komplizinnen! Vor meiner Reise war mir das Wort Hibakusha noch nicht geläufig, wahrscheinlich geht es Ihnen ähnlich. Dabei hat es doch eine so ungemein wichtige Bedeutung. Direkt übersetzt heißt es *von einer Explosion betroffene Menschen*, faktisch bezeichnet es die Überlebenden der Atombombenabwürfe auf Hiroshima und Nagasaki im August 1945. Hibakusha sind also Menschen, die diese Katastrophe unmittelbar er- und überlebt haben und deren Risiko, durch die Strahlung zu erkranken oder früher zu sterben, deutlich angestiegen ist. Viele von ihnen leiden seit Jahrzehnten unter den Verletzungen, den Spätfolgen der Strahlung und den damit zusammenhängenden psychischen Belastungen. Immer noch müssen sie die traumatische Erfahrung verarbeiten, viele Angehörige durch die Bombardierung verloren zu haben. Auch holten sie die grausamen Erlebnisse immer wieder ein, vor allem, weil eine ungewisse Zukunft vor ihnen lag. Niemand konnte ihnen sagen, was für Spätfolgen auf sie und ihre Nachkommen warten würden. Zu allem Überfluss wurden die Hibakusha auch noch von der japanischen Gesellschaft diskriminiert: Weil die Strahlenkrankheit als ansteckend galt, wurden die Opfer aufgrund mangelnder Information über die tatsächlichen Spätfolgen gesellschaftlich ausgegrenzt.

Staatliche Unterstützung wurde ihnen erst 1957, mehr

als zehn Jahre nach dem Unglück, zugesichert. Dennoch mussten sie teilweise jahrelang auf ärztliche Versorgung warten. Und bis heute ist die finanzielle Situation vieler Hibakusha nicht gesichert. Mit der Atomkatastrophe von Fukushima ist eine neue Generation der Hibakusha geboren. Auch sie müssen Diskriminierung fürchten, denn nach wie vor wissen etliche Japaner zu wenig über die Gefahren der Atomkraft und die Auswirkungen, die atomare Strahlung auf den Körper haben kann.

Sayonara! Ihre Dana

13

Gericht:	*Eis am Stiel*
Japaner des Tages:	*Die Grazien auf der Rückbank*
Place to be:	*Villa El Salvador*
Erkenntnis:	*Wer schläft, muss keine Angst haben*

Es ist bereits dunkel, als wir in der Ferne die glitzernden Lichter der peruanischen Küste entdecken. Über uns am Firmament leuchten klar und hell die Sterne, die Sternbilder sind deutlich zu erkennen und beim Anblick der Milchstraße stockt mir der Atem. Aufgeregt laufe ich an Deck auf und ab, als wir in den Hafen von Callao einlaufen. Südamerika. Am liebsten würde ich gleich von Bord stürmen, aber die Gegend ist gefährlich, weshalb an diesem Abend niemand von uns mehr das Schiff verlassen darf. Sehnsüchtig starren wir Richtung Land. Aber statt eines Spaziergangs auf peruanischem Boden wartet erstmal ein Vorbereitungskurs auf uns. Ich werde den Eindruck nicht los, dass hier nichts unternommen wird, ohne dass man vorher mindestens drei Besprechungen und vier Einführungstreffen belegen muss. Im *Broadway* ist bereits jede Menge los, der Raum ist bis auf den letzten Platz gefüllt. Auf der Bühne haben sich einige der Übersetzer versammelt, die das Seminar leiten.

»Das Motto des heutigen Kurses: Sicher, gut, schlau!«, beginnt einer von ihnen zu erklären. »Es ist gefährlich, zu glauben, dass es überall auf der Welt so sicher ist wie in Japan«, fährt der Lehrer fort. »Aber wir dürfen auch nicht zu ängstlich sein, Kontakt mit den Menschen aufzunehmen. Nicht jeder will Ihnen wehtun! Wir werden Ihnen jetzt ein paar klassische Situationen vorspielen, damit Sie wissen, wie Sie sich richtig verhalten.« Ich blicke mich im Raum um. Einige der Anwesenden tragen Mundschutz, vermutlich auch im Interesse der Sicherheit. Ein als Tourist verkleideter Übersetzer betritt die Bühne. Er trägt eine Tasche in der Hand, um seinen Hals hängt eine Kamera. Bevor er beginnt zu fotografieren, stellt er die Tasche auf dem Boden ab.

»Was macht er falsch?«, fragt der zweite Übersetzer auf der Bühne. Schweigen im Publikum.

»Er hat seine Tasche achtlos auf den Boden gestellt und sich umgedreht. So könnte sie sofort gestohlen werden.« Ich seufze. Eine Überforderung stellt dieser Kurs nicht gerade dar. Aber den Kurs vorzeitig zu verlassen, wäre unhöflich. Auf der Bühne wird die nächste Situation nachgestellt. Der nächste Darsteller trägt einen schicken Anzug, darunter ein T-Shirt mit der Aufschrift »I love Peru«, außerdem glänzende Lederschuhe und eine Ray-Ban-Sonnenbrille. In den Händen hält er einen aufgeklappten Stadtplan. Erneut wird das Publikum gefragt, was an dieser Situation nicht ganz stimmen könnte.

»Die Aufschrift auf dem T-Shirt. Die müsste doch Spanisch sein, wir fahren doch nach Peru«, meldet sich eine japanische Dame. Der Übersetzer lacht.

»Ja, das stimmt natürlich. Aber vor allem benimmt er sich sehr auffällig. Man sieht sofort, dass er ein Tourist ist und dass er reich ist. Das ist gefährlich.« Im Anschluss zieht der *Reiche* ein Bündel Geld aus der Tasche und betrachtet es auffällig, dann steckt er es in seine Jeans.

»Auch das ist falsch. Man sollte die Scheine auf keinen Fall so offensichtlich zählen. Sonst sieht jeder gleich, dass man viel Geld dabei hat. Und um sich vor Gaunern zu schützen, muss man es unbedingt immer auf mehrere Taschen verteilen. Und man sollte immer nur genau so viel Geld dabei haben, wie man braucht. Niemals mehr.« Ich muss lachen. In der Regel habe ich immer weniger Geld dabei, als ich brauche, aber definitiv immer mehr, als ich eigentlich besitze. Dieser Kurs ist einfach zu lustig. In Deutschland würden die Leute denken, man wolle sie auf den Arm nehmen. Leise verlasse ich nun doch meinen Platz; ich habe genug gehört und gönne mir lieber einen Kaffee an Deck. Die Vorstellung, den kommenden Tag allein mit Yuuku in Peru zu verbringen, macht mich nervös. Irgendwie kribbelt es in meinem Bauch, wenn er in der Nähe ist, obwohl er eigentlich gar nicht mein Typ ist. Ich kann mir richtig vorstellen, wie meine beste Freundin Ellen reagieren würde. *Ein Japaner?* Sie würde mich entrüstet anschauen. *Der ist doch garantiert kleiner als du!* Ich vermisse es, mit ihr zu telefonieren. Überhaupt fehlt es mir, mich in meiner Muttersprache unterhalten zu können.

Nach einer unruhigen Nacht werde ich am nächsten Morgen zu nachtschlafender Zeit unsanft aus dem Schlaf gerissen. Ich erwache von einem Knacken in den Lautsprechern.

»Dies ist eine Durchsage der Rezeption«, blökt es durch die Kabine. »Wenn Sie in Peru das Schiff verlassen, denken Sie daran, Ihren Reisepass mitzunehmen. Sie können ihn an der Ausgabestelle abholen.« Verschlafen öffne ich ein Auge und werfe einen Blick auf den Wecker. Punkt fünf. Morgens. Es muss sich um einen Irrtum handeln! Ich kontrolliere die Uhrzeit noch einmal auf meiner Armbanduhr, doch es stimmt. Es ist tatsächlich fünf Uhr früh. Missmutig wälze ich mich auf die andere Seite und versuche wieder einzuschlafen. Nachdem ich mich ein paar Mal hin und her gedreht habe, falle ich wieder in einen leichten Schlaf. Um fünf Uhr dreißig das ganze Spektakel von vorne.

»Dies ist eine Durchsage der Rezeption ...« Es folgt erneut die Anweisung, den Reisepass einzupacken. Von da an ertönt die Ansage im Halbstundentakt. Um sechs, um halb sieben und für alle, die es immer noch nicht verstanden haben, auch noch mal um sieben. Ich hieve mich aus dem Bett, schlafen kann ich ja doch nicht mehr, und blicke aus dem Fenster. Das einzige Bild, das ich von Peru im Kopf habe, sind die grünen Berge von Machu Picchu – doch das, was ich jetzt sehe, hat keinerlei Ähnlichkeit damit. Wir haben mittlerweile in der Hafenstadt Callao angelegt, die auf den ersten Blick ziemlich trostlos und grau wirkt. Zudem gilt sie auch noch als ziemlich gefährlich, zumindest im Hafengebiet. Yuuku und ich treffen uns um acht am Ausgang des Schiffes. Wir haben uns für eine der geführten *Peaceboat*-Touren angemeldet, um das Land zu erkunden. Unsere Tour führt uns nach Villa El Salvador, einen Slum der peruanischen Hauptstadt Lima mit rund 350 000 Einwohnern.

»Guten Morgen, schöne Deutsche!«, begrüßt mich Yuuku, der bereits ungeduldig vor dem Schiff auf und ab geht.

»Hey«, antworte ich etwas verlegen. Doch bevor ich über einen coolen Spruch nachdenken kann, werden wir schon generalstabsmäßig in den Bus verfrachtet. Natürlich nicht, ohne dass vorher unser Tourticket mehrfach kontrolliert und unser Name auf der Liste sorgfältig abgehakt wurde. Nachdem alle Passagiere ihre Plätze eingenommen haben, fahren wir an der Küstenstraße von Lima entlang, die von großen, grün bewachsenen Felsen gesäumt ist. Dahinter zeichnet sich die Großstadt ab. Das Meer zu meiner Rechten ist türkis, die Wellen brechen sich am Ufer, der romantisch anmutende Strand einerseits und die Hochhäuser andererseits bilden einen merkwürdigen Kontrast. Lima wirkt modern und gleichzeitig irgendwie anders als die Städte, die ich bislang gesehen habe. Eine der Übersetzerinnen beginnt auf Japanisch, etwas zu erklären.

»Sie erzählt gerade etwas über Villa El Salvador. Ursprünglich war das eine Barackenstadt, also ein Slum. Die Leute haben sich dort mitten in der Wüste einfach ohne Genehmigung niedergelassen, in selbst gebauten Hütten. Mittlerweile ist der Stadtteil aber offiziell anerkannt«, versorgt Yuuku mich mit den nötigen Informationen.

»Warst du schon mal in einem Slum?«

»Ich? Nein! Ich habe außerhalb von Asien kaum etwas gesehen, und wir sind ja ständig auf Tour mit der Band. Außer Hotels oder Konzerthallen lernt man da nicht viel kennen. Da ist für so etwas keine Zeit.«

»Hm«, murmele ich nachdenklich und blicke aus dem Fenster. Wir haben den Stadtkern von Lima schon eine Weile verlassen, und man merkt, dass die Gegend ärmlicher wird. Am Straßenrand entdecke ich zahlreiche kaputte Häuser, das Umland wird karger, die Luft staubiger, je mehr wir Richtung Wüste fahren. Als wir Villa El Salvador erreichen, bin ich überrascht, wie »normal« die Stadt aussieht. Eigentlich merke ich auf den ersten Blick kaum einen Unterschied zur Innenstadt von Lima. Die Straßen sind breit und gepflastert, es herrscht reger Verkehr. Auffällig sind die sogenannten Trimovils, auch Mototaxis genannt, dreirädrige Miniautos in bunten Farben, die überall über die Kreuzungen brettern.

»Das ist schon beeindruckend. Die haben sich hier einfach selbst organisiert. Ganz lange gab es hier nicht mal Straßen, kein Wasser und keinen Strom. Aber die Menschen haben so erfolgreich zusammengearbeitet, dass sie alles, was sie brauchten, irgendwie zusammenbekommen haben«, übersetzt mir Yuuku. Je länger wir durch die Stadt fahren, desto ärmlicher wird die Gegend. Hier kann man den ursprünglichen Zustand der Stadt noch erahnen. Wir passieren Hütten, deren Dächer nur aus Wellblech bestehen. Die bunten T-Shirts, die auf Wäscheleinen hängen, die sich von einem Haus zum nächsten spannen, flattern im Wind. Unter einem kaputten Vordach haben sich ein paar Leute zusammengefunden, um Müll zu verbrennen. Eine Viertelstunde später verlassen wir die Wohngegend und fahren Richtung Hochland, um einen Friedhof am Stadtrand zu besuchen. Von hier oben hat man einen hervorragenden Blick auf die Stadt.

Schau mal!« Yuuku zeigt auf einen Betonblock. »Sind das Gräber?«

»Ich glaube schon.« Wir laufen einen staubigen Weg entlang, bis wir an einer Gemeinschaftsgrabanlage ankommen, in der sich in mehreren Reihen übereinander etliche Grabkammern befinden. Die Vorstellung, dass hier Mensch an Mensch so eng eingezwängt in einem Totenquartier nebeneinander liegt, finde ich irgendwie befremdlich. An den Gräbern stehen die Namen der Toten, hier und da sind sie mit einem vergilbten Foto geschmückt. Ich fühle mich ein wenig wie ein Eindringling, ein Voyeur, wie ich hier mitten zwischen den Gräbern fremder Menschen stehe. Ich blicke mich um. Der Rest meiner Reisegruppe ist auseinandergestoben und läuft kreuz und quer über den Friedhof. Hier und da werden ein paar Fotos geschossen. Yuuku und ich schlendern über das Gelände, vorbei an ein paar Einzelgräbern. Nach einer Weile finden wir uns am monumentalsten Grab des Friedhofs ein, vor dem sich bereits unsere Reiseführerin platziert hat.

»Das hier ist das Grab von Maria Elena Moyano Delgado. Sie war die Vorsitzende der Frauenvereinigung hier in Villa El Salvador und hat sich dafür eingesetzt, dass die Menschen Lebensmittel bekommen und medizinisch versorgt werden. Außerdem hat sie Opfern von Gewalt geholfen. All das war Ende der Achtziger Jahre, als die Terroristengruppe *Der leuchtende Pfad* hier ihr Unwesen trieb. Es war eine harte Zeit …«, übersetzt Yuuku. »Du siehst gut aus«, sagt er auf einmal etwas unvermittelt.

»Du bist unmöglich«, zische ich ihm zu, muss dann aber doch lächeln. »Hör lieber zu.«

»Ach komm. Jetzt tu doch nicht so, als fändest du peruanische Geschichte besonders spannend.« Yuuku schüttelt den Kopf.

»Der *Leuchtende Pfad* hat für Angst und Schrecken gesorgt. Sie haben Frau Moyano Delgado umgebracht«, fährt die Reiseleiterin fort. Hinter mir höre ich es rascheln. Ich drehe mich um. Einer der Japaner packt ein Eis aus. Wo er das nur her hat?

»Sie wollten ein Exempel statuieren. Aber das ging gründlich schief. Ihr Tod bedeutete das Ende der Terrorgruppe. Die Menschen haben verstanden, dass die Gruppe nicht für sie gekämpft hat, sondern nur Angst, Schrecken und Gewalt verbreiten wollte. So war Maria Elenas Tod doch für etwas gut. Sie ruhe in Frieden!«

Yuuku verschwindet kurz und kommt Sekunden später mit zwei Eis zurück. Fragend blicke ich ihn an.

»Wo hast du das denn her?«

»Na, von dem Eisverkäufer da.« Er zeigt auf einen Mann, der seelenruhig seinen Eiswagen vor sich her schiebt, gerade rollt er zielstrebig auf eines der großen Kreuze zu. Das Geschäft mit dem Tod.

»Das ist doch absurd.«

»Was denn?« Yuuku wickelt mein Eis aus und drückt es mir in die Hand.

»Ich stehe mitten in der Wüste von Peru, auf einem Friedhof für Terroropfer, umringt von achtzig Japanern, die Eis am Stiel schlecken.«

»Ich weiß wirklich nicht, was du dagegen hast, von Japanern umringt zu sein.« Er zwinkert mir zu, ich lache. Bevor ich etwas erwidern kann, zieht er mich hinter sich her. Die Gruppe hat sich in Bewegung gesetzt und steigt wieder in den Reisebus. Die nächste Station auf unserer Tour durch die Slumstadt ist das lokale Kunst- und Theaterprojekt »Arena y Esteras«, das sich um die benachteiligten Kinder von Villa El Salvador kümmert. Als wir an dem bunten Gebäude ankommen, empfangen uns die Kinder, die sich bereits fantasievoll gekleidet haben. Auch wir haben die Möglichkeit, uns ein paar farbige Klamotten auszuleihen und lassen uns von den Kindern peruanische Muster auf das Gesicht auftragen. Der Plan: eine Parade durch das Slumgebiet, um darauf aufmerksam zu machen, wie wichtig eine unbeschwerte Kindheit ist. Mit großen Trommeln, bunten Fahnen und einem Megafon bewaffnet, ziehen wir durch die Straßen. Ich muss lachen, als ich eine der Japanerinnen entdecke, die mit ihrem Kimino und einem aufgespannten Regenschirm zum Schutz vor der Sonne einen interessanten Kontrast zur peruanischen Wüste bildet. Lautstark ziehen wir durch die Straßen, vorbei an ein paar Kindern, die mit Müll spielen und unser Spektakel mit großen Augen verfolgen. Wir überqueren einen kleinen Markt, auf dem Gemüse und Fleisch in dreckigen Kisten angeboten werden. Kinder stehen hinter den Ständen und packen mit an. Dann entdecke ich eine Frau, die auf dem Fußboden liegt.

»Was ist denn mit ihr? Braucht sie Hilfe?«, frage ich einen der peruanischen Begleiter, der neben mir her läuft.

»Ach was. Die ist nur wieder besoffen. Schläft ihren Rausch aus. Die wird schon wieder«, entgegnet er trocken. Im Vorbeigehen betrachte ich die Frau, die ganz offensichtlich schwanger ist. Doch niemand scheint sich daran zu stören. Auch die Teilnehmer meiner Reisegruppe haben sie offensichtlich nicht bemerkt. Denn sie schwingen weiter gutgelaunt ihre Fahnen und singen peruanische Lieder. Nach einer guten halben Stunde erreichen wir einen Platz, auf dem schon weitere Kinder zusammengekommen sind. Eines der peruanischen Mädchen ergreift das Wort.

»Wir wollen voneinander lernen«, ruft sie in die Menge. Alle klatschen, auch Yuuku und ich stimmen mit ein.

»Die Japaner werden den peruanischen Kindern jetzt Origami beibringen.« Yuuku zieht ein paar Papierbögen aus seiner Tasche. Dann setzt er sich auf den Fußboden und wird sofort von einer Horde peruanischer Kinder umringt. Ich setze mich dazu und verfolge gebannt, wie er in Windeseile kleine Schwäne und Blumen aus dem Papier zaubert. Dann reicht er jedem von uns ebenfalls eines der Blätter und zeigt, wie das Falten funktioniert. Ich blicke mich um; überall auf dem Platz haben sich kleine Grüppchen gebildet, es wird fleißig gebastelt und gefaltet. Die Kinderhände sind geschickter als meine, und schnell stehen kleine Kunstwerke auf dem Boden. Ich streichle dem kleinen Mädchen über den Kopf, das sich neben mich gesetzt hat. Es ist höchstens drei Jahre alt. Schüchtern blickt es mich mit großen Augen an. Ich schenke ihr meinen eher stümperhaft gefalteten Schwan. Es strahlt.

Eigentlich ist es geplant, in dem Slum zu übernachten, um einen Eindruck davon zu bekommen, wie es ist, unter einfachen Umständen zu leben. Doch Yuuku und ich entscheiden uns dagegen, weil wir am nächsten Tag noch die Hauptstadt Lima ansehen möchten. Wir verabschieden uns von den anderen und laufen Richtung Straße, wo immer noch der Reisebus steht, mit dem wir in den Slum gefahren sind.

»Muss der nicht auch wieder in die Stadt? Vielleicht kann er uns mitnehmen.« Ich wende mich an unsere Reiseleiterin. »Entschuldige, sag mal, wäre es möglich, dass wir mit dem Bus zurück nach Lima fahren?«

»Tut mir leid, das geht nicht.«

»Oh, schade. Fährt der Bus nicht nach Lima zurück?«

»Doch, aber es ist nicht vertraglich vereinbart, dass er Passagiere außer der Reihe mit zurück nimmt.«

»Aber er hat uns doch den ganzen Tag gefahren.« Irritiert blicke ich mein Gegenüber an.

»Ja, aber der Fahrer hat jetzt Feierabend und bringt den Bus nur zurück in den Bahnhof.«

»Aber er fährt doch sowieso nach Lima?«

»Dana …« Yuuku mischt sich in das Gespräch ein.

»Wie sollen wir denn dann hier wegkommen?« Ratlos blicke ich die Reiseleiterin an. Auf der Straße fährt hupend ein altes Taxi vorbei, das nicht gerade vertrauenerweckend aussieht. Die Reiseleiterin zeigt auf den Wagen.

»Mit einem Taxi? Ihr setzt uns hier lieber in ein Slumtaxi, von dem ihr nicht wisst, ob wir jemals auch nur irgendwo lebend ankommen, anstatt euch einmal über die Regeln im Vertrag hinwegzusetzen und uns mit dem Bus fahren zu lassen? Der wohlgemerkt sowieso in die Stadt fährt?«

Yuuku zieht mich zur Seite. »Nun reg dich doch nicht auf.« Beruhigend legt er seine Hand auf meinen Arm.

»Was ist das denn für eine Logik?«

»Wir kommen schon heil nach Hause!« Yuuku tritt an die Straße und winkt einem der klapprigen Taxis zu. Mit Händen und Füßen erklärt er ihm, wo wir hinmüssen. Als wir in das Taxi steigen, kommt die Reiseleiterin auf uns zu.

»Könnt ihr noch zwei der anderen Teilnehmer mitnehmen? Die beiden wollen auch lieber zurück aufs Schiff.«

»Ich weiß nicht, ob das nicht gegen die Regeln verstößt«, entgegne ich ironisch. Yuuku kneift mir in den Arm.

»Au!«

»Nun hör doch mal auf! Na klar nehmen wir die beiden mit.« Skeptisch steige ich vorne ins Taxi ein, Yuuku nimmt mit den beiden Mädchen auf dem Rücksitz Platz. Der Taxifahrer gibt ruckartig Gas, dann durchqueren wir in rasantem Tempo das Slumgebiet. Nach ein paar Minuten Fahrt reißt der Fahrer das Steuer herum und macht einen U-Turn, um schnell wieder in die entgegengesetzte Richtung zu fahren. Ängstlich halte ich mich am Türgriff fest und starre geradeaus, um mir nicht anmerken zu lassen, wie mir gerade das Herz in die Hose rutscht. Ich bin mir sicher, dass der Fahrer gleich in einer dunklen Ecke anhalten und uns überfallen wird. Mein Herz klopft laut in meiner Brust. Worauf habe ich mich hier nur eingelassen? Doch ein paar Straßen weiter biegen wir nach rechts ab und befinden uns wieder auf der Hauptstraße, die aus dem Slum herausführt. Scheinbar war die Strecke nur eine Abkürzung. Vorsichtig drehe ich mich zu Yuuku um, der mich anlächelt. *Alles okay* formt er lautlos mit seinen Lippen, aber auch er sieht so aus, als wäre er zwischendurch etwas beunruhigt gewesen. Zehn Minuten später haben wir die Hafenstraße von Lima erreicht, als der Fahrer in einer dunklen Gegend plötzlich mit einer Vollbremsung am Straßenrand anhält und aus dem Wagen springt. Ich verfalle erneut in eine Art Schockstarre. In der Dunkelheit kann ich ein paar alte Baracken erkennen. Hat er sich hier mit seinen Kumpels verabredet, um uns den Garaus zu machen?

»Wieso halten wir hier?«, zische ich Richtung Rückbank.

»Ich hab keine Ahnung.« Yuuku wirft einen ratlosen Blick aus dem Fenster. Der Taxifahrer läuft ein paar Mal hektisch auf und ab. Dann reißt er die Fahrertür wieder auf, zieht an einem Hebel im Fußraum und öffnet die Motorhaube. Nach einer Weile schlägt er sie zufrieden wieder zu. Mit einem Satz springt er auf den Fahrersitz und gibt Vollgas.

»Licht kaputt!«, sagt er in gebrochenem Englisch und grinst zahnlos. Mit quietschenden Reifen fegt er quer über die Fahrbahn auf die linke Spur, um fünf Minuten später im Hafen von Callao vor unserem Schiff anzuhalten. Lautstark atme ich aus und drücke dem Fahrer das Geld für die Fahrt in die Hand. In diesem Moment ertönt von der Rückbank ein lautes Schnarchen. Fassungslos blicke ich mich um. Die beiden Mädchen haben die Köpfe aneinandergelehnt und haben die gesamte Aufregung verschlafen.

Als wir zurück an Bord kommen, ist das Schiff wie ausgestorben. Kein einziger Japaner scheint sich an Deck aufzuhalten. Schweigend laufen wir durch die Actorsbar und den Freespace – doch auch hier ist niemand zu sehen.

»Wo sind die nur alle?«, frage ich Yuuku, der ein kurzes Schlagzeug-Solo auf der Bühne neben der Tanzfläche hinlegt.

»Wahrscheinlich alle auf Landgang.« Wir verabschieden uns von den Mädchen und spazieren durch die einsamen Gänge. Die Stille und Leere hat fast etwas Unheimliches.

»Das ist irgendwie gruselig«, murmele ich.

»Ja, es scheint so, als wären wir allein auf dem Schiff. Nur wir zwei, und vielleicht noch der Schiffsgeist.«

»Wer?«

»Hast du denn von dem noch nichts gehört?«

»Von einem Geist? Nein, bei mir hat sich noch keiner blicken lassen.«

»Kimiko hat mir davon erzählt. Angeblich wurde auf der letzten *Peaceboat*-Tour ein kleines Mädchen an Bord gesichtet. Mehrere Gäste haben von einer Begegnung mit ihr berichtet. Aber auf der Passagierliste war kein Mädchen verzeichnet. Kinder sind an Bord gar nicht erlaubt. Aber die Japaner glauben ja an Übersinnliches. Deshalb wird gemunkelt, dass es sich um einen Geist handelt, der auf dem Schiff herumspukt.«

»Na dann hoffe ich mal, dass das Mädchen heute Nacht nicht bei mir auftaucht. Für meinen Geschmack war der Tag aufregend genug. Aber wenn doch, kann ich ja eine Runde Origami mit ihm falten.«

Lost in Translation, oder: Warum die Japaner so gerne Origami falten

Eine Kolumne von Dana Phillips

Liebe Komplizinnen! Die Kunst des Origami ist wirklich beeindruckend. Aus einem einfachen, meist quadratischen Blatt entstehen allein durch das geschickte Falten zwei oder sogar dreidimensionale Objekte. Manche von ihnen sind hochkompliziert, sodass man mehrere Stunden braucht, um sie zusammenzufalten. In den Sechzigerjahren gab es sogar sogenannte Bug-Wars: Wettbewerbe, bei denen es darum ging, möglichst lebensechte Tiere zu falten. Das Ganze ging so weit, dass an einem technischen Institut in den USA sogar mathematische Forschungen zum Origami-Falten betrieben wurden. Ganz schön verrückt, handelt es sich doch eigentlich um eine Freizeitbeschäftigung. Oder doch nicht? Laut einer japanischen Legende bekommt jedenfalls jeder, der tausend Origami-Kraniche faltet, von den Göttern einen Wunsch erfüllt.

Entstanden ist diese Kunst schon vor der Erfindung des Papiers – damals wurden einfach andere Materialien verwendet. Aber schon im Jahr 610 wurde das Papier – das übrigens aus China stammt – auch in Japan verbreitet und machte Origami immer populärer. Über Jahrhunderte wurde nur eine kleine Anzahl traditioneller Modelle gefaltet, erst 1911 traute sich ein Japaner, neue Ideen auszuprobieren. Er erfand auch diverse Faltanleitungen, sodass von nun an jeder selbständig Schwäne, Kraniche und Papierflieger basteln konnte. Origami ist im Trend – die Schauspielerin Eva Longoria trug kürzlich ein Kleid im Origami-Stil, und auch Firmen lassen sich für ihre Marketingkampagnen von der japanischen Kunst inspirieren. Veuve Clicquot hat jetzt sogar Champagnerkühler im Origami-Design auf den Markt gebracht. Kein Wunder, so kann der Champagner seine Wirkung noch einmal ganz besonders entfalten.

Sayonara! Ihre Dana

14

Gericht: *Ceviche und Tunasaft*
Peruaner des Tages: *Der Polizist deines Vertrauens*
Place to be: *Der Inkatempel*
Erkenntnis: *Ich gehe auf keine Demonstration, ich bin selbst eine!*

Über dem Hafen von Callao bricht der Tag an. Mit lautem Sirenenklang sticht ein Schiff in See, die Rufe der Hafenarbeiter dringen bis zu Yuuku und mir hinauf auf das Pooldeck. Vor uns liegt ein Tag in Lima, der Hauptstadt von Peru. Als Yuuku und ich das Schiff verlassen, spricht uns eine der Polizistinnen, die das Gelände überwachen, an.

»Sie sollten den Hafen auf keinen Fall zu Fuß verlassen. Es ist gefährlich hier.«

»Wir passen schon auf«, entgegnet Yuuku locker.

»Aufpassen hilft da manchmal nicht. Ich meine es ernst. Wenn Sie das Hafentor zu Fuß verlassen, werden Sie schneller überfallen, als Sie gucken können.«

»Ich beschütze sie schon.« Yuuku legt den Arm um mich.

»Sie sollten lieber auf sich selbst aufpassen.« Die Polizistin lacht.

»Nun spiel nicht den Helden«, mische ich mich ein. »Nicht, dass ich etwas dagegen hätte, dass sich im Ernstfall ein paar harte Jungs um mich prügeln, aber ich schätze, auf mich hat es eh niemand abgesehen, sondern nur auf meine Wertsachen.«

»Allerdings.« Die Polizistin nickt, dann beschließt sie, uns gemeinsam mit ihren beiden Kollegen zum Taxi zu eskortieren. »Also seien Sie vorsichtig und halten Sie Ihre Taschen immer eng am Körper. Für zwanzig Dollar bringt das Taxi Sie in die Stadt. Und wenn Sie wollen, auch wieder zurück. Lassen Sie sich also nicht mehr abknöpfen.« Lima besitzt einen ganz eigenen Charme. Das Stadtbild ist heruntergekommen, aber farbenfroh. Auf der Placa de Armas findet gerade eine Pferdeparade statt. Stolz schreiten die Reiter in ihren tarnfarbenen Uniformen an uns vorbei. Einige von ihnen halten die peruanische Flagge in der Hand. Eine Weile betrachten wir das Spektakel, dann flanieren wir weiter durch die Stadt, vorbei an typischen Schuhgeschäften, in denen es Cowboystiefel in allen Varianten zu kaufen gibt, kleinen Cafés und pompösen Kirchen. Mir gefällt Lima; es herrscht geschäftiges Treiben auf den Straßen, Neuwagen mischen sich mit alten Rostlauben, moderne Geschäfte mit alten Lädchen, Straßenschuhputzer sitzen neben Frauen, die in großen Körben fremdartige Gemüsesorten verkaufen. Die Menschen sind freundlich, aber nicht aufdringlich. Nachdem wir uns ein bisschen haben treiben lassen, nehmen wir ein Taxi, das uns zu einem Inka-Markt bringt, auf dem handgefertigte landestypische Artikel feilgeboten werden.

»Schau mal!« Yuuku zieht eine peruanische Mütze aus einem der Regale und setzt sie sich auf den Kopf. Sie ist orange und verziert mit einer Reihe Lamas.

»Ich wette, heute Abend läuft die halbe Besatzung des Schiffes mit peruanischen Mützen herum!«

»Na klar, wir Japaner lieben Andenken«, antwortet Yuuku und stöbert in den Regalen. Neben der obligatorischen Kopfbedeckung gibt es Decken, Handschuhe und Schals aus Alpaka-Wolle, Lederschühchen, die mit Fell gefüttert sind, Tonvasen, Schmuck und allerlei Krimskrams. Wir probieren hier und da etwas an und amüsieren uns darüber, wie albern wir aussehen. Die Chemie zwischen uns stimmt definitiv. Ich habe schon lange nicht mehr so viel Spaß gehabt. Yuuku behandelt mich mit einer

Leichtigkeit, die mir immer besser gefällt. Ein wenig rührt sich mein schlechtes Gewissen, weil ich mich mit einem fremden Mann so gut verstehe. Dann rufe ich mir Henrys Plädoyer ins Gedächtnis, sich mit Haut und Haaren auf das Abenteuer Weltreise einzulassen.

»Die Verkäuferin hat gesagt, es gäbe hier ganz in der Nähe einen Inkatempel. Was hältst du davon?«, fragt mich Yuuku, während ich meine Einkäufe, eine getöpferte Vase und zwei Alpaka-Decken, in einer Tüte verstaue.

»Tempel? Warum nicht. Hier gibt es doch auch Katakomben mit den Leichnamen Peruanischer Priester. Die fände ich auch spannend.«

»Kann man die wirklich anschauen?«

»Ja. Tausende von Menschen liegen angeblich da unten.«

»Ich glaube, darauf kann ich verzichten. Der Friedhof in der Wüste hat mir gereicht.« Er zwickt mich in die Seite. »Ich stehe mehr auf lebendiges Fleisch und Blut.« Kichernd entziehe ich mich ihm und laufe ein paar Meter vor. Yuuku trabt hinter mir her.

»Kennst du denn überhaupt den Weg?«, fragt er, nachdem er mich eingeholt hat.

»Da vorne ist ein Polizist«, entgegne ich und zeige auf die Kreuzung. »Den fragen wir. Die peruanische Polizei hat uns doch schon gute Dienste geleistet.« Zielstrebig laufe ich auf den Polizisten zu. »Entschuldigung, können Sie mir sagen, wo der Inkatempel ist?«

»Meinen Sie die Ausgrabungsstätte Huaca Pucllana? Sie ist ganz in der Nähe. Ach, wissen Sie was? Ich bringe Sie hin. Sie haben ein so schönes Lächeln.«

»Vielen Dank.« Am Tempel angekommen, bedanke ich mich für die nette Begleitung und winke dem Polizisten zu, als er lachend wieder in Richtung Straße verschwindet. Yuuku nimmt meine Hand und zieht mich hinter sich her auf das Tempelgelände.

»Einige der Tempelteile sind alt, andere haben wir nachgebaut, damit die Besucher erkennen können, wie es hier früher ausgesehen hat«, erklärt uns der Führer, der uns auf unserem Rundgang begleitet. »Dieser Komplex wurde irgendwann zwischen 700 und 200 vor Christi gebaut, es ist eines der wichtigsten alten Monumente in Lima.« Wir spazieren über das Gelände. Yuuku legt mir seinen Arm um die Schultern, während der Führer mit seinen Erklärungen fortfährt. Am Ende des Rundgangs erreichen wir ein kleines Gehege, in dem sich ein paar Lamas befinden. »Lamas waren für die Inkas sehr wichtig. Sie lieferten Fleisch, Wolle, Knochen für Werkzeuge. Außerdem waren sie gute Lasttiere. Die Legende besagt, das Lama sei den Menschen von Mutter Erde geschenkt worden, um ihnen zu helfen, in diesem Land zu überleben.«

Ich betrachte die Tiere hinter dem Zaun. Seelenruhig kauen sie ihr Heu, ohne uns eines Blickes zu würdigen.

»Die Inkas haben die Lamas verehrt«, fährt der Führer fort.

»Spucken die nicht?«, fragt Yuuku, während er sich durch seine dunklen Haare streicht.

»Nein, Lamas spucken sich nur gegenseitig an. Menschen werden von ihnen in der Regel nicht ins Visier genommen. Manchmal steht man allerdings versehentlich in der Schusslinie.« Der Führer grinst uns an und geht weiter. Wir bleiben noch einen Moment stehen. Ein braunes Lama stupst mit seiner Schnauze den Kopf eines weißen Artgenossen an. Ihre Schnauzen berühren sich, als wollten sie sich küssen, die beiden geben ein ganz zauberhaftest Bild ab.

»Guck mal, die knutschen!«, sage ich verzückt.

»Das würde ich dich jetzt auch gerne …« Yuuku blickt mich an. Doch als er sich mir entgegenbeugt, ertönt der Ruf des Fremdenführers. »Kommen Sie?« Erschrocken weiche ich zurück. Der Moment ist so schnell vorbei, wie er gekommen ist. Wir beenden unseren Rundgang und schlendern noch durch das Viertel, ehe wir in einem Restaurant einkehren, das ganz in der Nähe liegt. Ich studiere die Karte, froh nach so viel japanischem Essen etwas anderes probieren zu können.

»Das Essen sieht köstlich aus. Nehmen wir *Ceviche*? Das ist landestypisch«, fragt mich Yuuku.

»Was ist das?«

»Roher Fisch mit Zitrone, roten Zwiebeln und Paprikagemüse.«

»Schon wieder Fisch? Davon könnt Ihr Japaner wohl nicht genug kriegen, oder?«

»Jetzt hör doch mal auf, dich immer über uns lustig zu machen.« Yuuku rollt mit den Augen. »Vertrau mir einfach. Ceviche ist köstlich.«

»Okay, aber ich möchte noch ein Sandwich. Ich brauche einfach Kohlenhydrate. Und der Toast hier mit Avocado, Tomate und Ei sieht einfach zu gut aus. Und guck mal, dieser Turm aus Kartoffeln und Avocado!« Ich bestelle beides und als die Kellnerin das Essen bringt, leuchten meine Augen.

»Du hattest recht, die Ceviche ist köstlich.« Ich grinse Yuuku an.

»Sag ich doch.«

»Ja, ja.« Lachend nehme ich einen Schluck von dem Fruchtsaft, den ich zum Essen bestellt habe. Auch er schmeckt sehr gut, ein wenig wie ein Milchshake. Die exotische Kakteenfrucht, aus der er gewonnen wurde, heißt Tuna und hat nicht nur den gleichen Namen wie Thunfisch, sondern auch die gleiche dunkelrote Farbe.

Die peruanische Küche ist einfach, aber absolut überzeugend.

Nachdem wir alles bis auf den letzten Krümel aufgegessen haben, blickt Yuuku mich lange an. Dann beugt er sich zu mir herüber und küsst mich auf den Mund. Ich schließe die Augen, doch kaum haben sich unsere Lippen berührt, werden wir schon wieder unterbrochen. Die Kellnerin tritt an unseren Tisch und räuspert sich. »Ihre Rechnung«, sagt sie und reicht Yuuku einen Zettel.

»Oh, wir zahlen getrennt bitte«, entgegnet er abwehrend. Verwundert blicke ich ihn an. Das bin ich von den Italienern aber nicht gewöhnt.

»Alles in Ordnung?«, fragt er mich, sich offenbar keiner Schuld bewusst. Ich denke kurz an Raffaele, der, obwohl er wenig verdient, mich nie bezahlen lässt, und nicke.

»Ja, ja. Alles gut.« Dann zücke ich mein Portemonnaie, um ein paar Scheine hervorzuholen, während Yuuku hektisch aufspringt.

»Meine Tasche!«, ruft er laut und geht auf die Knie, um unter dem Tisch zu suchen. »Meine Tasche ist weg!«

»Was? Wo hattest du sie denn zuletzt?«, frage ich aufgeregt.

Jetzt wird auch die Kellnerin aufmerksam. »Was ist los?«

»Meine Tasche ist verschwunden. Sie hing doch hier über dem Stuhl«. Yuuku läuft aufgescheucht um den Tisch, doch die Tasche ist nirgendwo zu sehen.

»Sie haben sie über den Stuhl gehängt?«, fragt die Kellnerin kopfschüttelnd. »Das dürfen Sie hier in Lima nicht machen, das ist wie eine Einladung zum Diebstahl.«

»Oh nein!«, werfe ich ein. »Hattest du viel Geld dabei?«

»Nein, nur ein bisschen Bargeld. Aber mein Telefon war in der Tasche. Und mein Reisepass.« Fassungslos blickt Yuuku sich um. »Ich kann nicht glauben, dass mir das passiert.« Seufzend lässt er sich auf den Stuhl fallen.

Ich nehme seine Hand und blicke ihn an. »Das kriegen wir schon wieder hin.« Ich bezahle die gesamte Rechnung, ohne noch einen Gedanken daran zu verschwenden, dass ich mich gerade noch über Yuukus Knauserigkeit geärgert habe, dann beeilen wir uns, um noch rechtzeitig am Schiff anzukommen. Uns bleiben nur noch anderthalb Stunden, bis es in Richtung Panama ablegt. Als wir die Gangway erreichen, bittet uns eines der Crew-Mitglieder um unsere Pässe. Ich händige ihr meinen aus, während Yuuku erklärt, was passiert ist.

»Dann dürfen Sie nicht wieder an Bord«, erklärt uns die Dame in Uniform.

»Wie bitte?«

»Wir dürfen niemanden ohne Pass außer Landes bringen. Tut mir leid.«

»Aber was soll ich denn jetzt machen?« Verzweifelt blickt Yuuku die Stewardess an.

»Sie brauchen einen neuen Pass. Sie müssen zur Polizei und zur japanischen Botschaft. Dann können Sie eventuell nach Panama fliegen und dort wieder an Bord gehen.«

»O Gott, o Gott!« Yuuku rauft sich die Haare. Dann verschwindet er im Schiffsinneren, um ein paar Sachen aus seiner Kabine zu besorgen. Bepackt mit einem Rucksack kehrt er eine Viertelstunde später wieder zurück. Er muss tatsächlich das Schiff verlassen.

»Ich kann nicht glauben, dass das gerade passiert.« Traurig blicke ich ihn an. Er nimmt mich einmal kurz in den Arm und gibt mir einen Kuss auf die Stirn.

»Ich muss mir jetzt einen Pass besorgen.« Nervös und gedanklich abwesend lässt er mich stehen. Ich winke ihm hinterher, obwohl er sich nicht noch einmal nach mir umdreht.

»Können Sie mir sagen, warum wir die Reisepässe mit an Land nehmen sollten? Wir haben sie doch überhaupt nicht gebraucht«, beschwere ich mich an der Rezeption.

»Tut mir leid«, antwortet die Dame hinter dem Tresen freundlich. »Aber das ist Vorschrift.«

»Vorschrift«, schnaube ich. »Das ist doch Unfug. Wenn Sie nicht um fünf Uhr morgens halbstündlich dazu aufgerufen hätten, den Reisepass einzupacken, hätten wir ihn überhaupt nicht mitgenommen. Und dann müsste Yuuku jetzt nicht in Peru bleiben.« Ich bin wütend und beschließe, in den nächsten Tagen ein Self-Planned-Event anzubieten: Let's break the rules!

Lost in Translation, oder: Warum die Japaner so harmoniebedürftig sind

Eine Kolumne von Dana Phillips

Liebe Komplizinnen! Harmonie ist in Japan ein hohes Gut. Schon im Jahr 604 predigte Kronprinz Shotoku, man solle sie wertschätzen und Konflikten aus dem Weg gehen. Seitdem – so hat man den Eindruck – scheinen diese Worte sich in eine japanische Lebensphilosophie verwandelt zu haben. Diese geht so weit, dass man den Japanern nachsagt, sie könnten eine Frage nie klar mit Nein beantworten, würden das Gegenteil von dem sagen, was sie denken, jegliche Debatte ablehnen, alle Entscheidungen an ihre Vorgesetzten abgeben und seien immer bemüht, nicht aufzufallen.

Natürlich muss man bedenken, dass Japan sehr dicht besiedelt ist und eine gewisse Harmonie vonnöten ist, wenn man Mord und Totschlag auf so engem Raum vermeiden will. Das erklärt, warum Japaner dazu neigen, ihre wahren Gefühle und Meinungen für sich zu behalten. Das erklärt auch, weshalb sich die Japaner so oft Vorgesetzten unterwerfen, denn Rebellen gelten als nicht tragbar, zerstören sie doch die Harmonie – zudem will es sich niemand mit seinem Vorgesetzten verscherzen.

Verstehen lässt sich die völlige Zurücknahme der eigenen Interessen trotzdem nicht immer. Und anstrengend ist sie noch dazu. So kann es einem also passieren, dass der Japaner einen lieber in die falsche Richtung schickt, als zuzugeben, dass er den Weg nicht weiß. Politisch bedeutet diese Angepasstheit auch, dass sich niemand wirklich traut, seine Meinung zu sagen oder sich gegen Entscheidungen der Politik aufzubegehren. Immerhin, nach der Katastrophe von Fukushima ändert sich das ein wenig. Tausende Japaner demonstrieren sogar in den Straßen von Tokio gegen Atomkraft, wobei das natürlich letztendlich doch wieder ihrer Mentalität entspricht, denn demonstrieren kann man wenigstens in der Gruppe.

Sayonara! Ihre Dana

15

Gericht: *Schokolade*
Japaner des Tages: *Riku*
Place to be: *Am Gabentisch*
Erkenntnis: *Ein Geschenk kommt selten allein*

Langsam fährt das *Peaceboat* die südamerikanische Küste entlang Richtung Panama. Rechts von uns, schemenhaft am Horizont, liegt die kolumbianische Küste. Ab und an kreuzt ein kleineres Schiff oder ein Fischerboot unseren Weg.

Missmutig starre ich aus meinem Bullauge auf die spiegelglatte See. Da Yuukus Telefon in der geklauten Tasche war, habe ich natürlich nichts von ihm gehört. Und alles nur, weil die Japaner sich an ihren Regeln festklammern wie Efeu an einer Steinwand. Zugegeben, Yuuku ist natürlich selbst dafür verantwortlich, wenn ihm die Tasche gestohlen wird, aber trotzdem: Wenn die *Peaceboat*-Crew nicht permanent darauf bestanden hätte, dass alle ihre Reisepässe mitnehmen – die wir wohlgemerkt nirgendwo gebraucht haben –, wäre Yuuku jetzt noch mit mir an Bord und ich könnte die letzten Tage, bevor er in Jamaika das Schiff ohnehin verlässt, mit ihm verbringen. So weiß ich weder, wie es ihm in Peru ergeht, noch ob er in der Lage ist, in so kurzer Zeit einen neuen Pass zu bekommen, um an der nächsten Station unserer Reise – in Christobal – wieder an Bord zu gehen. Sollte mein Flirt mit ihm schon zu Ende sein, bevor er überhaupt richtig begonnen hat? Ich verlasse unsere Kabine als Letzte, Kyoko und Gaki sind schon längst beim Frühstück. Obwohl ich Kyoko auf unsere angespannte Situation angesprochen habe und sie mir, ganz japanisch, versichert hat, dass alles in Ordnung ist, habe ich den Eindruck, dass sie mir aus dem Weg geht. Daher mache ich mich allein auf den Weg zum Frühstück. Während ich über den Gang laufe, fällt mir auf, dass an den Türen der Kabine kleine Geschenke hängen. Habe ich etwas verpasst? Um meine schlechte Laune zu vertreiben, nehme ich mir gleich drei Spiegeleier und eine doppelte Portion Algensalat. Frustessen! Als ich mit meinem vollen Tablett auf dem Pooldeck auftauche, sehe ich Riku mit einem seiner Kumpels an einem Tisch sitzen.

»Dana!« Er winkt zu mir herüber.

»Hey, ihr beiden«, sage ich und bin gleich viel besser gelaunt.

Riku wirft einen Blick auf mein Tablett. »Da hat aber jemand Hunger!« Er grinst mich an. »Ich bleibe lieber bei grünem Tee. Ich hatte heute schon zu viel *Chokoreto*, Schokolade.«

»Zum Frühstück?«

»Na ja, wenn die Schoki vor der Tür hängt, kann man doch nicht widerstehen. Wem hast du denn dein Herz geschenkt?«

»Mein Herz?« Ich fühle mich etwas ertappt. Hat er Yuuku und mich beobachtet? »Wieso?«

»Dana, jetzt sag nicht, du hast nicht mitbekommen, dass heute Valentinstag ist!«

»Valentinstag?«

»14. Februar. Das kennt ihr ja wohl auch, oder?«

»Ach deshalb die kleinen Geschenke an den Kabinentüren. Und ich hab nichts bekommen, von niemandem.«

»Du bist ja auch eine Frau!«

Ich kann Riku nicht ganz folgen. »Ja, eben. Sollte ich da nicht mit Rosen überschüttet werden?«

Jetzt ist es Riku, der mich irritiert anschaut. »Aber doch nicht am Valentinstag.«

»Wann denn sonst?«

»Also, ich glaube, hier liegt ein Missverständnis vor«, mischt sich Rikus Kollege ein. »Ich bin übrigens Kasuki, ich glaube, wir haben uns noch gar nicht vorgestellt.« Er deutet eine Verbeugung an, ohne sich von seinem Stuhl zu erheben. »Ich weiß ja nicht, wie das bei euch ist, aber in Japan beschenken die Frauen die Männer am Valentinstag.«

»Wirklich?« Ich blicke ihn entgeistert an. »Wer hat sich das denn ausgedacht? Das ist ja seltsam.«

»Finde ich nicht«, mischt sich Riku wieder ein. »Auch wenn ich jetzt ein Geschenk von Akiko bekommen habe und sie nun auch beschenken muss.«

»Von deiner alten Tanzpartnerin?«

»Ja, genau. Das bedeutet, ich stehe jetzt in ihrer Schuld.«

»Wieso? Du musst ihr doch nichts schenken, dachte ich.«

»Doch, nur nicht heute. In Japan beschenken am Valentinstag die Frauen die Männer mit Schokolade. Aber nicht nur die Schokolade ist wichtig, sondern auch die Verpackung. Daran kannst du erkennen, wie sehr die Person dich mag. Je aufwendiger und teurer die Verpackung, desto wichtiger bist du.«

»Und die Farbe sagt auch etwas aus«, mischt sich Kasuki ein. »Je kräftiger der Rosafarbton ist, desto verliebter ist die Frau.«

»Also, deine Verpackung ist ziemlich rosa, tiefrosa-rot würde ich mal sagen«, entgegne ich und zeige grinsend auf die Schokolade, die vor Rikus Teller liegt. »Die wirst du nicht mehr los.«

Kasuki fängt ebenfalls an zu lachen. »Ja – und das Problem an dem ganzen Valentinstagskram ist, dass die Männer sich vier Wochen später revanchieren müssen – am weißen Tag. Und dann muss man den Wert des Geschenkes der Frau auch noch überbieten, sonst gilt das als grob unhöflich.«

»Ja, wenn du also als Mann gut dastehen willst und viel Schokolade von Frauen bekommen möchtest, einfach weil es gut für dein Image ist, musst du im Gegenzug natürlich auch viele Frauen mit teuren Geschenken beglücken.«

»Das ist schon wieder typisch japanisch! Ihr macht es euch manchmal echt selber schwer. Apropos Regeln …« Mir fällt mein Dinner mit Yuuku ein, bei dem er wenig generös vorgeschlagen hat, getrennt zu zahlen und ich auf der Rechnung sitzengeblieben bin.

»Gibt es beim Dating auch Regeln? Wie steht es um das Bezahlen beim Dinner?«, frage ich, neugierig, ob Yuuku einfach knauserig oder es in Japan üblich ist, dass die Frau selbst bezahlt.

»Beim ersten Date würde ich niemals zahlen«, entrüstet sich Kasuki. »Warum sollte ich? Ich weiß doch überhaupt nicht, was ich bekomme.«

»Na, um der Frau zu zeigen, dass sie dir gefällt.«

»Das ist doch total altmodisch.«

»Es geht doch mehr um die Geste. Frauen gefällt es, verwöhnt zu werden. Ich finde das unglaublich, ich bin schon ein paar Wochen auf diesem Schiff, und mich hat noch kein einziger Mann auf einen Drink eingeladen.«

»Kannst du dir die Getränke nicht selber leisten?«

Ich seufze und rolle mit den Augen. »Natürlich. Darum geht es nicht. Aber wenn ich auf ein Date gehe, finde ich schon, dass er das Essen bezahlen kann. Mir gefällt einfach dieser Gentleman-Stil.«

»Das ist vielleicht in Deutschland so. In Japan ist das nicht üblich.« Kasuki schüttelt den Kopf.

»Jetzt sag du doch auch mal was«, sage ich zu Riku, der unsere Diskussion amüsiert beobachtet.

»Kommt auf die Frau an. Ich würde schon das Essen bezahlen, wenn ich sie mag.«

»Phh!«, schnaubt Kasuki.

»Du bist also eher uncharmant«, necke ich ihn.

»Jetzt fangt bloß nicht an zu streiten«, wirft Riku ein. »Überhaupt, viel interessanter ist doch, wer dich nicht zum Essen eingeladen hat.« Er sieht mich auffordernd an.

Ich blicke zur Seite. »Ist doch egal …« Ich beschließe, mich schnell zu verabschieden, um nicht auf die Frage antworten zu müssen. Ich möchte nicht, dass Riku von meinem Techtelmechtel erfährt. Grinsend winke ich den Jungs noch mal zu, dann schlendere ich über das Pooldeck und bleibe vor einem breiten Tisch stehen, hinter dem sich einige japanische Mädchen versammelt haben. Weil ich das mit roten Herzchen bemalte Schild hinter ihnen nicht lesen kann, trete ich interessiert an sie heran und erkundige mich nach ihrem Anliegen.

»Was macht ihr denn hier?« Glücklicherweise spricht eines der jüngeren Mädchen englisch.

»Blutgruppenanalyse.«

»Wofür denn?«

»Na, du kannst hier herausfinden, ob dein Liebster zu dir passt.«

»Anhand meines Bluts? Mein Freund ist doch kein Vampir!« Ich lache, aber das Mädchen blickt mich etwas verwundert an.

»Wählt ihr eure Partner nicht nach der Blutgruppe aus?«

»Also, meistens wähle ich meinen Partner danach aus, ob er mir gefällt, ob wir Gemeinsamkeiten haben, ob er mich zum Lachen bringt, ob ich ihn aufregend finde. Kurz: Ob ich mich in ihn verlieben kann.« Dann erinnere ich mich an den schwulen Georg, der bei der *Komplizin* für die Horoskope zuständig ist und bei unserer Redaktionskonferenz auch schon von der Blutgruppenanalyse gesprochen hat. »Wie funktioniert das jetzt genau?«

»Die Blutgruppe ist super wichtig für uns Japaner: Sie prägt den Charakter und die Persönlichkeit. Wenn du weißt, was der andere ist, weißt du gleich, woran du bist!«

»Tatsächlich? Ist ja ein Ding.«

»Ja. Ich würde zum Beispiel niemals jemanden daten, der die Blutgruppe B hat. Bs gehen gar nicht.« Die Japanerin hinter dem Tisch schüttelt den Kopf.

»Wieso? Wie sind Bs denn?«

»Ein B-Mann ist immer schwierig. Und seine Freiheit ist ihm das Wichtigste. Wichtiger als die Partnerin. Er ist ein Egoist! Ich war mal mit so einem zusammen. Bindung war für ihn total schwierig, eine ewige On-and-off-Geschichte. Schrecklich. Ich bin heilfroh, dass ich ihn los bin. Und ich sag dir eins: Die B-Typen führen dich an der Nase herum. Sie kriegen dich mit ihrer Kreativität und ihren tollen Ideen. Immer optimistisch, aber das kann ganz schnell umschlagen. Sie lassen es nämlich gerne richtig krachen und sind immer auf dem Sprung ins nächste Abenteuer. Und dann guckst du doof. Und aufbrausend sind sie auch!« Das Mädchen schnauft, es scheint wirklich schlechte Erfahrungen mit einem B-Mann gemacht zu haben.

»Aber das kann man doch bestimmt nicht verallgemeinern.«

»Ach – du glaubst an Ausnahmen?«

»Klar.«

»Ich nicht. Für mich sind B-Typen ein rotes Tuch.« Sie hält inne, dann guckt sie mich an. »Was für eine Blutgruppe bist du denn?«

»Ich bin A«, antworte ich.

»Ach – dann bist du wahrscheinlich eher still und zurückhaltend – oftmals skeptisch. Manchmal wahrscheinlich sogar ein bisschen schüchtern und übervorsichtig. Deshalb kannst du dich auch nur schlecht entspannen. Weil du dir oft zu viele Sorgen machst. Ich kenne das. Ich bin auch eine A«, antwortet das Mädchen. Ich bin überrascht, die genannten Eigenschaften treffen tatsächlich auf mich zu.

»Ja, das stimmt«, sage ich zögernd.

»Und du bist loyal und ehrlich. Das ist super. Und dein Freund? Hast du einen Freund?«

»Na ja, ja, irgendwie schon.«

»O Gott. Sag mir nicht, du hast auch so eine *never ending story* mit einem B?«

»Nein, nein. Wir machen nur gerade eine Beziehungspause …«

»Pause! Ich sag dir, ob das Sinn macht oder nicht. Ob ihr zusammen passt. Welcher Typ ist er?«

»AB.« Dass Raffaele und ich neulich zusammen beim Blutspenden waren, zahlt sich nun aus. Sonst hätte ich seine Blutgruppe bestimmt nicht gewusst.

»Oh, das ist selten. Dann ist er etwas ganz Besonderes!« Sie lacht mich an und mustert mich. Sie hat recht, besonders ist Raffaele schon.

»ABs sind super! Tüchtig und vernünftig – das sind ihre Eigenschaften.« Vernünftig. Das trifft zu. Raffaele ist so furchtbar vernünftig, genau wie die Entscheidung zu einer Pause. Oder die Entscheidung, in Italien bleiben zu wollen und nicht nach Deutschland zu ziehen. Mein vernünftiger Raffaele ist so vernünftig, dass es kracht …

»Manchmal ist er sogar zu vernünftig«, denke ich laut.

»Glaub mir, das ist eine gute Eigenschaft. Außerdem sind die ABs eine super Mischung aus Künstler und Kopfmensch. Nicht so abgefahren wie die Bs, sie haben das Gute von den Bs, aber das Schlechte eben nicht. An deiner Stelle würde ich den AB festhalten.« Nachdenklich verlasse ich den Stand und frage mich, welcher Blutgruppe Yuuku wohl angehört. Vielleicht passt er ja auch zu mir. Ich muss ihn unbedingt fragen, was es mit seinem Blut auf sich hat.

Lost in Translation, oder: Warum Blutgruppen für Japaner so wichtig sind

Eine Kolumne von Dana Phillips

Liebe Komplizinnen! Was für uns die Horoskope sind, sind für Japaner die Blutgruppen. Während ich in Frauenzeitschriften nachschaue, was für mein Tierkreiszeichen vorhergesagt wird, verfolgen die Japaner im Frühstücksfernsehen, was die aktuelle Blutgruppenanalyse für den anstehenden Tag ergibt.

Rund 90 Prozent der Japaner glauben daran, dass die Blutgruppe tatsächlich etwas über ihren Charakter aussagt.

Zurück geht das alles auf das Jahr 1901, als das menschliche Blut in die Gruppen A, B, AB und 0 unterteilt wurde. Ein japanischer Arzt hat sich das Ganze dann genauer angeschaut und charakterliche Tendenzen ausgemacht. Der Psychologe Furukawa Takeji war genauso fasziniert davon, forschte weiter und veröffentlichte 1916 die Therorie »Ketsueki-gata to Seikaku«, was so viel bedeutet wie »die Prägung des Charakters durch den Bluttyp«. Es dauerte eine Weile, bis das Thema populär wurde, 1971 löste ein Buchbestseller zum Thema Partnerberatung den japanischen Blutgruppenwahn aus. Das Ganze ging so weit, dass sogar Firmen angefangen haben, ihre Mitarbeiter nach Blutgruppen auszuwählen. Es gibt sogar Singlebörsen, die ihre Singlekunden gezielt über die Blutgruppe verkuppeln. Natürlich gibt es für die As, Bs, ABs und Nullen dieser Welt extra Kalender, Plüschtiere und sogar Blutgruppen-Kaugummi.

Der Typ A gilt als vorsichtig und still, ist ein guter Beobachter, aber manchmal auch sehr eigensinnig, dafür aber verantwortungsbewusst. Typ B ist eher extrovertiert, immer auf der Suche nach einem Abenteuer und verfügt über ein hitziges Temperament. Er ist kreativ und individuell, aber auch sprunghaft. Der Typ AB erledigt alles nach bestem Gewissen und bleibt konzentriert am Ball; manchmal aber stolpert er über seinen eigenen Stolz. Eine spannende Mischung aus Künstler und Kopfmensch. Der Nullertyp ist unabhängig und hat meistens ein gewaltiges Ego. Er verfolgt konsequent seine Ziele und hat daher oft einen ziemlichen Dickkopf. Aber unter der harten Schale verbirgt sich ein weicher Kern mit großem Herzen.

Ob an dieser Typologie wirklich etwas dran ist? Das muss, genau wie bei den Horoskopen, jeder für sich selbst entscheiden. Und letzten Endes doch lieber auf das Herz hören. Denn in Japan geht der Blutgruppenkult mittlerweile schon so weit, dass Experten vor Diskriminierung warnen.

Sayonara! Ihre Dana

16

Gericht:	*Sushi und Champagner*
Japaner des Tages:	*Der Orientierungslose*
Place to be:	*Auf der Rettungsinsel*
Erkenntis:	*Oh, wie schön ist Panama!*

Die Durchfahrt durch den Panamakanal erfolgt früh am Morgen. Um nicht zu verpassen, wie wir den Pazifik verlassen und die Karibik ansteuern, habe ich mir extra den Wecker gestellt. Müde laufe ich ins Bad. Den Versuch, leise zu sein, habe ich inzwischen aufgegeben. Gaki würde nicht mal ein mittelschweres Seebeben aus dem Schlaf reißen, und Kyoko ist schon längst wach, um auf dem Sonnendeck ihre Morgengymnastik zu machen. Ich putze mir gerade die Zähne, als ich höre, wie sich leise die Tür öffnet. Ist Kyoko schon zurück? Kann nicht sein. Ein Blick auf die Uhr bestätigt mir, dass der Kurs noch läuft, und Kyoko würde ihre Übungen selbst dann noch ordnungsgemäß bis zur letzten Kniebeuge durchführen, wenn das Schiff unterginge. In diesem Moment höre ich die Tür wieder ins Schloss fallen.

»Kyoko?«, rufe ich leise, bekomme aber keine Antwort. Vielleicht ist Yuuku schon wieder an Bord? Bei dem Gedanken klopft mein Herz schneller. Ein weiteres Klicken und Klacken auf dem Gang bedeutet mir, dass jemand sich an der Tür zu schaffen macht. Vorsichtig strecke ich meinen Kopf aus der Nasszelle. Im Flur steht ein dicker bärtiger Mann, den ich noch nie zuvor gesehen habe. Er ist gerade dabei, von innen unsere Kabine zu verschließen, in der er nun wirklich überhaupt nichts zu suchen hat.

Mir entfährt ein ängstliches *Ohhh*, das fast schon japanisch klingt. Wie gut, dass ich nicht allein bin, sondern meine Kabine mit Gaki teile. In diesem Moment ist es tatsächlich beruhigend, sie schlafend im Stockbett zu wissen. Der Fremde fährt herum und starrt mich mit großen, weit aufgerissenen Augen an. Sein Blick ist glasig, und ich kann eine Fahne riechen. Ob er die Nacht zum Tage gemacht hat, in der *Actors Bar*, zwischen den Schwarz-Weiß-Fotografien alter Hollywoodstars? So wie er schwankt – und er schwankt, nicht das Schiff, ist er mit Sicherheit ein Vermögen losgeworden. Eins jedenfalls steht fest: Absichtlich hat der sich nicht hierher verirrt. Voll wie eine Strandhaubitze ist er und einfach nicht mehr in der Lage, die eigene Kabine zu finden. Kaum hat er mich entdeckt, stolpert er peinlich berührt hinaus auf den Flur des Bahama-Decks.

Da ich nun endgültig wach bin, laufe auch ich hinauf ins Freie. Die Sonne ist mittlerweile aufgegangen. Wir ankern in der Bucht vor Panama City, über deren Skyline der Himmel rot gefärbt ist, zwischen unzähligen Booten, die so wie wir auf die Erlaubnis warten, in den Panamakanal einzufahren. Die Luft ist leicht diesig, ein paar Vögel kreisen über der Bucht. Außer mir sind – natürlich – schon jede Menge Passagiere auf den Beinen. Aufgeregt und mit Kameras bewaffnet bevölkern sie die Aussichtsplattform des oberen Decks, die normalerweise nicht zugänglich ist und vom Kapitän des Schiffes nur zu besonderen Anlässen freigegeben wird. Als eine von vielen drängle ich mich die schmale Treppe hinauf und klettere auf eine der roten Rettungsinseln, die hier aufbewahrt werden. Dort sitzend beobachte ich die Szenerie. Ich bin aufgeregt, die Durchfahrt durch den Kanal ist für mich der Inbegriff des Abenteuers. Gespannt starre ich einen Moment auf eine heruntergekommene Eisenbrücke, die sich vor uns über das Wasser spannt. In der Ferne entdecke ich ein Boot, das aus Richtung Festland auf uns zukommt und langsam immer größer wird. Es scheint direkt das *Peaceboat* anzusteuern. An Bord stehen ein paar Gestalten, vielleicht ist Yuuku darunter, aber noch sind sie zu weit weg, als dass ich etwas erkennen könnte. Das Boot kommt näher und zieht eine Kurve, bis es aus meinem Blickfeld verschwindet. Einige Meter von mir entfernt entdecke ich Gaki, die inzwischen aufgestanden ist, und Kyoko, wieder im Ganzkörperschutzanzug Sie winken mir zu. Trotz der frühen Uhrzeit ist es bereits warm, besonders jetzt, wo das Schiff sich nicht bewegt und der Fahrtwind nicht zu spüren ist, der uns sonst ein wenig Kühlung verschafft. Durch die Sonneneinstrahlung haben sich die Rettungsinseln trotz der frühen Uhrzeit bereits erhitzt. Ich spüre das warme, orangefarbene Plastik an der nackten Haut. Es klebt, wo meine dunkelblauen Shorts enden.

Eine gefühlte Ewigkeit später bewegen wir uns endlich. In angemessenem Sicherheitsabstand zu dem rostroten Containerschiff vor uns fahren wir auf den Panamakanal zu und gleiten unter der Puente de las Américas hindurch, die nicht so aussieht, als könnte man sie noch gefahrlos überqueren. Mit Feldstechern in der Hand und ein bis zwei Kameras um den Hals laufen die Passagiere aufgeregt hin und her und schießen Unmengen von Fotos, während wir uns der ersten der drei Schleusen des 1912 gebauten Kanals nähern. Langsam schiebt sich unser Schiff vorwärts. Der Spalt zwischen seinem schweren Bauch und der grauen Betonmauer ist nur wenige Zentimeter breit. Die Schleusendurchfahrt stellt eine Herausforderung für jeden Kapitän dar. Ich spähe über die Reling hinunter auf die Brücke, kann aber nichts Aufregendes entdecken. In diesem Moment fällt ein Schatten auf mich. Als ich mich umdrehe, steht Yuuku vor mir, der sich, zwei Kaffeebecher in der Hand, unbemerkt den Weg durch die Menge gebahnt hat. Er lacht mich an, seine Zähne blitzen weiß im Sonnenlicht, als er mir eine der beiden Tassen entgegenstreckt.

»Bist du gerade an Bord gekommen?«, frage ich, weil mir nichts Besseres einfällt, und mein Herz beginnt zu klopfen. Schnell rutsche ich ein Stück nach rechts, etwas näher an Herrn Haruki, der wieder seine Safaritarnweste trägt, damit Yuuku sich neben mich auf die Ecke der Rettungsinsel setzten kann.

»Ja, vor ein paar Minuten. Ich bin gestern Abend in Panama City gelandet, habe irgendwo in der Stadt in einer schäbigen Pension übernachtet und bin mit einer Reisegruppe, die gerade von einer Exkursion zurückkam, zum Schiff gebracht worden. Das ist schon cool, wenn man mit diesem kleinen Boot auf das *Peaceboat* zufährt und über die Notbrücke an Bord gebracht wird.«

»Wieso wurde denn so ein Aufwand gemacht? Ihr hättet doch auch in Cristobal an Bord gehen können.« Cristobal. Bereits der Klang des gefährlichen südamerikanischen Hafens, den wir nach der Durchfahrt, auf der anderen Seite von Südamerika, ansteuern werden, weckt in mir ein Gefühl von Abenteuer.

»Ich glaube, das haben sie gemacht, weil die Fahrt durch den Panamakanal ein wichtiger Programmpunkt ist. Das will sich natürlich niemand entgehen lassen.« Eine Weile mustert er mich mit seinem sanften Blick, dann wird er abgelenkt. Leider. Unter uns wird Wasser in die Schleuse gelassen, so dass sich der riesige Kreuzfahrtdampfer gemächlich in die Höhe hebt. Die Schleusentore öffnen sich, und wir schieben uns langsam auf die nächste Stufe des Kanals. Aufgeregt springt Yuuku von der Rettungsinsel, um den Vorgang ganz genau zu verfolgen, und kommt erst wieder, als wir die Miraflores-Schleusen hinter uns gelassen haben.

»So!« Yuuku, der eine Runde über das Schiff gedreht hat, lässt sich wieder auf dem orangefarbenen Plastik nieder. »Jetzt ist es nicht mehr interessant, jetzt können wir weiterplaudern.« Das sehe ich anders. Um uns herum lockt exotische Flora und Fauna – wie spektakulär Natur doch sein kann! Zumal der Panamakanal just in diesem Moment in den Gatunsee mündet, eine glatte große Fläche, die vor uns liegt und erobert werden will. Die Farbe des Wassers changiert zwischen Grün und Schlammbraun. Schwimmen sollte man hier aber lieber nicht. Obwohl es einen verrückten Amerikaner gab, Richard Halliburton, der 1925 den Kanal durchschwommen hat. In der Mitte des Sees erhebt sich die Barro Colorado Island, auf der sich eine Station zur Erforschung des Regenwaldes befindet. Yuuku scheint das nicht zu interessieren. Solange keine Schleuse in der Nähe ist, widmet er mir seine volle Aufmerksamkeit. Kaum erreichen wir den zweiten Stopp, bin ich vergessen. Ich will dafür unbedingt Krokodile sehen! Die leben nämlich am Rande des Panamakanals und bei den vielen Reisegenossen mit Feldstechern um mich herum habe ich gute Chancen, eines der Tiere zu entdecken, die sich stumm und gut getarnt im Dickicht verbergen. Ein Wunder, dass sie Richard Halliburton damals nicht gefressen haben. Ich rutsche von der Rettungsinsel und laufe Richtung Reling, um nach den dunklen Augen Ausschau zu halten, die unter einem starren Panzer das *Peaceboat* beobachten. Yuuku folgt mir. Die Luft ist schwül.

»Weißt du«, sage ich, »die ganze Reise über habe ich mich schon auf die Durchfahrt durch den Panamakanal gefreut. Überleg dir doch mal! Wir durchqueren gerade einen ganzen Kontinent! Ein richtiges Abenteuer!«

Er schaut mich verständnislos an. »Ich hatte für diese Fahrt bereits genug Aufregung. Und wieso ist Panama mehr Abenteuer als Peru?« Kurz unternehme ich den Versuch, ihm zu erklären, welchen Eindruck das Kinderbuch *Oh, wie schön ist Panama* bei mir hinterlassen hat, dass es genau wie bei dem Rest meiner Landsleute schon im zarten Kindesalter den Wunsch geweckt hat, hierher zu reisen. Aber ich merke schnell, dass es keinen Sinn hat. Janoschs Geschichte mag zwar Teil unserer urdeutschen Sandkastenidentität sein, seine Bedeutung jemandem zu erklären, der aus einem anderen kulturellen Kontext kommt, ist zwecklos.

Ich sehe mich um und entdecke einige Meter von mir entfernt den klugen Herrn Murakami, der bestimmt das gestrige Seminar über den Bau des Panamakanals besucht hat.

»Wusstet ihr, dass der Kanal 82 Kilometer lang ist? Ungefähr 14 000 Schiffe durchfahren ihn jährlich!«, erklärt er uns. Yuuku übersetzt für mich ins Englische. »Und die meisten von ihnen passen exakt durch den Kanal, schaut mal.« Er beugt sich über die Reling. »Zwischen dem *Peaceboat* und dem Ufer sind nur noch knapp 60 Zentimeter Platz. Die Durchfahrt von der Pazifik- auf die Karibikseite dauert bis zu fünfzehn Stunden, und wenn eine Fahrspur wegen Bauarbeiten gesperrt ist, müssen die Schiffe manchmal tagelang warten. Die Autoridad del Canal de Panamá versteigert daher jeden Tag eine Passage für ziemlich viel Geld an Schiffe, deren Mannschaft unter Zeitdruck steht.« Stolz über sein neuerworbenes Wissen strahlt er uns an. Yuuku blickt auf seine Uhr.

»Ich habe jetzt einen Termin auf der Brücke! Das hätte ich fast vergessen. Magst du nicht mitkommen?« Ich nicke, noch ehe er den Satz zu Ende gesprochen hat. Einen Besuch beim Kapitän habe ich mir schon gewünscht, seit ich an Bord gekommen bin. Eigentlich hatte Henry mir versprochen, ein gutes Wort an oberster Stelle für mich einzulegen, aber dann haben wir nicht mehr daran gedacht. Froh, doch noch eine Möglichkeit zu haben, hinter die Kulissen zu blicken, folge ich Yuuku über das Deck und unter einer Absperrung hindurch hinauf zum Allerheiligsten.

»Eigentlich darf heute niemand den Kapitän besuchen«, erklärt er mir. »Die Durchfahrt durch den Kanal ist ein kompliziertes Manöver, aber weil ich in Jamaika bereits von Bord gehe, hat er eine Ausnahme gemacht.« Yuuku schlüpft aus seinen Schuhen und öffnet vorsichtig die Tür.

»Yuuku, der Kapitän ist Grieche. Ich glaube kaum, dass wir die Schuhe ausziehen müssen«, lache ich. Er guckt verwirrt. »Ganz recht«, dröhnt aus dem Schiffsinneren eine tiefe Stimme. »Willkommen auf der Brücke!« Unser Kapitän kommt auf uns zu, eine Hand ausgestreckt, die ich ergreife, während Yuuku sie ignoriert und eine Verbeugung macht. Dann folgen wir ihm, während er uns die größtenteils aus den Sechzigern stammenden Geräte und Instrumente erklärt.

»Falls ihr euch fragt, weshalb ich gerade Zeit für euch habe …«, sagt er nach einer Weile und zeigt auf einen dunkelhaarigen Mann, der ebenfalls die weiße Uniform trägt. »Während der Durchfahrt durch den Panamakanal kommt ein zweiter Kapitän aus der Region an Bord, der mit den Gewässern vertraut ist. Das ist zwar generell auch in Häfen so üblich, dort behalte ich aber das Kommando über mein Schiff. Der Panamakanal ist der einzige Ort auf der Welt, an dem ich mein Recht am letzten Wort abgebe.« Er lacht und setzt mir seine Kapitänsmütze auf. »Möchten Sie einmal das Kommando übernehmen?« Yuuku betrachtet mich kritisch. »Etwas groß, aber sonst nicht schlecht.« Dann wendet er sich dem Kapitän zu. »Was für ein Aufwand! Eine Durchfahrt durch den Panamakanal muss teuer sein, nicht nur wegen des Lotsen, der an Bord kommt!« Fasziniert betrachtet er das alte Schiffsrad aus den sechziger Jahren.

»Ja, das ist es. Eine Durchfahrt kostet ca. 150 000 Euro. Aber was wäre die Alternative? Südamerika zu umrunden würde viel zu lange dauern.« Er legt eine Hand auf das Schiffsrad. »Dieses gute Stück ist übrigens nicht mehr in Betrieb. Ansonsten funktionieren die Geräte aber noch einwandfrei. Auf dem Radar dort vorne kann ich zum Beispiel alle Schiffe sehen, die sich nähern, auch Wale und Delfine. Ihr könnt es euch ruhig ansehen.« Neugierig macht Yuuku ein paar Schritte Richtung Fensterfront.

»Sehen Sie dort auch, wenn sich Piraten nähern? Zum Beispiel vor Somalia? Dorthin fahren Sie doch auch, oder?« Aufmerksam beobachtet er die Bewegungen auf dem Radar.

»Ja natürlich, generell schon. Dennoch kann es manchmal zu spät sein.« Der Kapitän nimmt mir die Mütze vom Kopf, um sie sich wieder aufzusetzen. »Mit diesem Schiff hier sind wir tatsächlich schon Opfer von Piraten geworden. Die waren verdammt schnell, kamen mit kleinen Booten, spannten Seile um den Bug des Schiffes und hakten sich auf diese Art und Weise so fest, dass es kaum möglich war, sie wieder abzuschütteln.«

»Und was ist dann passiert?« Neugierig beuge ich mich vor.

»Wir haben sie mit Wasser bombardiert, so lange bis sie vom *Peaceboat* abgelassen haben. Das war nicht ungefährlich, immerhin waren die Piraten bewaffnet.«

»Und was wäre passiert, wenn es ihnen gelungen wäre, das Schiff zu entern?«

»Dann hätten wir via Lautsprecher alle Passagiere dazu aufgerufen in ihren Kabinen zu bleiben, die Vorhänge und Türen zu schließen und von innen zu verriegeln. Die Gefahr, dass jemandem etwas geschieht, wird dadurch verringert, denn eigentlich haben die Piraten es nur auf das Geld abgesehen. Und das habe ich. Manchmal kapern sie das Schiff zwar auch über einen längeren Zeitraum und versuchen, noch mehr von der Reederei zu erpressen, wenn man Glück hat, geben sie sich aber mit dem zufrieden, was an Bord ist, und verschwinden dann wieder.«

»Und wie kann man sich gegen ihren Angriff schützen?«

»Wirklich schützen kann man sich nicht. Aber während wir in den Piratengewässern sind, dunkeln wir alle Fenster ab. Damit sie uns während der Nacht nicht bereits durch die Lichter von Weitem entdecken können.« Yuuku schaut interessiert.

»Und da denken die Leute immer, Kreuzfahrten sind langweilig. Für das *Peaceboat* gilt das jedenfalls nicht!« Der Kapitän lacht.

»Sind Sie schon einmal in einen richtigen Sturm gekommen?«

»Mit dem *Peaceboat* nicht, auch wenn der Wellengang schon manchmal ziemlich hoch war. Kreuzfahrtschiffe umfahren die schlimmsten Unwetter, man will kein Risiko eingehen. Aber früher bin ich auf Containerschiffen gefahren. Und da habe ich ein paar ganz schöne Stürme erlebt. Einmal, in der Nähe von Hawaii, sind wir in einen Hurrikan geraten, der eine ganze Woche angehalten hat. Die Wellen waren so hoch, dass sie über uns zusammengeschlagen sind. Wir haben Nächte lang keinen Schlaf bekommen und im Akkord das Wasser aus dem Schiff geschöpft, um nicht unterzugehen. Seitdem habe ich mir geschworen, nur noch auf Passagierdampfern anzuheuern.«

Am frühen Abend laufen wir in den Hafen von Cristobal ein. Yuuku tigert unruhig auf dem Tikki-Deck auf und ab, während ich versuche, mit ihm Schritt zu halten. Von hier oben sieht der Port eher harmlos aus, eine Ansammlung bunt gestrichener Gebäude. Dennoch zählt Cristobal zu den gefährlichsten Häfen der Welt. Nicht ohne Grund haben die meisten Passagiere an dem obligatorischen Sicherheitskurs für Panama teilgenommen, wo die Anordnung erteilt wurde, an diesem Abend auf dem Hafengelände zu bleiben. Im Duty-Free-Shop bleibt Yuuku vor einer Champagnerflasche stehen.

»Wollen wir die nicht kaufen und mit auf das Schiff nehmen? Wir können sie übermorgen an Deck trinken, ist ja dann meine letzte Nacht an Bord. Wir müssen doch Abschied feiern.« Mir wird ganz flau im Magen.

»Und die Sicherheitskontrolle? Du weißt doch, wir dürfen keinen Alkohol mit in die Kabinen nehmen.«

»Na und? Seit wann hältst du dich denn an die Regeln?«

»Ihr Japaner habt einfach einen guten Einfluss auf mich!« Ich lache, während Yuuku einen Arm um mich legt und mit der anderen Hand nach der Flasche greift. »Auf jeden Fall. Aber genaugenommen fällt Champagner doch gar nicht unter die Kategorie Alkohol, sondern gehört zu den Grundnahrungsmitteln.«

Dagegen kann auch ich keinen Einwand mehr vorbringen. »Na

gut«, seufze ich. Yuukus Arm liegt warm und schwer auf meiner Schulter, bevor er ihn wegnimmt, um Geld aus seiner Hosentasche zu kramen. Ich verspüre leises Bedauern.

»Komm, lass uns einen Supermarkt suchen, ich brauche dringend ein paar Kohlehydrate!« Ich ziehe Yuuku aus dem Duty-Free-Shop Richtung Einkaufspassage, aber noch bevor wir die Straße überqueren können, verstellt uns ein Polizist den Weg. Er trägt eine kugelsichere Weste, ist bewaffnet und fragt uns, wohin wir gehen wollen. Dann bietet er uns an, uns zum Supermarkt zu begleiten.

»Ist es denn hier so unsicher?«, frage ich ihn.

Er mustert uns schweigend. Dann zeigt er mit dem Kopf Richtung Ausgang. »Seht ihr das Tor da vorne? Weiter solltet ihr nicht gehen.«

Da wir nichts riskieren wollen, folgen wir dem Rat unseres Beschützers und beschließen, in einem der Restaurants der Einkaufspassage zu essen, was die Auswahl allerdings sehr begrenzt: Wir können zwischen fettigem Fast Food und japanischem Sushi wählen. Gute lokale Küche ist in diesem Durchlauferhitzergebiet nicht zu haben. Nachdem wir unschlüssig zweimal zwischen den Restaurants auf und ab gelaufen sind, bleibt Yuuku stehen.

»Also, wir müssen uns langsam mal entscheiden. Du hast die Wahl!« Er sieht mich auffordernd an.

»Du wirst mich wahrscheinlich für verrückt erklären, aber obwohl oder vielleicht gerade weil ich die ganze Zeit japanische Küche gehabt habe, würde ich lieber Sushi essen, als mir da drüben an dem frittierten Zeug den Magen zu verderben.«

Yuuku lacht. »Du bist ja wirklich schon eine echte Japanerin! Wir essen auch am liebsten japanisch, da weiß man wenigstens was man hat. Ich versuche allerdings, mir das abzugewöhnen, dazu bin ich mit der Band zu viel im Ausland. Aber Sushi geht immer. Außerdem gibt es das auf dem Schiff ja auch nicht.« Er macht ein paar Schritte auf einen freien Tisch zu, der vor dem japanischen Restaurant steht, und zieht ihn zu mir heran.

»Darf ich bitten?«

»Aber sicher!« Ich reiche ihm die Hand und lasse mich, ganz Dame, an meinen Platz führen und mir den Stuhl heranrücken. Yuuku imitiert einen Kellner, der meine Bestellung aufnimmt und verschwindet im Inneren des Ladens, um den Vorgang zu beschleunigen, während ich mich auf ein ungestörtes Abendessen freue. Und auf ein romantisches. Zumindest so romantisch, wie es im Hafen von Cristobal möglich ist. Aber das würde ich natürlich nie zugeben, nicht einmal vor mir selbst. Alles ganz platonisch. Man hängt halt so viel aufeinander auf so einem Schiff. Da entwickelt man automatisch ein gutes Verhältnis … Gott sei Dank wird, bevor ich mich noch weiter in Gedanken verstricke, die California Roll gebracht, die ich mittlerweile gekonnt mit den Stäbchen greife, Stück für Stück, um sie Richtung Mund zu balancieren. Von Weitem nähert sich ein Grüppchen Japanerinnen. Vor unserem Tisch bleiben sie, in einem Sicherheitsabstand von einem Meter, stehen. War ja klar. Der Hafen ist einfach zu klein, um nicht ständig Mitreisenden zu begegnen. Kichernd halten sich die Mädchen die Hand vor den Mund und zeigen auf meinen Teller.

»Ahhhh!«, quieken sie. »Sushi! Sushi!« Ihre Stimmen klingen hell.

»Was ist denn?«, frage ich Yuuku irritiert. »Mache ich etwas falsch?«

»Nein, nein. Keine Sorge.« Er tätschelt mir den Arm. Die Japaner beginnen, uns zu fotografieren.

»Sie finden es einfach außergewöhnlich, einen Europäer beim Sushi-Essen zu sehen. Sie sind es halt nicht so gewöhnt wie du und ich, Menschen aus anderen Kulturen zu sehen.« Er lacht. »Gönn ihnen die Freude!« Aber im Gegensatz zu Yuuku, der als

Popstar so viel Aufmerksamkeit natürlich gewohnt ist, fühle ich mich auf dem Präsentierteller doch eher unwohl. Als die Gruppe weiterzieht, atme ich auf, doch nur wenige Minuten später bleibt der nächste Trupp vor uns stehen, und das Spiel wiederholt sich. Etwas erschöpft vom Blitzlichtgewitter und den ständigen »Ahahh, Sushi Sushi!«-Rufen kehren wir schon bald zum Schiff zurück.

»Halt!« Yuuku packt mich, als ich die Gangway betreten will, fest am Arm. »Der Champagner, den musst du in deine Handtasche stecken, das hätten wir fast vergessen. Mit einer Hand hält er die Flasche hinter seinen Rücken, damit wir nicht schon im Vorfeld entdeckt werden. Für ein paar Minuten kehren wir ins Hafengebäude zurück, wo wir im Schutz eines Betonpfeilers die Flasche so geschickt wie möglich verstauen, dann betreten wir mit unschuldigen Gesichtern den Kai. Der Flughafen-Scanner, das sehen wir beim Betreten des *Peaceboats* erleichtert, ist immer noch nicht in Gang gesetzt. Gerade will ich aufatmen, als mir einer der Stewards den Weg verstellt.

»Darf ich Sie fragen, ob Sie Alkohol dabei haben?« Verdammt. Ich laufe rot an. Ich kann doch nicht lügen!

»I-i-ich weiß nicht«, stottere ich autoritätshörig, dabei kann man mir genau genommen überhaupt nichts tun. Und Yuuku erst recht nicht, der ist schließlich nicht nur prominent, sondern auch noch auf Einladung der NGO hier. Was mich betrifft, liegt ihnen wiederum bestimmt etwas an einer positiven Berichterstattung, ich habe also ein Druckmittel. Zumindest ein kleines. Außerdem hat die *Komplizin* meine Schiffspassage bezahlt. Da werden sie mich ja wohl kaum im Hafen von Panama aussetzen, nur weil ich ein kleines Schampusfläschchen zwischen Portemonnaie, Wimperntusche und den Supermarkteinkäufen versteckt habe.

»Was heißt denn ›Ich weiß nicht‹«, fragt der Mann stirnrunzelnd. Dann streckt er die Hand aus. »Darf ich mal?« Ich werfe

Yuuku einen entschuldigenden Blick zu, während ich meinem Gegenüber die Tasche aushändige. Mit einem einzigen Griff zieht er die Champagnerflasche hervor und runzelt die Stirn. »So. Sie wissen nicht, ob Sie Alkohol dabei haben?« Ich setze einen unschuldigen Blick auf und deute auf Yuuku.

»Der gehört ihm. Er geht in Jamaika von Bord, und das hier ist sein Abschiedschampagner. Wir hätten ihn natürlich auch an der Bar gekauft, aber da gibt es schließlich keinen Schampus. Was sollten wir da anderes machen, als ihn hier zu kaufen. Können Sie nicht eine Ausnahme machen und vergessen, dass wir die Flasche dabei haben?«

»Nein, tut mir leid, das geht nicht.« Er schüttelt den Kopf. »Sie müssen ihn dort an der Rezeption abgeben, dann bekommen Sie eine Nummer und können die Flasche beim Verlassen des Schiffes wieder abholen. Ob ganz am Ende Ihrer Reise oder zum nächsten Landgang, das bleibt Ihnen überlassen.«

»Ja, aber. …«, setze ich zu einer Diskussion an.

Yuuku winkt ab. »Lass gut sein, Dana, es hat keinen Sinn. Die Besatzungsmitglieder sind zwar alle indonesisch oder südamerikanisch, aber sie haben die japanische Regeltreue nach so langer Zeit schon zutiefst verinnerlicht. Da ist nichts zu machen.« Er nimmt dem Spielverderber die Flasche ab, deutet eine Verbeugung an und geht vor mir her zur Rezeption.

»Ich hoffe, wir haben jetzt dem Rest der Gäste nicht die Chance verdorben, alkoholische Getränke an Bord zu schmuggeln«, scherze ich, nur um wieder einmal festzustellen, dass Ironie unter Japanern nicht sonderlich verbreitet ist. Yuuku starrt mich ungläubig an. »Wieso sollten wir?«, fragt er. Gerade als ich ihm antworten will, fällt mir die Rezeptionistin ins Wort.

»Keine Sorge.« Sie klebt mit Tesafilm ein rotes Schild auf den Moet & Chandon. »Sie sind bereits die Nummer 76 heute.«

»Was? 76 Leute haben schon Alkohol abgeben müssen? An einem Tag?« Mein Glaube an die regel- und obrigkeitstreuen Japaner bekommt weitere Risse. Auch hier werden also Ausnahmen gemacht. Die Rezeptionistin, die wohl erahnen kann, was in mir vorgeht, schenkt mir ein Lächeln.

»Insgesamt haben wir von den 76 Personen 447 Flaschen eingesammelt, falls es Sie interessiert.« Ich bin fassungslos: Der Japaner als solcher ist wohl doch trinkfester als gedacht.

Das Deck des Schiffes füllt sich an diesem Abend schnell; der Hafen von Cristobal hat wenig zu bieten, denn während am Kai die großen Schiffe unter voller Beleuchtung in der lauen Sommernacht ankern, wartet draußen vor den Toren des Porto die Gefahr in der Dunkelheit. Nach einem Automatenbier auf dem Pooldeck, ein schwacher Ersatz für den Champagner, verabschieden Yuuku und ich uns voneinander. Wir wollen früh schlafen gehen, denn für den nächsten Morgen haben wir einen Taxifahrer angeheuert, der uns in den Dschungel bringt. Wenn wir im Anschluss noch nach Panama City wollen, müssen wir zeitig aufstehen, und heute Abend werden wir an Bord nicht viel verpassen. Der Rückzug in meine Kabine fällt mir daher leicht, aber als ich endlich dort angekommen bin und in meinem Bett liege, kann ich nicht schlafen. Mir fehlt das Stampfen des Schiffes, das Auf und Ab der Wellen, und ich muss die Vorhänge zuziehen, damit mich das Licht, das aus dem Hafen zu mir heraufleuchtet, nicht stört. Erstaunlich, dass ich doch immer wieder für ein paar Augenblicke vergesse, wie weit ich von zu Hause entfernt bin. Bis ich mir wieder in Erinnerung rufe, dass ich gerade auf der anderen Erdhalbkugel umherreise, den Äquator überquert habe und auch, wenn man die Flugstrecken dazurechnet, auf meiner Reise einmal den Erdball umrundet habe. Mich überfällt ein kleiner Anflug von Heimweh. Nur für einen kurzen Moment, aber es reicht, um an diesem Abend um 22.45 Uhr südamerikanischer Zeit Raffaele eine Nachricht zu schicken. Raffaele, der am anderen Ende der Welt in seiner Mailänder Wohnung sitzt. Und vielleicht an mich denkt. Zumindest hoffe ich das.

»Ich vermisse dich.« Mehr schreibe ich nicht. Aus Angst vor der Antwort schalte ich, direkt nachdem ich auf »Senden« gedrückt habe, mein Handy in den Flugmodus und beschließe, es erst wieder zu reaktivieren, wenn wir uns auf hoher See befinden. Dann schlafe ich ein.

Lost in Translation, oder: Wie Japaner Urlaub machen

Eine Kolumne von Dana Phillips

Liebe Komplizinnen! Ja – auch ich habe dieses Bild vor Augen: Japaner, die in Massen über touristische Ziele herfallen, rudelweise Sehenswürdigkeiten abklappern und mit verbissener Zielstrebigkeit alles fotografieren, was ihnen vor die Linse kommt: Vom Thunfischstand auf Tahiti über den peruanischen Panzer bis hin zum kubanischen Kultauto. Aber woher kommt dieser Wahnsinn?

Zunächst einmal ist die Reiselust der Japaner in jüngster Zeit sprunghaft angestiegen, und immer mehr von ihnen wagen sich auf Entdeckungsreise nach Europa. Das Problem ist nur: Ihre Zeit ist knapp. In der Regel haben sie 15–20 Tage Urlaub im Jahr – die meisten nehmen aber nur weniger als die Hälfte. Aus Rücksicht auf ihre Kollegen, die in dieser Zeit ja ihre Arbeit übernehmen müssen.

Es gilt also, die wenigen Tage möglichst effektiv zu nutzen. So kann es passieren, dass auf einem siebentägigen Trip neun europäische Städte abgehakt werden. Doch wie soll man all diese kurzen, schnellen Eindrücke verarbeiten, wenn man kaum Zeit hat, überhaupt wahrzunehmen, was um einen herum passiert, da man schon wieder in den Bus steigen muss, um zum nächsten Sightseeing-Highlight gekarrt zu werden? Wie gut, dass man die Kamera dabei hat, so kann man sich im Nachhinein wenigstens an all das erinnern, was man in der Eile nur beiläufig registriert hat. In den meisten Fällen stehen die Sehenswürdigkeiten allerdings sowieso nicht im Mittelpunkt, sondern der Reisende selbst. Der Japaner inszeniert sich für zahlreiche Fotos vor den berühmten Bauwerken, das Victoryzeichen, das auf keinem Bild fehlen darf, steht in asiatischen Ländern übrigens einfach nur für *glücklich* und soll ein Lächeln unterstreichen.

Viele der japanischen Touristen tun sich allerdings immer noch schwer damit, sich an die Andersartigkeit fremder Länder zu gewöhnen, aber das geht uns natürlich manchmal nicht anders. Für den Umgang mit fremden Kulturen gibt es daher sogar schon seit den Siebzigerjahren den Versuch, Japanern mit Zeitungsanzeigen und Filmen Benimm-Regeln für den Aufenthalt in Übersee beizubringen. Das Buch »Für den wohlerzogenen Japaner« hält zahlreiche Weisheiten parat: *Schlürft Suppe nicht vom Teller!*, *Uriniert nicht auf die Straße!* oder *Lauft nicht in Unterwäsche durchs Hotel!* Schade, dass es davon kein deutsches Pendant gibt, »Der wohlerzogene Deutsche« hätte mir beim Fettnäpfchen-Hüpfen auf dem *Peaceboat* sicher gute Dienste geleistet.

Sayonara! Ihre Dana

17

Gericht: *Luft und Liebe*
Japaner des Tages: *Yuuku, der Popstar*
Place to be: *Im Rettungsboot*
Erkenntnis: *Sockenwaschen für alle*

Das *Peaceboat* hat Cristobal verlassen. Seit gestern Abend befinden wir uns wieder auf offener See, das nächste Ziel: Jamaica. Die Sonne brennt seit Tagen vom Himmel. Um die Zeit totzuschlagen, bis Yuuku an diesem Abend mit seinem Tanztraining fertig ist, nehme ich an ein paar Kursen teil, die heute angeboten werden. Ich möchte endlich herausfinden, was sich hinter dem Kurs *Lasst uns gemeinsam Socken waschen* verbirgt. Über das Schiff schlendernd erreiche ich das Pooldeck, auf dem sich mehrere Leute über gefüllte Wassereimer beugen. *Die waschen tatsächlich ihre Socken*, denke ich.

»Sie sind die Deutsche, oder?«, spricht mich einer der jüngeren Männer auf Englisch an.

»Ja, richtig. Ich wollte mal schauen, was Ihr hier macht. Wascht Ihr wirklich Eure Socken zusammen?«

»Sicher, warum denn nicht?« Offenbar kann er meine Skepsis nicht ganz nachvollziehen.

»Na ja, es erschien mir etwas ungewöhnlich«, versuche ich mein Anliegen vorsichtig zu formulieren. Ein paar Frauen und einige Männer wringen im Takt ihre Socken aus und hängen sie dann zum Trocknen über einen Stuhl.

»Das sind doch keine normalen Strümpfe, sondern die Socken,

die wir zum Schreintragen anziehen. Haben Sie uns nicht beim Sommerfest gesehen? Das machen wir oft bei japanischen Volksfesten, dass wir einen Miniaturschrein tragen. Auch bei festlichen Umzügen oder so.«

»Ach, Ihr wart die Gruppe, die so laut gerufen hat?«

»Ja, genau.« Er lacht mich an. »Mit dem Schrein transportieren wir den Geist der Gottheit – wir wollen ihn ehren und erfreuen. Früher ging es oft darum, für eine gute Ernte zu beten oder sich dafür zu bedanken. Hier haben wir der Opfer der Erdbeben- und Tsunamikatastrophe gedacht. Grundsätzlich haben wir Japaner ja ein sehr flexibles Verhältnis zu Gott: Er ist immer gerade da, wo wir ihn sehen. Und er lässt sich überall anbeten, auch in den kleinen Dingen. Er kann in Blumen genauso wohnen wie in Tieren oder Gegenständen, an denen wir hängen. Und in einem Miniatur-Schrein natürlich sowieso.«

»Ah, verstehe. Und dazu tragt Ihr dann auch diese besonderen Kostüme.« Ich betrachte die Jungen und Mädchen, in ihren weißen Shorts und den Jacken im Kimonostil. Auch zum gemeinsamen Sockenwaschen haben sie sich umgezogen. Ihre Kleidung ist beige, gelb oder hellblau, die mit japanischen Schriftzeichen verzierten Gürtel haben sie in der Taille zusammengebunden. Die Socken, die zu dem Outfit gehören, sind blau.

»Kann man die nicht einfach in der Maschine waschen?«, frage ich nach.

»Nein. Es sind ganz besondere Socken aus Kamelhaar. Eigentlich sind es eher Schuhe, so ähnlich wie Segelschuhe, sehen Sie?« Er streckt mir ein Paar von ihnen entgegen. »Sie müssen von Hand gewaschen werden, sonst fangen sie leicht an zu stinken. Und da sie von unterschiedlichen Leuten getragen werden, ist es wichtig, sie rein und sauber zu halten. Außerdem ist es für den Teamspirit viel besser, sie gemeinsam zu waschen.«

»Verstehe.« Das Event macht also durchaus Sinn. Was auf den

ersten Blick ein wenig seltsam erscheint, ist gar nicht so außergewöhnlich. Ein bisschen mehr Gemeinschaftsgefühl und Teamgeist würde uns Deutschen wahrscheinlich auch ganz guttun. Ich bedanke mich und trete an die Reling. Der Anblick des Meeres berührt mich immer noch. Die Sonne ist fast ganz untergegangen. Noch zwei Stationen liegen vor mir – Jamaika und Kuba, dann geht es wieder zurück nach Hause. Irgendwie macht mich der Gedanke traurig. So merkwürdig ich die Japaner zu Beginn auch fand, so wohl fühle ich mich jetzt hier an Bord. Sicherlich hat auch Yuuku viel dazu beigetragen. Ich frage mich, wann er endlich auftaucht.

Eine Etage tiefer ertönt Musik vom Tikki-Deck. Ich steige die Treppe hinab, um zu schauen, was sich dort abspielt.

»Dana!«, höre ich meinen Namen. Als ich mich umdrehe, entdecke ich Yuuku.

»Hier bist du!«, sage ich leicht vorwurfsvoll.

»Ich habe dich schon überall gesucht!« Er nimmt mich in den Arm, dann schaut er mich an. »Wir sollten unseren letzten Abend doch wohl gemeinsam verbringen.«

»Was hast du vor?«

»Siehst du den Typen mit dem Zopf?« Er zeigt auf einen Südamerikaner, der sich mit einer der Übersetzerinnen unterhält. »Er ist ebenfalls in Panama an Bord gegangen. Er kommt aus Kuba und wird bis zu eurer Ankunft in Havanna an Bord sein und kubanische Tanzkurse anbieten. Salsa und so. Ich habe ihm versprochen, dass ich bei der heutigen Stunde mit dabei bin. Willst du meine Tanzpartnerin sein?«

»Tanzen? Um Gottes willen! Ich kann nicht tanzen«, entgegne ich verlegen.

»Deshalb gibt es ja den Kurs. Nun hab dich nicht so und mach mit!«

Mir läuft es kalt den Rücken hinunter. Ich finde nichts schlimmer als Paartanz. Nicht nur, weil ich mir total doof dabei vorkomme, sondern auch, weil mir Tanzen nicht besonders liegt. Ich blicke mich um. Das Deck füllt sich.

»Legen wir los!«, ruft der Kubaner ins Mikro. Musik ertönt. »Sie müssen sich auf das kubanische Lebensgefühl einlassen. Es strahlt Freude aus, Spaß, Sinnlichkeit. Machen Sie sich locker!« Ich muss schmunzeln. Lockerheit ist nicht gerade das, was man den Japanern nachsagt. »Wir beginnen mit einer einfachen Übung, laufen im Takt zur Musik auf der Stelle, dann vorwärts und zurück, nach links und nach rechts.« Yuuku gibt mir mit dem Ellenbogen einen Rippenstoß.

»Los!« Er wackelt mit den Hüften und grinst mich an. Unentschlossen füge ich mich in mein Schicksal und folge den Übungen, die der Tanzlehrer vorgibt. Der Kubaner führt einen lässigen Hüftschwung vor und sämtliche Japaner versuchen, ihn nachzumachen. Im Anschluss studieren wir eine Choreografie ein, bei der pärchenweise getanzt wird. Wir laufen in einer Reihe über das Deck, vor und zurück, um dann voreinander auf der Stelle zu tanzen, sich abzuklatschen, um die eigene Hüfte zu drehen, um dann mit dem Hintern zu wackeln. Langsam beginnt es Spaß zu machen. Ganz in meinem Element tanze ich den anderen hinterher, reiße die Arme hoch, klatsche in Yuukus Hände und drehe mich auf der Stelle. Was müssen wir für ein Bild abgeben? Mitten auf dem Ozean, im Halbdunkel schippert dieses Schiff mutterseelenallein durch das Meer, an Deck eine Horde Menschen, die zu lauter Musik ausgelassen tanzen. Gut gelaunt bewege ich mich zur Musik, als diese plötzlich von einer Sekunde auf die andere abbricht. Im selben Moment wird es stockfinster auf dem Schiff, denn die Lichter sind ebenfalls erloschen.

»Was ist denn nun los?«, frage ich Yuuku.

»Keine Ahnung. Stromausfall?«

»Auf einem Schiff? Das hab ich ja noch nie gehört.« Durch die

Menge geht ein Raunen. Als ich mich ein wenig an die Dunkelheit gewöhnt habe, sehe ich, dass die Übersetzerin hektisch an dem Kabel der Stereoanlage zieht. Doch es rührt sich nichts. Ratlos stehen die Japaner auf der Stelle, niemand bewegt sich. Offenbar warten sie, wie immer, auf eine Anweisung von oben.

»Liebe Gäste. Ich kann mir auch nicht erklären, was hier passiert ist, aber es sieht so aus, als wäre der Strom ausgefallen«, erklärt die Übersetzerin.

»Komm, wir schauen mal, was los ist«, sage ich zu Yuuku. Wir laufen vom Deck zurück ins Innere des Schiffes. Es brennt nur noch die Notbeleuchtung.

»Der Motor ist ebenfalls aus, oder?« Yuuku bleibt an einem der Fenster stehen und horcht in die Nacht.

»Scheint so«, antworte ich. »Ich höre jedenfalls nichts, außer ein paar Wellen. Ist ja verrückt.« Im Freespace treffen wir auf ein paar Leute, die schon nervös auf und ab laufen. Einer von ihnen hat eine Taschenlampe.

»Was ist denn passiert?«, frage ich nach.

»Der Strom ist ausgefallen. Wir werden das Problem sicher gleich im Griff haben. Machen Sie sich keine Sorgen. Am besten gehen Sie in Ihre Kabinen.« Im Halbdunkeln wandern wir kichernd in Richtung von Yuukus Reich. Dort ist es stockfinster. Lachend zieht er mich hinter sich her.

»Das ist Schicksal«, flüstert er mir ins Ohr und gibt mir einen kurzen Kuss. Das mit dem Schicksal habe ich doch schon mal gehört. Nicht sehr überzeugend.

»Meinst du?«, frage ich herausfordernd.

»Warte mal.« Yuuku tastet sich im Dunkeln zu seiner Kommode und wühlt in einer der Schubladen. »Ha, wusste ich es doch.« Dann klickt ein Feuerzeug, und er zündet eine Kerze an. »Endlich machen die Souvenirs, die man sonst nie benutzt, mal Sinn.« In dem warmen Lichtschein kann ich erkennen, dass seine

Kabine doppelt so groß ist wie unsere. Sie hat nicht nur zwei Betten, sondern vor der Wand steht auch noch eine Sitzgruppe, davor ein Beistelltisch.

»Schläfst du hier allein?«

»Ja, sie haben mir eine Doppelkabine gegeben.«

»Wow. Das geht ja auch richtig luxuriös auf diesem Schiff. Wir haben Stockbetten.« Ich erkunde die Kabine und laufe Richtung Badezimmer.

»Du hast ja sogar eine Badewanne! Und ein extra Klo.« Ich drehe den Wasserhahn auf, doch es tröpfelt nur noch ein mickriger Rest aus dem Hahn. »Das Wasser geht nicht«, rufe ich Yuuku zu.

»Na, das kann ja heiter werden.« Er tritt hinter mir ins Bad. Dann geht er wieder hinaus und blickt aus dem Fenster. »Wir bewegen uns überhaupt nicht mehr. Scheint so, als wären wirklich alle Funktionen ausgefallen.«

»Meinst du, wir müssen uns Sorgen machen? Ohne Strom ist das Schiff doch manövrierunfähig, oder?« Ich trete an ihn heran und blicke ebenfalls aus dem Fenster. Eine Weile stehen wir einfach nur da und starren auf die schwarze See.

Dann dreht Yuuku sich zu mir um und grinst mich an. »Ich habe eine Idee.« Mit der Kerze in der Hand geht er zu einem Wandschrank und holt eine Flasche Wein und zwei Gläser hervor.

»Du hast Alkohol in deiner Kabine? Wo hast du den denn her?«

»Ich habe die Flasche an Bord geschmuggelt, schon auf Tahiti. Ist aber leider kein Champagner.« Er nimmt mich an die Hand und zieht mich Richtung Tür. »Komm mit.«

»Aber wohin denn?«

»Zeige ich dir gleich.« Yuuku öffnet die Tür und blickt einmal nach links und rechts. Aber niemand ist zu sehen. Offenbar halten sich alle Passagiere an die Anweisung, sich in die Kabinen zurückzuziehen. Wir laufen um die nächste Ecke und betreten steuerbord den Außenbereich. Vor den Kabinen im siebten Stock hängen die Rettungsboote, sie sind seitlich an der Schiffswand angebracht. Eigentlich ist es verboten, diesen Bereich zu betreten. Yuuku steigt über die Absperrung und zieht mich hinter sich her.

»Hast du nicht auch schon mal daran gedacht, wie es wäre, in den Rettungsbooten zu sitzen?«

»Ehrlich gesagt, nein. Ich habe viel zu viel Angst vor einem Notfall, als dass ich über Rettungsboote nachdenken wollte.«

»Ach, du Angsthase.« Yuuku blickt sich noch einmal um, dann drückt er mir die Kerze in die Hand. Mit einem Satz klettert er über die Reling in das Beiboot. Dann streckt er mir seine Hand entgegen. »Nun komm schon.«

»Ich weiß nicht.« Ängstlich blicke ich ihm entgegen. »Das Boot hängt direkt über der Wasseroberfläche. Was, wenn es nicht hält?«

»Warum sollte es denn nicht halten? Im Notfall macht es das ja auch. Na los!« Auffordernd blickt er mich an. Nachdem ich ihm den Wein gereicht habe, gebe ich ihm die Kerze hinüber, die er an der Seite des Bootes abstellt. Dann klettere ich zu ihm.

»Mein Gott.« Ich setze mich auf eine der Bänke im Boot und versuche, nicht darüber nachzudenken, dass ich zehn Me ter über dem Meer schwebe, davon abhängig, dass die Streben, die das Boot halten, noch funktionstüchtig sind. Doch nach einer Weile und anderthalb Gläsern Wein beginnt mir die Situation zu gefallen. Es ist stockfinster um uns herum und ziemlich still. Das Schiff treibt langsam vor sich hin, nur ein leichtes Plätschern ist zu hören. Yuuku hat seinen Arm um mich gelegt, und ich schmiege mich an ihn. Über uns ist nur der Halbmond zu erkennen, das kleine Kerzenlicht flackert im Wind.

»Ist das nicht romantisch?«, fragt mich Yuuku leise. »Wir beide allein in diesem Boot, bei Kerzenschein, mitten im Ozean, ohne Licht und Strom …«

»Hm«, bringe ich hervor. Mir weht eine leichte Brise durch die Haare, es ist warm, und ich kann das Salz des Meeres auf meinen Lippen schmecken. Yuuku streicht mir eine Strähne aus dem Gesicht, dann gibt er mir einen langen, intensiven Kuss. Er wandert mit seinen Händen meinen Körper entlang, dann zieht er mich auf seinen Schoß. Wir küssen uns leidenschaftlich, und ich merke, wie mein Verlangen, ihm näher zu sein, immer größer wird. Die Situation ist absurd. Wir sitzen bei Stromausfall in einem Rettungsboot, bei Kerzenlicht, und knutschen wie Teenager. Yuuku beugt sich zu der Kerze hinüber und pustet sie aus. Dann greift er in seine Hosentasche und holt ein Kondom hervor.

»Hier?«, frage ich etwas überfordert. Ich bin eigentlich nicht der Typ für Spontansex und erst recht nicht mit jemandem, den ich im Prinzip kaum kenne. Außerdem schwebt Raffaele durch meine Gedanken. Doch auf meine SMS hat er noch nicht mal geantwortet. Daher besinne mich wieder auf Henrys Worte und beschließe, mich einfach dem Leben hinzugeben. Die Situation ist einfach zu außergewöhnlich, zu prickelnd, aufregend und einmalig, um sie nicht auszunutzen. Yuuku grinst mich an, küsst mich noch einmal und zieht mein Kleid hoch. Dann überlassen wir uns unserer Leidenschaft. Und schlafen hinterher engumschlungen ein.

Vom Ruckeln des Motors wache ich ein paar Stunden später auf, meine Glieder schmerzen. Ich liege immer noch in Yuukus Arm – schräg auf der Bank des Rettungsbootes. Es wird schon hell, ganz in der Nähe höre ich ein Geräusch.

»Yuuku«, zische ich ihm ins Ohr. Erschrocken öffnet er die Augen. »Da kommt jemand.«

»Was? Wo …?«, fragt Yuuku verwirrt.

»Wir sind eingeschlafen.« Etwas verschämt sortiere ich meine Kleider. »Immerhin, der Stromausfall scheint behoben zu sein, wir fahren wieder. Aber das bedeutet auch, dass hier wieder

Leute unterwegs sind. Schnell, duck dich! Wenn uns hier einer vom Personal sieht, gibt es Riesenärger!« Mit klopfendem Herzen liegen wir flach auf dem Boden des Rettungsbootes, in der Hoffnung, nicht entdeckt zu werden.

Nach ein paar Minuten wage ich es, den Kopf zu heben. »Ich glaube, sie sind weg.«

Yuuku steht auf und lacht mich an. Dann gibt er mir einen Kuss auf die Stirn. »Ach, Dana. Das war ein schöner Abend.«

»Das fand ich auch.« Ich bin aufgekratzt. Gerade will ich mich noch einmal in Yuukus Arme kuscheln, als er hektisch auf die Uhr schaut. »Wie spät ist es?«

»Kurz nach fünf, warum?«

»Ich gehe doch heute von Bord. Ich muss meine Sachen packen. Ich werde direkt im Hafen von meinem Manager abgeholt.« Mit einem Satz springt Yuuku aus dem Boot. Dann streckt er mir die Hand entgegen, um mir beim Klettern zu helfen. Ein wenig zu sehr in Eile schiebt mich Yuuku vor sich her zurück in den Gang.

Ratlos bleibe ich vor ihm stehen. »Und nun?«

»Tja, wer weiß, was das Schicksal noch so Wildes vorsieht«, antwortet Yuuku lachend.

»Hm. Aufregend, überraschend, verrückt fände ich ganz gut«, murmele ich in der Hoffnung, dass wir uns vielleicht noch mal wiedersehen.

»Na ja«, entgegnet Yuuku trocken und gibt mir einen Kuss. »Ich finde, das Schicksal hat uns schon reichlich Aufregendes, Überraschendes und Verrücktes geschenkt. Sollten wir es wirklich weiter herausfordern?« Er hält inne, dann fährt er fort. »Ich fliege jetzt zurück nach Japan, dann gehe ich auf Tour … Du fährst zurück nach Deutschland …«

»Psst.« Ich lege ihm den Finger auf die Lippen. »Mach den Moment nicht kaputt. Lass uns diese Nacht einfach so in Erinnerung behalten, wie sie war. Nicht mehr und nicht weniger.« Wir küssen uns noch einmal, dann verschwindet Yuuku in seiner Kabine. Kurz bevor er die Tür schließt, fällt mir noch etwas ein. »Yuuku?«

Er dreht sich noch mal um. »Ja?«

»Was hast du eigentlich für eine Blutgruppe?«

»B. Wieso?«

Ich atme hörbar aus. »Nur so.« Ich zwinkere ihm zu. Dann gehe ich ein bisschen verwirrt, ein bisschen traurig, aber doch auch zufrieden und beglückt zurück in meine Kabine. Es ist heiß, weil die Klimaanlage durch den Stromausfall versagt hat. Doch das ist mir egal. Gaki schläft noch, Kyoko ist wie immer bei der Morgengymnastik. Umgehend falle ich in einen leichten Schlaf, und als ich aufwache, haben wir Jamaika schon erreicht. Schnell ziehe ich einen Jogginganzug an und laufe zum Tikki-Deck, um von dort an Land zu blicken. Aus der Entfernung sehe ich Yuuku das Schiff verlassen. Er trägt einen Hut und zieht einen bunten Koffer hinter sich her. An der Gangway wartet schon sein Manager, ein grauhaariger Mann auf ihn, der ihm lachend auf die Schulter klopft. Ich winke Yuuku nach, aber er sieht mich nicht.

Lost in Translation, oder: An was die Japaner glauben

Eine Kolumne von Dana Phillips

Liebe Komplizinnen! So sehr die Japaner Regeln lieben, so pragmatisch sind sie doch, was die Religion angeht, die man hier durchaus flexibel handhabt. Je nach dem, was man gerade benötigt, egal ob Shinto oder Buddhismus, wird eben ein passender Teil der Überlieferung herangezogen. Religiosität ist hier nicht geprägt durch dogmatische Lehrsätze, vielmehr stehen Feste und Rituale im Vordergrund. Besonders prächtig ist das Frühlingsfest zur Zeit der Kirschblüte. Bei einer Geburt wird ein Opfer an einem Shinto-Schrein dargebracht; Wünsche werden in Form von Gebetszetteln an Sträucher geknotet, Gläubige reiben sich mit Asche ein, um schmerzende Stellen zu lindern. Beisetzungen verlaufen nach buddhistischem Brauch: Der Verstorbene wird verbrannt und auf einem Friedhof bestattet. Die verschiedenen Glaubensrichtungen greifen also ineinander. Allen gemein ist eine grundsätzliche Ehrfurcht vor der Natur. Diese wird verehrt, und das bringt auch eine gewisse Gelassenheit im Umgang mit Naturkatastrophen mit sich. Nach dem Erdbeben waren die Japaner daher auch nicht in erster Linie wütend, sondern haben die Situation akzeptiert und versucht damit umzugehen, und Schritt für Schritt in ihr altes Leben zurückzukehren.

Sayonara! Ihre Dana

18

Gericht:	*Zigarren*
Mensch des Tages:	*Raffaele*
Place to be:	*In der Buena Vista Social Club Bar*
Erkenntnis:	*Tränen sind die besten Argumente*

Es ist fünf Uhr siebenundfünfzig, als ich die Augen öffne. Das *Peaceboat* nimmt Kurs auf Kuba. Mein letzter Tag an Bord ist angebrochen, wenige Stunden nur, dann werde ich in Havanna das Schiff verlassen. Vorgestern war ich noch in Jamaica und bin auf einem Pferd zum Strand geritten, habe die typischen Patties, heiße Teigtaschen, probiert und einen Markt in Montego Bay besucht. Heute Abend schon geht mein Flug von Kuba Richtung Heimat. Schon bald werde ich wieder in meiner vertrauten Umgebung sein: Ein Gedanke, bei dem ich zu meinem eigenen Erstaunen ein tiefes Bedauern verspüre. Nicht nur Yuuku, auch meine anderen Weggefährten werde ich vermissen. Noch etwas träge schwinge ich mich aus dem Bett, schlüpfe in einen Jogginganzug und folge Kyoko, die schon vor einer Weile die Kabine verlassen hat, auf das Pooldeck. Inzwischen ist mir die alte Dame wieder wohlgesonnen, meine nahende Abreise scheint sie milde gestimmt zu haben. Darüber bin ich froh, denn mittlerweile habe ich sie richtig ins Herz geschlossen.

Es ist noch dämmerig draußen, und um einen besseren Überblick zu gewinnen, steige ich weiter hinauf, auf das Joggingdeck, von dem aus sich schon Kuba erkennen lässt, das im fahlen Morgenlicht vor uns liegt. Vom Pooldeck ertönen die ersten Klänge der traditionellen Morgengymnastikmusik. Die dreihundert Passagiere, die wie immer ordentlich und gesittet Aufstellung genommen haben, fangen langsam an, sich im Takt der Musik zu bewegen. *Itchi, Ni, Itchi, Ni* tönt es zu mir herauf, und beim Anblick von Kyoko, die wie immer in der ersten Reihe steht und hingebungsvoll ihre steife Hüfte bewegt, schnürt es mir den Hals zu. Neben ihr steht Gaki, die in ihrer Schiffsmutter Kyoko eine echte Bezugsperson gefunden und sich vom Crazy-Manga-Girl zur Musterschülerin gemausert hat. Weiter hinten entdecke ich Herrn Murakami, der durchtrainiert und mit jugendlichem Elan die Arme in die Luft wirft, neben ihm die kleine Hibakusha-Dame. Ganz unjapanisch lassen sie sich immer wieder voneinander ablenken und rufen sich das eine oder andere zu, worüber sie sich sehr zu amüsieren scheinen. Irre ich mich oder stehen sie ungewöhnlich dicht beieinander?

Mittlerweile sind wir fast im Hafen von Havanna angekommen. Eigentlich müsste ich wieder in meine Kabine gehen und meine Koffer zu Ende packen, aber alles in mir sträubt sich dagegen. Langsam steige ich die Treppen zum Pooldeck hinab, steuere auf die Gymnastikgruppe zu, und bahne mir den Weg durch eine Reihe Japaner. Herr Murakami winkt mir zu. Vorsichtig schiebe ich mich zwischen Kyoko und Gaki in die erste Reihe. Kyoko schaut kurz auf und lächelt. Ich weiß genau, was sie denkt, es steht ihr auf die Stirn geschrieben: *Früher oder später kriegen wir sie alle.* Gaki grinst und macht das Victory-Zeichen. Langsam beginne ich, meine Arme im Takt der Musik zu bewegen. *Itchi, Ni, Itchi, Ni.* Und irgendwie fühlt es sich gar nicht schlecht an, in aller Herrgottsfrühe unter karibischem Himmel ein paar gepflegte Kniebeugen zu machen und wenig später beim Frühstück zu sitzen, in dem Gefühl, bereits etwas getan zu haben. Nachdem ich ein letztes Mal eine Schüssel Reis und eine Misosuppe verschlungen und mir sogar zum Abschied einen ganzen Fisch gegönnt habe, mache ich mich mit den anderen auf den Weg in die Stadt.

Der Hafen von Havanna befindet sich nicht außerhalb, sondern unmittelbar am Rande des alten Zentrums, sodass wir, nachdem wir die Straße überquert haben, direkt in die Innenstadt laufen. Insgesamt sind wir ein stattliches Grüppchen geworden, und ich wundere mich über mich selbst, dass ich, anstatt allein und flexibel Havanna zu erkunden, alle Japaner zusammengetrommelt habe, die mir an diesem Morgen über den Weg gelaufen sind und zu denen ich während meiner Reise eine Beziehung aufgebaut habe. Kyoko, Gaki, Riku, Herr Murakami, sowie die kleine weißhaarige Hibakusha-Lady trotten hinter mir her. Frau Matsunaga hat die Atombombe ebenfalls in Hiroshima fallen sehen und bei der unfassbaren Katastrophe im Alter von dreizehn Jahren ihre Großmutter verloren. Obwohl sie durch die Explosion stark verbrannt wurde und an den akuten Symptomen der Strahlenkrankheit zu leiden hatte, sieht sie heute aus wie das blühende Leben. Als ich mich umdrehe, sehe ich, dass die beiden Hibakusha sich an den Händen halten. Ob sie hier auf dem Schiff zueinandergefunden haben? Sich verliebt, mit über achtzig? Ich würde es mir so für sie wünschen!

Ich zucke zusammen, als sich ein Kubaner neben mir am Straßenrand lauthals in ein rotes Taschentuch schnäuzt. Langsam aber sicher, habe ich mich nicht nur an die kulturellen japanischen Gepflogen- und Gewohnheiten gewöhnt, sondern sie Stück für Stück übernommen. Es sind Momente wie diese, die mir gerade in den letzten Tagen deutlich gezeigt haben, wie sehr alles nur von der Perspektive abhängt. Wie merkwürdig, dass wir immer ganz selbstverständlich davon ausgehen, dass das, was wir für normal halten, auch normal ist. Dabei scheinen wir für andere auch ziemlich exotisch zu sein, das wird mehr als deutlich, während ich mit den ganzkörperverhüllten Trippelschrittchen-Japanern

Havanna erkunde. Im Vergleich zu den üppigen braungebrannten Frauen, die mit wiegenden Hüften die Straße entlangwandern, und den uns taxierenden Männer, die an den Hauswänden lehnen, wirken wir wie eine Prozession von Zirkustieren. Wie es wohl meinen Reisegenossen beim Anblick der prachtvollen, aber verfallenden Häuserkulissen geht, die so in Japan nicht zu finden sind? Ob sie sich unwohl fühlen bei all der kubanischen Körperlichkeit, die die Luft um uns herum zum Vibrieren bringt? Ob die Oldtimer, die das Straßenbild hier prägen, in ihnen genauso nostalgische Gefühle wecken wie in mir? Um ehrlich zu sein, ich habe keine Ahnung, denn so oft ich mich auch umdrehe und versuche, die Gesichtszüge zu deuten: Die Mienen meiner neuen Freunde, die unter ihren Sonnenschirmchen in akkuraten Zweierreihen hinter mir herlaufen, bleiben unbeweglich.

Die Tatsache, dass sie mir so brav folgen, ohne zu fragen, wohin ich sie führe, ohne Wünsche oder Begehren anzumelden, kann ich mir zwar mittlerweile erklären, ganz geheuer ist mir diese Selbstaufgabe aber immer noch nicht. Und momentan setzt sie mich ziemlich unter Druck, denn ohne sich abzusprechen, haben sie beschlossen, die Fremde in der Ferne zur Fremdenführerin zu machen. Eine Entscheidung, die durchaus einer eigenen Logik folgen mag, für mich aber Verantwortung mitbringt, die ich an dieser Stelle gerne abgelehnt hätte, denn ich kenne Kuba genauso gut wie Castrop-Rauxel, nämlich gar nicht. Ich muss langsam gehen, Nachzügler im Blick haben und zum Beispiel Gaki, die gerade an einer Straßenecke von einem jungen, gut gekleideten Kubaner angesprochen wird, zur Eile treiben. Das Mädchen gehorcht zwar auch umgehend, schließlich wäre es unverzeihlich, die Gruppe aufzuhalten, aber ihr neuer Freund ist hartnäckig und läuft neben ihr her, bis die beiden zu uns aufschließen. Sein weißes Hemd leuchtet in der Sonne, als er vor uns stehen bleibt.

Fleckenfreie Wildledermokassins im kubanischen Straßenstaub. Statt sich von Gaki zu verabschieden, stellt er sich als Yolexy vor, was von Seiten der Japaner mit einer tiefen Verbeugung erwidert wird. Wir stehen auf dem Bürgersteig, Yolexy auf der Straße, die kaum befahren ist. Allein, denn Gaki hat sich, auf eine Kopfbewegung von Kyoko hin, wieder in den Tross eingereiht. Yolexy lacht uns an, mit weißen Zähnen, die Locken auf seinem Kopf wippen hin und her. Auch er versprüht diese intensive, fast schon aggressive Energie, die überall in den Gassen zu spüren ist. Er fragt, woher wir kommen, was wir machen, wohin wir wollen. Statt zu antworten, sehen die Japaner wie auf Kommando zu mir, was mich dazu nötigt, die nächsten zehn Minuten, während wir langsam weiterlaufen, zu erklären, wer wir sind, was wir machen und woher wir kommen. Yolexy hört aufmerksam zu, ist interessiert, fragt nach. Gaki, dicht hinter ihm, strahlt stolz, als hätte sie uns gerade ihren Verlobten präsentiert. Nur ab und zu unterbricht er mich, um uns ein wenig von der Geschichte Havannas zu erzählen, auf eines der umliegenden Gebäude aufmerksam zu machen oder sich nach dem ein oder anderen deutschen Fußballspieler zu erkundigen.

Aber mir ist der gut gelaunte Begleiter suspekt. Während ich mit ihm spreche, beobachte ich ihn argwöhnisch aus den Augenwinkeln. Was will der von uns? Er muss etwas vorhaben; ich kann mir kaum vorstellen, dass er nichts Besseres zu tun hat, als den Tag mit ein paar japanischen Touristen und mir zu verbringen. Ob er ein Taschendieb ist? Wie gutgläubig die Japaner sind, ist weltweit bekannt, gerne und oft werden sie Opfer von Kleinkriminellen, und ich würde sie am liebsten ermahnen, auf ihre Sachen achtzugeben, besonders Gaki, die gerade vor einer Getränkebude stehen geblieben ist und in aller Öffentlichkeit ihre Geldscheine zählt. Aber das wäre natürlich mehr als unhöflich Yolexy gegenüber. Ein Gedankengang, den ich vor meiner Reise bestimmt nicht gehabt hätte, aber ein Aufenthalt unter Japanern erzieht ohne Zweifel zur Rücksichtnahme, wenn auch manchmal zur falschen.

Doch der Kubaner hält sich von sämtlichen Taschen und Geldscheinen fern, stattdessen führt er uns in eine Seitenstraße, in der sich eine uralte Apotheke, das pharmazeutische Museum von Havanna, befindet und erläutert sach- und fachkundig die ausgestellten Exponate. Ob er sich jetzt den ganzen Tag an unsere Fersen heftet und am Ende des Tages Geld für seine Dienste als Fremdenführer verlangt? Das hätte natürlich den großen Vorteil, dass ich meine Verantwortung für den restlichen Vormittag abgeben könnte. Andererseits widerstrebt es mir, mich austricksen zu lassen. Auch die Japaner scheinen sich ein wenig unwohl zu fühlen. Dennoch, das weiß ich genau, wird keiner von ihnen es wagen, etwas zu sagen. Zu unhöflich! Lieber würden sie den ungebetenen Begleiter hinnehmen und am Ende bezahlen, als einen Konflikt durchzustehen, sei er auch noch so klein. Also bleibt alles wieder an mir, der ungehobelten, lauten Deutschen hängen, aber das bin ich mittlerweile ja schon gewohnt.

Trotzdem – auch mich hat die Reise sanftmütiger gemacht. Ich entscheide mich daher dafür, Yolexy nicht vor den Kopf zu stoßen. In einem günstigen Moment bleibe ich stehen und strecke ihm die Hand entgegen. »Vielen Dank für alles, aber ich glaube wir müssen jetzt gehen.«

Yolexy schaut enttäuscht. »Soll ich euch nicht noch das Salsa-Festival zeigen?«

»Ohhh Salsa!«, raunen die Japaner in meinem Rücken, die nach den Tanzstunden an Bord Feuer gefangen haben und gerne ihr Können unter Beweis stellen würden. Das Gute allerdings ist, dass ich genau weiß, dass es weder Kyoko, noch Gaki, noch Herr Murakami wagen werden, mir zu widersprechen, und so lotse ich mein Grüppchen unter höflichen Verabschiedungen von Yolexi weg, über eine Kreuzung und um die nächste Ecke herum, bevor ich stehen bleibe, um den anderen zu erklären, was mich da gerade geritten hat.

»Ahhh, ahhh, sosososo!«, raunen sie, als sie verstehen, dass wir dank meiner Wachsamkeit möglicherweise einem Verbrecher entronnen sind, und wirken sichtlich erleichtert. Unter meinem Kommando setzen wir uns wenig später in Bewegung, um auf eigene Faust das Salsa-Festival zu finden, das sich irgendwo in der Nähe befinden muss. Aber so sehr wir auch suchen, es ist nichts zu sehen. Ich drehe mich um, um meiner Gruppe zu bedeuten, dass es besser ist, umzukehren und ein Café zu suchen, in dem wir die restliche Stunde verbringen können, bis wir zum Schiff zurückkehren müssen. Just in diesem Moment laufe ich zwei Frauen in die Arme, die vor mir die Straße überquert haben und die ich nicht kommen sah.

»Oh, das tut mir leid, ich hab dich nicht gesehen!«

»Ich auch nicht, ich auch nicht!« Sie schlagen die Hände über dem Kopf zusammen, während sie sich mehrfach entschuldigen und lautstark auf mich einreden. Die beiden sind ein ungleiches Paar: die eine klein und dünn, die andere überragt selbst mich um einen Kopf und ist äußerst korpulent. Gemeinsam sind ihnen nur die leicht gebräunte Haut und das dunkle gelockte Haar. Beide tragen viel zu enge Jeans und bunte Plastikkreolen in den Ohren.

»Sucht ihr etwas?«, fragt die kleinere von beiden, als sie sich wieder beruhigt haben. Ich erzähle ihnen von Yolexy und dem Salsafestival, das sich hier irgendwo ganz in der Nähe befinden muss.

»Das Salsafestival!« Die beiden nicken. »Da braucht ihr keinen Fremdenführer. Kommt, wir laufen eh in die Richtung, wir können euch ein paar Meter begleiten, und bevor wir abbiegen müssen, erklären wir euch den Rest des Weges, es ist ganz einfach.« Dankbar folgen wir ihnen durch die Straßen Havannas. Lourdes erzählt, dass sie Salsalehrerin für Kinder ist, Maria arbeitet in einem Fremdenverkehrsbüro; beide sind unterhaltsam und lustig, und ich fühle mich sofort wohl in ihrer Gesellschaft.

»Schau mal!« Lourdes bleibt so abrupt stehen, dass Gaki, die hinter ihr läuft und immer noch ein wenig beleidigt ist, dass wir Yolexy abgewimmelt haben, ungebremst in ihren Rücken prallt, aber während die Japanerin erschrocken schaut, lacht Lourdes nur. Dann zeigt sie auf eine Seitenstraße, die eher chinesisch als kubanisch anmutet. Nicht nur Yokohama, sondern auch Havanna hat also ein Chinatown.

»Seht ihr die Bar dort hinten? Dort wurde der berühmte Film *Buena Vista Social Club* gedreht.«

»Ahhhhh, ah sososo«, ertönt es zuverlässig hinter mir unisono. Auch ich habe ohne es zu merken, die Gewohnheit der Japaner übernommen, mein Interesse auf diese Art und Weise auszudrücken.

»Vielleicht ist es ja offen?« Maria hält sich eine Hand über die Augen, um besser sehen zu können. »Sollen wir nachsehen und einen Drink nehmen?« Ich werfe einen Blick auf die Uhr. Zeit ist noch, bis wir wieder zurück in den Hafen müssen, um von dort aus zu dem Anti-Atomkraft-Symposium mit Fidel Castro, dem ehemaligen Staatsoberhaupt Kubas, zu fahren.

»Weshalb nicht«, sage ich daher, und wir folgen unseren neuen Freundinnen zu einem schmalen Eingang, hinter dem sich eine unscheinbare Bar befindet, in die wir alle gemeinsam nur dicht gedrängt hineinpassen. In diesem kleinen Raum soll der Film gedreht worden sein? Einen Moment bin ich skeptisch, aber mein Misstrauen verfliegt, als der Barkeeper das Tablett mit Drinks herumreicht und die Salsa-Musik lauter dreht.

»Was ist das?«, brülle ich gegen den Lärm an und nehme einen Schluck aus meinem Glas. Die Flüssigkeit ist hell und milchig. Sie schmeckt frisch, stark und nach Minze und scheint nicht nur mir, sondern auch Kyoko und Gaki gut zu schmecken. Das Salsa-Festival scheint vergessen, dafür beginnen die Japaner auf Anregung von Lourdes sich zur Musik zu bewegen, erst zaghaft, dann immer mutiger. Eine zweite Runde wird bestellt, dann eine dritte.

»Jetzt fehlen nur noch die kubanischen Zigarren! Haben Sie schon mal welche geraucht?«, ruft Maria. Herr Murakami, der gerade meine Hand nimmt, um mich einmal im Kreis herumzuwirbeln, bleibt stehen.

»Nein! Aber das würde ich sehr gerne machen!« Die anderen halten ebenfalls inne und nicken zustimmend. Was für ein Zufall, dass genau in diesem Moment die Tür aufgeht und eine Freundin von Maria und Lourdes die Bar betritt. Sie ist jünger als die beiden, stellt sich als Conchita vor und öffnet ihre Umhängetasche, in der sich vier Pakete mit säuberlich gerollten Zigarren befinden. Eines von ihnen fischt sie nun heraus, öffnet es, verteilt die Zigarren unter uns, zündet sich selbst, Lourdes und Maria eine an. Dann bringt sie uns bei, wie man ordnungsgemäß die Zigarre pafft, und einigen Mutigen, zu denen natürlich Herr Murakami gehört, zeigt sie, wie man den brennenden Stumpf der Zigarre in den Mund nimmt. Die Stimmung wird immer ausgelassener, Conchita verkauft zu günstigen Preisen ihre hochqualitativen Zigarren. Ein Paket mit 25 Stück für 100 kubanische Dollar, scheint mir ein guter Preis zu sein. Zufrieden machen wir unsere Einkäufe, und fast verpassen wir den rechten Zeitpunkt, um zum Schiff zurückzukehren. Ich werfe einen erschrockenen Blick auf meine Uhr, dann verabschieden wir uns unter lautem, ganz und gar unjapanischem Gejohle von den Kubanern und eilen die Straßen entlang zurück zum Hafen. Das Mittagessen haben wir verpasst; gerade noch rechtzeitig erreichen wir das *Peaceboat*, um, immer noch leicht beschwipst, in die Busse zu steigen, die bereits in Hafennähe warten und uns zu Fidel Castro bringen.

Eine gute halbe Stunde durchqueren wir Havanna, denn das

Konferenzzentrum, in dem Fidel mit uns, vor allem aber mit den Hiroshima-Überlebenden, sprechen möchte, liegt am Rande der Stadt. Nachdem im Vorfeld bereits unsere Personalien überprüft wurden, sind die Sicherheitsvorkehrungen hier am Eingang nun ziemlich lasch. Niemand kontrolliert unsere Ausweise, niemanden scheinen unsere Alkoholfahnen zu stören. Am Eingang ertönt plötzlich ein sonores und lautes »Dana« hinter mir. Ich drehe mich um und entdecke Henry freudestrahlend auf mich zulaufen.

»Henry! Ich habe völlig vergessen, dass du hier bist!« falle ich ihm um den Hals und trete ihm dabei fast auf die nackten Füße.

»Ich hatte gehofft, dass wir uns noch mal sehen!« Henry lacht mich an. Auch Gaki, Herr Murakami und Frau Matsunaga begrüßen ihn freundlich, nur Kyoko bringt außer einer knappen Verbeugung nichts hervor. Stumm und mit einem eingefrorenen Lächeln hält sie sich im Hintergrund.

»Und? Wie war Kuba?«, fragt Henry.

»Toll. All diese schönen alten Häuser und kultigen Autos. Und wir haben Zigarren gekauft!« Ich wühle in meiner Handtasche und ziehe das Päckchen hervor.

»Was ist das denn für eine Marke? Die habe ich noch nie gesehen.« Henry schaut mich skeptisch an.

»Keine Ahnung, aber die Frau, die sie mir verkauft hat, sagt, es sei eine exklusive neue Sorte.«

»Eine Frau?«

»Ja, wir haben sie auf der Straße getroffen, sie hat uns den Drehort zu Buena …«

»Vista Social Club gezeigt? Da seid ihr nicht ernsthaft drauf reingefallen, oder? Das ist ja nun eine ganz alte Masche …« Henry lacht schallend. »Und dann habt ihr euch auch noch olle Zigarren andrehen lassen? Wahrscheinlich sind die aus Bananenblättern. Vermutlich wollten sie euch auch noch auf ein Salsa-Festival locken, das es überhaupt nicht gibt.«

»Henry! Sag, dass das nicht wahr ist!«

»Bestimmt, meine Liebe. Hat sie die gekauft?«, fragt er mit einem Seitenblick auf Kyoko. Die ihn argwöhnisch anblickt.

»Wir dachten, dass wäre ein guter Preis, vier Dollar pro Zigarre«, entgegnet sie dann kurz angebunden.

»Vier Dollar? So viel bezahlst du im Laden ja noch nicht mal für eine Romeo y Julieta. Da kann auch nur eine Japanerin drauf kommen.«

»Henry …«, versuche ich ihn erneut zu bremsen.

»Ist doch wahr.«

»Können Sie nicht mal aufhören, immer so unhöflich zu sein?« Kyoko gibt sich für japanische Verhältnisse ganz untypisch konfrontationsfreudig. Ich führe das auf meinen guten Einfluss zurück. Dann blickt sie auf die Uhr. »Außerdem müssen wir jetzt los.«

»Na klar, damit Sie bloß nicht zu spät kommen.« Henry lacht und zwinkert Kyoko zu, die plötzlich einen starren Gesichtsausdruck bekommt. Sie stützt sich gegen die Wand, als ob ihr schwindelig ist. Schnell greife ich nach Ihrem Arm, kann sie aber nicht halten.

»Kyoko, ist alles in Ordnung?«, mischt Henry sich ein und greift ihr unter die Arme. Er stützt sie, während sie langsam in sich zusammensackt.

»Kyoko!«, rufe ich aus. Schnell zieht Henry sie zu einem Stuhl, der ein paar Meter entfernt an einer Wand steht und platziert sie darauf; dann organisiert er ein Glas Wasser, das er ihr entgegenhält, während er ihr Luft zufächelt.

Kyoko nickt ihm dankbar zu. »Das war irgendwie zu viel für mich. Ich bin ja nun auch schon einundsiebzig«, bringt sie hervor. »Ich kann jetzt keinen Streit mehr vertragen, nach dieser Pleite mit den Zigarren.«

»Es tut mir so leid«, antwortet Henry jetzt zerknirscht. »Ich mache mich doch nur ein wenig lustig über Sie, das ist doch gar nicht böse gemeint.«

»Wissen Sie, mir geben die Regeln und Vorschriften einfach Halt im Leben. Das habe ich lange nicht gehabt.« Kyoko hält inne, überlegt, ob sie weiterreden soll. Dann atmet sie einmal tief ein und wieder aus und berichtet uns in Kurzform aus ihrem Leben. »Ich stamme aus einer guten Familie und hatte eigentlich alles, was das Herz begehrt. Mein Großvater war ein hoher Beamter bei der Polizei, meine Mutter Lehrerin, was selten war für eine Frau in dieser Zeit, und wir hatten Ländereien, von deren Ertrag wir mehr als gut leben konnten. Aber mein Vater wollte die Landwirtschaft sichern und suchte daher einen Ehemann für mich, der den Betrieb übernehmen konnte. Er wollte mich mit einem seiner Arbeiter verheiraten. Wegen des Geldes, nicht wegen der Liebe. Da bin ich fortgelaufen. Von diesem Tag an musste ich mich allein durchschlagen, als Tänzerin mein Geld verdienen. Und ich habe nie wieder etwas von meinen Eltern gehört.«

Stumm lauschen Henry, Gaki und ich Kyokos Geschichte. »Deshalb sind Sie Tänzerin geworden?«, frage ich fassungslos.

»Ja. Es war für mich eine Möglichkeit zu überleben. Ich habe mich nie unterkriegen lassen. *Eine Tänzerin, die glücklich über die Bretter schreitet* – das war mein Bühnenname. In Japan glauben wir nicht daran, dass wir in den Himmel kommen. Wir denken, wir bleiben auf der Erde. Deshalb ist der Kontakt zum Boden so wichtig. Auch das macht das Tanzen aus. Und für den japanischen Tanz existieren strenge Regeln und Riten, die befolgt werden müssen. Für mich sind sie wichtig. Sie geben mir Halt und Struktur und leiten mich, wenn ich mal nicht weiter weiß. Können Sie das verstehen?«

»Natürlich«, antworte ich leise. Während Kyoko ihre Geschichte erzählt hat, sind ihr zwischendurch die Tränen gekommen.

»Kyoko, es tut mir leid, ich habe das nicht gewusst.« Henry kniet vor Kyokos Stuhl nieder und blickt sie ernst an.

Sie greift nach seiner Hand. »Nein, Henry, Sie konnten das ja nicht ahnen. Vielleicht ist es ja manchmal auch ganz gut, dazu gezwungen zu werden, Grenzen zu überschreiten, die man sich selbst gesetzt hat.« Sie wirft einen leicht pikierten Blick auf seine Füße. »Auch wenn mir hübsches Schuhwerk wirklich besser an Ihnen gefallen würde.«

Kyoko und Henry halten sich immer noch an den Händen. Ich bin glücklich, dass die beiden sich versöhnt haben, und dankbar, dass Kyoko uns ihre Geschichte erzählt hat. Es erklärt einiges.

Ich tätschele ihren Arm. »Kyoko, Sie werden mir fehlen.«

»Sie mir auch, Dana. Wenn Sie mal in Tokio sind, müssen Sie uns unbedingt besuchen, meinen Mann und mich. Er ist ein guter Mann – und ein schlauer noch dazu. Wir haben die Rollen innerhalb der Ehe gut verteilt. Es ist viel wert, jemanden zu haben, mit dem man gemeinsam alt werden kann!« Sie lacht und steht auf. »So. Mir geht es schon wieder besser. Jetzt sollten wir aber wirklich losgehen.« Sie treibt uns zur Eile an. »Wir wollen doch Fidel Castro nicht verpassen!«

Als wir im Hörsaal ankommen, ist das kubanische Kamerateam, das eigens für die Veranstaltung angeheuert wurde, gerade fertig damit, sein Equipment aufzubauen. Trotz unserer kleinen Pause sind wir nicht zu spät. Auf die Langsamkeit der Japaner ist Verlass. Als wir Platz genommen haben, wird es still. Langsam öffnet sich eine Seitentür. Fidel Castro schlurft, gestützt von einer Untergebenen, in legerer Straßenkleidung und mit langsamen Schritten, auf die Bühne. Er begrüßt die Delegation des *Peaceboats*, ein paar Regierungsvertreter und die Hiroshima-Überlebenden, dann nimmt er auf einem bequemen Stuhl Platz, schaut mit wachen Augen in die Runde und begrüßt das Publikum. Als er verstummt, steht Herr Murakami auf, tritt an das Mikrofon, das an einem Stehpult montiert ist, und fängt an, seine Geschichte zu erzählen. Die Geschichte vom Tag, als die Atombombe auf seine Heimatstadt Hiroshima fiel, am 6. August 1945. Obwohl ich bereits weiß, was ihm widerfahren ist, rührt es mich immer noch. Und es erstaunt mich: Nicht nur, was Menschen sich gegenseitig antun, sondern auch, was sie zu überleben in der Lage sind. Während Herr Murakami davon berichtet, wie er in den Trümmern der Stadt nach seiner Familie gesucht hat, hört Fidel Castro aufmerksam zu. Mein Blick fällt auf die Großbildschirme, die rechts und links von den Rednern aufgebaut sind, und ich traue meinen Augen nicht: Meine japanischen Begleiter schlafen. Durch die Bank weg haben sie die zarten, dunkel behaarten, sonnenbehüteten Köpfchen an die Stuhllehnen gelehnt und schnorcheln mit offenen Mündern vor sich hin. In Ermangelung wacher und aufmerksamer Anwesender bleibt den halb verzweifelten Kameramännern nichts anderes übrig, als die schlafenden Gesichter zu filmen. Eine Situation, die einmal mehr zeigt, dass man selbst nach zweimonatiger Weltreise nicht in der Lage ist, die kulturellen Verhaltensmuster abzulegen, die einen das ganze Leben lang geprägt haben. Etwas, worüber ich immer noch nachdenke, als wir Stunden später (Fidel Castro ist ein ausdauernder Redner) durch Havanna zurück zum *Peaceboat* fahren.

Jetzt heißt es Abschied nehmen. Nachdem ich mit viel Mühe und mit tatkräftiger Unterstützung von Gaki und Kyoko die Koffer geschlossen und in den Fahrstuhl geschoben habe, beginnt die großartige Abschiedszeremonie. Nicht nur alle Japaner, mit denen ich auf meiner Reise engeren Kontakt gehabt habe, sondern auch Haruki mit der Tarnweste und ein Großteil derer, die ich nur vom Grüßen auf den Gängen kenne, lassen es sich nicht nehmen, sich von mir zu verabschieden.

»Ich werde Sie vermissen«, sagt eine der japanischen Damen zu mir, mit der ich kaum ein Wort gewechselt habe. Ich bin gerührt. Dann ist Kyoko an der Reihe. Unter Tränen reicht sie mir einen ihrer selbstgemachten Yukata. Ich erkenne ihn wieder, es ist jener, den sie mir für das Sommerfest geliehen hatte. Jetzt muss auch ich heulen. Gaki überreicht mir ein Heft mit einem selbstgezeichneten Manga, der unsere Reise nacherzählt. Die Tränen fließen in Strömen.

Während ich mich unter unzähligen Beteuerungen und Verbeugungen verabschiede, tragen ächzende Stewards meine Koffer hinauf in das Terminal und bis vor die Sicherheitskontrollen des Hafens. Dort lassen sie alles auf den Boden fallen, verabschieden sich und verschwinden im Schiff. Zurück bleibe ich, wieder allein, ohne meine tausend Japaner, an die ich mich mittlerweile mehr gewöhnt habe, als ich je gedacht hätte. Ich reiche dem Beamten hinter dem Schalter meinen Pass, dann bugsiere ich nach und nach meine Habseligkeiten durch das Gebäude, die Treppe hinunter bis zum Taxistand. Bevor ich allerdings einsteigen kann, muss ich geschlagene zehn Minuten um den Preis feilschen. Während sich die Dämmerung über Havanna legt und das Taxi mit mir auf die Küstenstraße biegt, verrenke ich mir den Hals; so lange wie möglich behalte ich das *Peaceboat* im Auge und kann noch nicht so recht fassen, das meine Zeit an Bord wirklich vorüber ist.

Ich bin rechtzeitig am Flughafen, einem flachen, unspektakulären Bau, vor dem Gott sei Dank eine Reihe von leeren Gepäckwagen steht. Der Taxifahrer hilft mir netterweise, einen von ihnen zu beladen, dann schiebe ich das Gefährt in Zickzacklinien in das Gebäude zum Check-in, krame nach meinem Ticket und halte es dem netten Herrn am Schalter entgegen.

Erleichtert wuchte ich meine Koffer auf das Laufband, einen nach dem anderen. Nur den kleinen braunen Trolley lasse ich neben meinen Füßen stehen, ihn will ich als Handgepäck mitnehmen.

»So!« Der Mann hinter dem Schalter wirft einen prüfenden Blick auf die Waage. »Das macht dann 517 Dollar.«

»Bitte was?« Vor Schreck stolpere ich fast über meinen Trolley. »Wie viel? Wieso?«

»517 Dollar«, wiederholt er geduldig, als hätte er es mit einer Geistesgestörten zu tun. »Sie haben Übergepäck.«

»Aber das kann nicht sein! Ich habe auf dem Hinflug doch auch nichts bezahlen müssen! Da hat niemand auch nur einen Cent von mir haben wollen, obwohl ich genauso viel Gepäck dabei hatte.« Vorsorglich unterschlage ich die zwei peruanischen Alpakadecken, die getöpferte Vase, das Mineralwasser aus Panama, Kyokos Yukata und die kubanischen Zigarren aus Bananenblättern. Zumal sie im Gesamtgewicht nur einen geringen Unterschied ausmachen dürften.

»Das interessiert mich nicht. Also, zahlen Sie oder nicht? Wenn nicht, bitte ich Sie, zur Seite zu gehen, damit wir weitermachen können.«

»Was heißt das für mich? Dass ich hierbleiben muss?«

»Ja, ich fürchte, genau das. Sie sollten sich daher gut überlegen, was Sie machen wollen. Und wenn es geht, möglichst schnell.«

»Aber ich kann doch unmöglich mehr für mein Gepäck zahlen, als für meinen Flug!«

Mein Gegenüber zeigt sich ungerührt. »Tut mir leid, das ist nicht mein Problem. Es gibt Vorschriften, wie viel sie pro Kilo Übergepäck zahlen müssen. Bei Flügen von Kuba nach Europa sind das nun mal 26 Euro pro Kilo. Und Sie haben eben gut zwanzig Kilo zu viel dabei.«

»So viel Geld habe ich aber nicht. Das kann ich nicht zahlen!«

»Dann muss ich Sie bitten, zur Seite zu treten.« Seine Miene ist todernst. Offenbar kann hier auch nicht gehandelt werden, sein ungeduldiger Ton signalisiert mir, dass ich klein beigeben muss. »Also gut«, seufze ich und lege meine Kreditkarte auf den Tisch. Aber der Mann hinter dem Schalter macht keine Anstalten, die Karte zu nehmen, stattdessen verschränkt er die Arme vor der Brust und schaut mich immer noch grinsend an. »Wir nehmen nur Bargeld.«

Nur Bargeld, schon klar. Hier werden Touristen gemolken, und das Geld wird in die eigene Tasche gesteckt. Ein weiterer Blick auf meine Uhr zeigt aber, dass ich mir, wenn ich noch in den Flieger Richtung Heimat steigen möchte, keine Widerworte erlauben kann.

»Aber wo kriege ich denn jetzt Bares her?« Meine Stimme klingt dünn und zittert leicht.

»Dort hinten ist ein Automat.« Er zeigt auf das andere Ende der Halle. »Aber Sie müssen sich beeilen. Ich fertige derweil hier die Nachzügler ab.« Auf einmal begreife ich den Ernst der Lage, schnell schiebe ich mich an der vierköpfigen Familie vorbei, die gerade mit ihrem Wagen durch die Abflughalle auf uns zukommt. Hier zu bleiben, das würde bedeuten, allein in Havanna zu sitzen, an einem Ort, an dem ich nicht gerade die besten Erfahrungen gemacht habe, und auf einen freien Platz in einem der nächsten Flugzeuge zu warten. Es würde bedeuten, mir ein Hotel suchen zu müssen, mein ganzes Gepäck wieder in die Stadt und morgen oder an einem anderen Tag wieder herbringen zu müssen, es würde viel Geld kosten und mich trotzdem nicht von der Verpflichtung befreien, für das Übergepäck zu zahlen. Das *Peaceboat* hat mittlerweile auch schon abgelegt und durchquert samt meinen japanischen Freunden auf dem Weg nach Afrika vermutlich gerade das Bermudadreieck. Ich würde hier sitzen bleiben, am anderen Ende der Welt, mutterseelenallein. So schnell meine Beine mich tragen, eile ich zum Geldautomaten, an dem sich natürlich eine Schlange befindet. Keiner der Wartenden lässt mich vor, und so bin ich gezwungen auszuharren, unruhig von einem

Bein auf das andere hüpfend, bis ich an der Reihe bin. Aber der Geldautomat spuckt kein Geld aus. Ich versuche es ein zweites Mal. Nichts.

Langsam gerate ich in Panik. So schnell ich kann, eile ich zurück zum Schalter. Währenddessen rufe ich Ellen an, die nach dem zweiten Klingeln sofort abnimmt. Bevor sie auch nur ein Wort sagen kann rufe ich aufgeregt in den Hörer: »Ellen! Die wollen mich im Flieger nicht mitnehmen, weil ich mein Übergepäck nicht zahlen kann!«

Ellen – und ich danke Gott, wenn es ihn geben sollte, auf Knien für diese Freundin – begreift sofort und verzichtet darauf, mir Fragen zu stellen.

»Dana, du musst jetzt sofort anfangen zu weinen. Das kannst du doch so gut. Sofort. Das ist deine letzte Chance.«

Ohne ihr zu antworten, lege ich auf. Ellen hat recht. In Krisensituationen wie dieser muss ich mich auf meine Stärken besinnen. Und auf Knopfdruck in Tränen ausbrechen zu können gehört definitiv dazu. Was das betrifft, stehe ich den Japanern in nichts nach. Ich hole einmal tief Luft, blicke den Mann am Schalter mit weit aufgerissenen Augen an und stammele: »Der Geldautomat geht nicht, aber ich muss doch nach Hause!« Und schon fließen Sturzbäche meine Wangen hinunter. »Ich werde gefeuert«, schluchze ich.

Der kubanische Flughafenbeamte weicht zurück und hebt abwehrend die Hände.

»Gefeuert werde ich, wie soll ich denn meine Miete zahlen? Ich muss unbedingt nach Hause! Und ich kann doch nichts dafür, dass der Geldautomat nicht geht, ich wooo-hoo-holte ja zahlen!« Unter Tränen blinzele ich in seine Richtung. Irre ich mich oder wird er schwach?

»Warten Sie hier, ich bin gleich wieder da«, murmelt er und ergreift die Flucht. Immer noch tränenüberströmt, starre ich erneut auf meine Uhr, deren Zeiger unaufhaltsam vorrückt. Noch eine Viertelstunde, bis der Flieger geht. Mein Herz beginnt zu klopfen. Was, wenn ich es nicht mehr schaffe? Endlich taucht der Kubaner wieder auf. Ich gebe alles und breche noch einmal in lautes Schluchzen aus.

»Ist ja gut, beruhigen Sie sich!« Er hebt erneut abwehrend die Hände. »Kommen Sie, geben Sie Ihr Gepäck wieder her. Sie können mitfliegen. Aber das ist eine absolute Ausnahme, hören Sie! Wir machen das nur, damit Sie keine Schwierigkeiten bekommen.«

Dankbar lächle ich ihn an und gebe noch zwei kleine Schluchzer von mir. Na bitte, geht doch! Und die Verzweiflung war nicht einmal gespielt. Zu guter Letzt hebe ich meinen Trolley auf das Band, den ich bisher unterschlagen habe. Noch einmal zehn Kilo. Mein neuer Freund runzelt die Stirn, sagt aber nichts. Ich glaube, er ist genauso erschöpft wie ich.

»So. Jetzt müssen Sie noch dort drüben die Flughafensteuer bezahlen, 25 Dollar.«

Ich sehe ihn an. Erneut, jetzt aber ungeplant, treten mir die Tränen in die Augen. »So viel habe ich doch nicht mehr in bar!«

Aber jetzt nimmt er das Schild, das über uns am Schalter hängt und unseren Flug anzeigt, ab, hängt ein neues auf, auf dem bereits der nächste Flug angezeigt wird, und bedeutet mir mit einer Geste, Platz zu machen. »Ich habe alles getan, was in meiner Macht steht. Wo Sie jetzt die paar Dollar herbekommen, müssen Sie sehen. Im Notfall fragen Sie eben ein paar Leute. Aber Sie müssen sich wirklich beeilen, der Flieger geht in einer Viertelstunde.«

Während ich mich umdrehe und zu dem Kassenhäuschen laufe, auf das er gezeigt hat, beginne ich in den Tiefen meiner Handtasche zu kramen. Irgendwo muss ich doch noch Geld haben, und tatsächlich stoße ich ganz weit unten auf dem Innenfutter, in der Seitentasche und in dem vordersten Fach meines Portemonnaies noch auf zahlreiche Münzen und ein paar Scheine.

»Hier!« Die Frau am Schalter schaut erstaunt auf, als ich vor ihr abbremse und ihr hektisch meine Münzen unter der Glasscheibe durchschiebe. Japanische Yen. Tahitianische Franc. Peruanische Sol. Einen Panama Dollar, eine Handvoll jamaikanische Dollar, schließlich ein Bündel US-Dollar, ein paar Euro und den Rest von meiner kubanischen Touristenwährung. »Hier. Das ist alles, was ich habe. Der Geldautomat geht nicht, und mein Flieger nach Deutschland geht jetzt. JETZT. Bitte lassen Sie mich durch.« Die Kubanerin mustert mich einen Moment. Wertvolle Sekunden verfliegen. Dann nickt sie und nimmt meine Münzen entgegen.

»Gehen Sie ganz rechts zum VIP-Eingang«, ruft sie mir noch nach, und ihr Tipp ist Gold wert. Ich zeige meinen Pass vor, jetzt muss ich nur noch mit meinem Handgepäck durch die Sicherheitsschleuse, an der natürlich eine lange Schlange steht. Als ich an die Reihe komme, sind es nur noch fünf Minuten, bis mein Flieger sich in die Luft erhebt. Ich schreite durch die Lichtschranke, während das Gepäck auf dem Band neben mir durchleuchtet wird. Ein Vorgang, bei dem man sich gefühlt alle Zeit der Welt lässt.

»Nehmen Sie bitte Ihren Gürtel ab?« Die Sicherheitsbeamtin lächelt mich freundlich an.

»Bitte!«, wimmere ich, »ich habe keine Zeit dazu, mein Flugzeug fliegt genau jetzt ab!« Aber die Frau lässt sich auch durch Tränen nicht erweichen, und so bleibt mir nichts anderes übrig, als meinen Gürtel durch die Schlaufen zu ziehen und abzuwarten, bis man sich vergewissert hat, dass ich weder Drogen noch Sprengstoff bei mir habe.

Mit dem Gürtel in der einen und dem Handgepäck in der anderen Hand, laufe ich wenig später im Eilschritt auf mein Gate zu, aber die Türen sind verschlossen. Einen Moment lang stehe ich wie angewurzelt, fassungslos, kann einfach nicht begreifen, was das bedeutet. Mein Flieger ist weg. Da habe ich geweint, gefleht, gebettelt, geschmeichelt, bin hin und her gerannt, habe geschwitzt und gezittert und jetzt das. Ich muss tatsächlich unverrichteter Dinge wieder umkehren. Mein Gepäck abholen. Den Flughafen verlassen. Ein Hotel suchen. Einen Ersatzflug finden.

Auf einmal bin ich müde. Sehr müde. Habe das Gefühl, seit Jahren unterwegs zu sein. Und will nur noch eins: nach Hause. Langsam trotte ich zurück, am Sicherheitscheck vorbei, durch die Abflughalle, die sich deutlich geleert hat, hinaus ins Freie.

Warme kubanische Luft hüllt mich ein. Über mir leuchten die Sterne. Ich lasse mich auf der Fläche eines Gepäckwagens nieder, der herrenlos am Bordstein steht. Ein paar Minuten ausruhen nur, einfach ein paar Minuten hier sitzen und mich selbst bemitleiden. Dann werde ich mich um alles Weitere kümmern. Gerade als ich für einen Moment die Augen schließen will, kommt ein Taxi auf den leeren Vorplatz gefahren. In ein paar Metern Entfernung hält es mit laufendem Motor, dann steigt ein Mann aus, wechselt noch kurz ein paar Worte mit dem Fahrer, ich höre sie lachen. Gepäck scheint der Fahrgast nicht zu haben, denn nachdem er die Beifahrertür geschlossen hat, fährt das Auto mit quietschenden Reifen an und verschwindet in der Dunkelheit, auf der Suche nach neuer Kundschaft. Der Mann ist groß, das blaue Hemd hängt aus der Hose, die Locken sind am Hinterkopf zerdrückt, vertraut zerdrückt. Ich spüre, wie eine große Sehnsucht in mir aufsteigt, als er sich umdreht und auf mich zukommt. Es ist Raffaele! Die Vorhersage im Schrein in Tokio war tatsächlich richtig. *»Dein Wunsch wird sich erfüllen. Die Person, auf die du wartest, wird kommen. Auf Reisen gehen ist eine gute Idee«*, erinnere ich mich an die Worte, die auf dem Zettel geschrieben standen. Ich bin überglücklich.

Es dauert einen Moment, bis Raffaele mich entdeckt.

»Du bist noch da! Ich war gerade am Hafen und hatte schon Angst, ich käme zu spät!«

Mit einem Lächeln auf dem Gesicht, diesem ganz besonderen, das immer noch mein Herz höher schlagen lässt, kommt er auf mich zu.

»Raffaele! Ich bin so froh, dass du hier bist. Ich hab dich so vermisst. Und es tut mir so leid, ich verstehe jetzt, warum du dich nicht sofort in Deutschland wohlgefühlt hast. Ich weiß jetzt, wie es ist …«

»Psst«, unterbricht er mich und legt mir seinen Finger auf die Lippen. »Wir kriegen das schon hin. Wenn wir es wollen, und ich will. Und jetzt sind wir erstmal für ein paar Tage auf Kuba. Carla hat dir freigegeben …« Er lacht mich an. Und ich muss mich zurückhalten, nicht vor Freude ein paar kleine Verbeugungen zu machen.

Lost in Translation, oder: Was wir von den Japanern lernen können

Eine Kolumne von Dana Phillips

Liebe Komplizinnen! Acht Wochen unter Japanern liegen hinter mir, ich bin in unzählige Fettnäpfchen getreten, habe jede Menge lustige Situationen erlebt und den ein oder anderen Kulturschock erlitten. Zu Beginn meiner Reise haben mich die Japaner in den Wahnsinn getrieben mit ihrer Langsamkeit, ihren mangelnden Englisch-Kenntnissen, dem Zwang, sich zu verbeugen, sich zu bedanken, zu entschuldigen, festen Regeln zu folgen. Trotzdem ist es ihnen gelungen, mein Herz zu erobern. Natürlich gibt es Dinge, die ich auch jetzt, am Ende meiner Reise, nicht begreife und immer noch äußerst seltsam finde. Aber auch vieles, an das ich mich sehr gut gewöhnen konnte, zum Beispiel an die Gelassenheit, die Höflichkeit, die Loyalität. An die Misosuppe zum Frühstück, das Essen mit Stäbchen, das leise, beruhigende »sosososososo«. All das werde ich versuchen, in den deutschen Alltag hinüberzuretten. Denn ich habe Wertvolles von und im Umgang mit den Japanern gelernt. Vor allem, wie wichtig es ist, sich unvoreingenommen und aufmerksam auf die Reise zu begeben, sich auf eine fremde Kultur einzustellen und Menschen und Sitten fremder Länder auf sich wirken zu lassen. Denn das ist es, was Reisen im besten Fall bewirkt: Einen offenen Blick zu bekommen, sich nicht über andere zu erheben, sondern sich mit ihnen auszutauschen und am Ende vielleicht das, was uns an der fremden Kultur gefällt, mitzunehmen – in die Heimat, wo es uns immer daran erinnert, dass wir versuchen sollten, tolerant und weltoffen zu bleiben.

Natürlich gibt es Japaner, die keine Emotionen zeigen. Es gibt Termine, die sich unnötig in die Länge ziehen, weil die japanische Kultur es vorschreibt, keine Kritik zu äußern und stattdessen vage Versprechungen zu machen. Natürlich nervt das ewige In-der-Schlange-stehen, weil die Japaner für alles doppelt so lange brauchen wie wir. Es gibt sie, die Japaner, denen die Modernität zuwider ist, die auf alten Regeln und uralten Traditionen beharren. Aber ist es nicht vielleicht durchaus erstrebenswert, sich Zeit zu nehmen, sich zu besinnen auf das, was wichtig ist, und nicht im Großstadtstress unterzugehen? Sind Traditionen es nicht wert, sie zu bewahren und hin und wieder aufleben zu lassen? Ist es nicht angenehmer, wie ein rohes Ei behandelt zu werden, als grob und unhöflich? Sind Regeln tatsächlich nur einschränkend oder geben sie nicht manchmal auch Halt, kann man sich nicht vielleicht in Zeiten der Unsicherheit an ihnen orientieren? Das heißt nicht, dass wir unflexibler werden sollten, starr oder weniger beweglich, sondern nur, dass es wichtig ist, drüber nachzudenken, ob es sich nicht mitunter lohnt, alte Sichtweisen über Bord zu werfen, weil ein erweiterter Horizont manchmal Wunder bewirkt.

Sayonara! Ihre Dana

Danksagung

Ich bedanke mich bei allen, die mich bei diesem Projekt unterstützt haben. Besonders bei der NGO Peaceboat, ohne die eine so wunderbare, den Horizont erweiternde Erfahrung nicht möglich gewesen wäre. Die Reise über den Pazifik war ein einmaliges Erlebnis. Alle, die auf meinen Spuren wandeln möchten, finden mehr Informationen zum Schiff unter www.peaceboat.org.

Ein arigato gozaimasu auch an alle Passagiere, get teachers und communication coordinators an Bord – allen voran Kyohei und Rin.

Weiterhin bedanke ich mich bei Yumi und Sonja, die mir dabei geholfen haben, die japanische Kultur zu entschlüsseln. Ein Danke auch an meinen Agenten Harry Olechnowitz, der dafür sorgt, dass ich in der Verlagswelt nie »Lost in Translation« bin. Und an meine Lektorin Mareike Neukam vom Lübbe Verlag dafür, dass sie mich auf Reisen schickt.

Nicht zu vergessen Marlen für das tolle Design meines wunderbaren Internetauftritts unter www.dana-phillips.com.

Der größte Dank gilt aber meinen Eltern, die mich auch dann verstehen, wenn ich mich unverständlicher benehme als alle anderen Kulturen zusammen.

Eine Abenteuerreise in die italienische Männerwelt

Dana Phillips
AVANTI AMORE
Mein Sommer unter Italienern
256 Seiten
ISBN 978-3-404-60672-6

Ciao bella! ist sein liebster Satz. Er hat schwarze Haare und frisiert sie meist mit ganz viel Gel. Er legt seiner Angebeteten die Welt zu Füßen, aber wenn *Mamma* ruft, lässt er alles stehen und liegen. Auf ihrer Grand Tour durch Italien muss sich die skeptische Dana der alles entscheidenden Frage stellen: Ist der italienische Mann nun tatsächlich ein Wunder der Natur oder einfach nur ein unerträglicher Macho? Vom Flirtverhalten bis zur Leidenschaft für schnelle Autos – alles wird getestet, bis Dana selbst den Charme des Südländers zu spüren bekommt und endlich versteht, was den Zauber der *amore all'italiana* ausmacht.